Unternehmenskultur in Deutschland – Menschen machen Wirtschaft

Themen eines Kongresses

Arbeitsgemeinschaft
zur Förderung der Partnerschaft
in der Wirtschaft (AGP)

Bertelsmann Stiftung

Deutsche Gesellschaft
für Personalführung (DGFP)

CIP-Kurztitelaufnahme der Deutschen Bibliothek

Unternehmenskultur in Deutschland – Menschen machen Wirtschaft:
Themen e. Kongresses / Arbeitsgemeinschaft zur Förderung
d. Partnerschaft in d. Wirtschaft (AGP) . . . –
Gütersloh: Verlag Bertelsmann Stiftung, 1986.
ISBN 3-89204-004-4
NE: Arbeitsgemeinschaft zur Förderung der Partnerschaft in der Wirtschaft

Einband: Eckhard Jacobsen
Druck: Gütersloher Druckservice
ISBN: 3-89204-004-4

Inhalt:

Vorwort

Unternehmensleitung, Führungskräfte und Mitarbeiter eines Unternehmens sind gemeinsame Gestalter der betrieblichen Wirklichkeit. Nur in einer glaubwürdigen betrieblichen Sozialordnung kann sich eine Unternehmenskultur entwickeln, die über die Verpflichtung zu offener Information, Mitwirkung und Mitgestaltung, Übernahme von Verantwortung, immaterieller und materieller Beteiligung eine Übereinstimmung von persönlichen Bedürfnissen der Mitarbeiter mit den betrieblichen Erfordernissen herbeiführt und aus Betroffenen Beteiligte macht.
Diese Unternehmenskultur ist dem gesellschaftspolitischen Umfeld verpflichtet, um die Lebensgrundlagen des Unternehmens im Rahmen der Sozialen Marktwirtschaft auch für die Zukunft zu erhalten. Sie muß von allen Beteiligten generell anerkannt werden und dann in ständigem Bemühen in die betriebliche Praxis umgesetzt werden. Sie erfordert Einstellungs- und Verhaltensänderungen aller am Unternehmensgeschehen Beteiligten. Unternehmenskultur macht es möglich, Effizienz, Humanität und persönliche Wertvorstellungen in Einklang zu bringen.
Der Wertewandel, die Einstellungsveränderungen der jüngeren Generation, die Sinn- und Orientierungsfragen stellen die Unternehmen und ihre Personalführungen vor neue Herausforderungen. Nicht mehr allein ökonomische Kriterien, sondern Werte jenseits ausschließlich wirtschaftlich-technischer Leistung werden zu Anforderungen an die Arbeitswelt.
Vor diesem Hintergrund beschlossen die Arbeitsgemeinschaft zur

Förderung der Partnerschaft in der Wirtschaft, die Bertelsmann Stiftung und die Deutsche Gesellschaft für Personalführung die Durchführung eines Kongresses zum Thema Unternehmenskultur. Diese Veranstaltung sollte für über zweihundert Teilnehmer ein anspruchsvolles Forum zur Diskussion mit Spitzenrepräsentanten deutscher Unternehmen und der Wissenschaft bieten.
Die Notwendigkeit einer Auseinandersetzung mit der Unternehmenskultur und ihren Wirkungen im Arbeits-, Privat- und gesellschaftlichen Leben wurde durch den Verlauf des Kongresses bestätigt. Die Veranstalter beschlossen daher, die hochinteressanten Vorträge und Impulsreferate einer breiten Öffentlichkeit zugänglich zu machen. Somit gibt das vorliegende Buch alle auf dem Kongreß gehaltenen Referate wieder.
Allen Referenten, die mit ihren Thesen und Erfahrungen die fruchtbaren Diskussionen des Kongresses in Gang gebracht und begleitet haben, sei für die Bereitschaft, ihre Referate für diese Veröffentlichung zur Verfügung zu stellen, herzlich gedankt.

Gütersloh, im November 1986

Dr. Hans-Dieter Weger
Bertelsmann Stiftung

Eröffnung und Begrüßung

Dr. Harry Wirth
Deutsche Gesellschaft für
Personalführung e. V., Düsseldorf

Meine sehr geehrten Damen und Herren,
ich begrüße Sie im Namen der drei Veranstalter Arbeitsgemeinschaft zur Förderung der Partnerschaft in der Wirtschaft (AGP), der Bertelsmann Stiftung und der Deutschen Gesellschaft für Personalführung e.V. Ich heiße auch die Vortragenden, die Moderatoren sowie die Vertreter der Presse sehr herzlich willkommen.
Entwicklungen, die sich in gesellschaftlichem Rahmen vollziehen, wirken auf das Verhalten der Mitarbeiter in Unternehmen. Zukunftsorientierte Personalpolitik muß deshalb frühzeitig Wandlungen im außerbetrieblichen Raum erkennen und sich darauf einstellen.
Der Markt hat bisher schon von den Unternehmen eine schnelle Anpassung von Verfahrens- und Produkt-Know-how sowie eine aktive Vertriebspolitik gefordert. Lange Zeit haben sich die Mitarbeiter mit Selbstverständnis den betrieblichen Erfordernissen angepaßt, und Arbeit galt als Garant der Sinnerfüllung des Lebens. Wertsysteme haben sich in der Vergangenheit innerhalb unserer Gesellschaft nur langfristig geändert. In den letzten Jahrzehnten erklärt sich das aus der besonderen Situation nach dem Zweiten Weltkrieg. Der Nachholbedarf richtete das Interesse der Bürger fast ausschließlich auf den Erwerb von materiellen Gütern und die Sicherung ihrer Existenz.
Durch die Steigerung der Familieneinkommen in den letzten 30 Jahren hat sich eine andere Bedarfssituation für breite Schichten entwikkelt. Insbesondere für die jüngere Generation mit höherem Bildungsniveau sind qualitative Werte zunehmend bedeutender geworden.

Aus den Längsschnitterhebungen 1973 und 1983 des Instituts für Demoskopie (Allensbach) ergibt sich eine deutliche Bedeutungszunahme kommunikativer und immaterieller Arbeitsansprüche (interessante, abwechslungsreiche Tätigkeit; viel Kontakt zu anderen Menschen; ein Beruf, bei dem es darauf ankommt, eigene Ideen zu haben) und eine Bedeutungsabnahme materieller Arbeitsansprüche (hohes Einkommen; gute Aufstiegsmöglichkeiten).
Aus der internationalen Umfrage »jobs in the 80s –1982« geht hervor, daß die »alten« Werte, wie Pflicht, Fleiß, Gehorsam, durch »neue«, wie Flexibilität, Ideenreichtum, Umgang mit Menschen, ergänzt werden müssen.
Der Lebensraum »Unternehmen« entwickelt eigene Gesetzmäßigkeiten oder im Sinne unserer Tagung »Kulturen«. Überall, wo Menschen zusammenwirken, entstehen Normen, Regeln, wie Menschen miteinander umgehen wollen. In der Kirche, der Oper, bei einer Beerdigung, einem Tanzvergnügen oder einem Fußballspiel übt man das dem Anlaß angemessene Rollenverhalten. Wer sich nicht daran hält, »fällt aus der Rolle«. Naturgemäß gilt dies auch am Arbeitsplatz. Viele Unternehmen haben schon immer, dem Stil ihrer Häuser entsprechend, dem Umgang zwischen Führungskräften und Mitarbeitern sowie Firmenangehörigen und Kunden besondere Aufmerksamkeit gewidmet. Solche Regeln wurden gelebt, manchmal sind sie auch aufgeschrieben worden.
Wenn der einzelne seinen Leistungsbeitrag nicht mehr erkennt, kann es sein, daß er den Sinn für seine Arbeit verliert. Wenn Arbeit aber vermeintlich keinen Sinn hat, macht man zwar seinen Job, tut aber nur das Notwendigste. Überzogene materielle Erwartungen können das nicht vorhandene Erfolgserlebnis aus der eigenen Arbeit nicht kompensieren, höchstens die Suche nach Anerkennung im außerbetrieblichen Bereich.
Die Mitarbeiter eines Unternehmens stellen ein hohes Leistungspotential dar. Wenn es gelingt, dem einzelnen Mitarbeiter im betrieblichen Leistungsvollzug individuelle Gestaltungsräume zu schaffen, werden Kräfte freigesetzt, die auch dem Unternehmen zugute kommen.
Die zu beobachtende Einstellungsänderung und Werteverschiebung bei der jüngeren Generation ist sicherlich auch eine Auswirkung von mehr als vier Jahrzehnten demokratischer Kultur in unserem Lande. Wir müssen versuchen, Unternehmensstile zu entwickeln, die in Einklang stehen mit den in einer demokratischen Gesellschaft bestehenden Überzeugungen und ihren Werten. Die Wertevorstellungen des täglichen Lebens sollten mit denen am Arbeitsplatz übereinstimmen. Unternehmenskultur hat Leitbildfunktion, sie verpflichtet das Unter-

nehmen und die Mitarbeiter in gleicher Weise. Menschen, die sich in ihrer Arbeit entfalten können, leisten mehr, weil sie sich wohl fühlen. Zunehmend erwarten Mitarbeiter mehr Wahlmöglichkeiten im Hinblick auf Dauer und Lage der Arbeitszeit, Mitentscheidung und Mitgestaltungsmöglichkeiten für den Inhalt und Ablauf der Arbeit. Sie erwarten einen Führungsstil, der dem Respekt und der Würde eines freien Menschen in einem freien Land entspricht. Sie wollen eine interessante Arbeit, gute Beziehungen zu Kollegen und Vorgesetzten.
Der betrieblichen Personalpolitik kommt für die Zukunft noch größere Bedeutung zu als bisher. Gesellschaftliche Entwicklungen und Einflüsse aus dem Umfeld der Unternehmen müssen rechtzeitig erkannt werden. Langfristig sollte jeder Mitarbeiter ideell und materiell zum Mitunternehmer werden. Mitbeteiligung heißt auch, Mitverantwortung übernehmen.
Eine große Aufgabe stellt sich im Bereich der Schulung von Führungskräften. Der betriebliche Vorgesetzte wird in Zukunft noch stärker darauf angewiesen sein, daß ihm seine Mitarbeiter freiwillig und aus Überzeugung folgen. Er wird Koordinator, Initiator und Konsenshersteller sein müssen, um Unternehmensziele zu realisieren, ohne die Verantwortung für den Erfolg abgeben zu können. Dazu ist Persönlichkeit und fachliche Autorität erforderlich. Mitarbeiter erwarten von ihren Vorgesetzten Informationen, die das Unternehmen und ihren Arbeitsplatz betreffen.
Unternehmenskultur bedeutet auch, daß Führungskräfte und Mitarbeiter unternehmensorientierte Leistungspartner sind. Sie beantwortet die immer wieder neu zu stellende Frage: »Wie gehen wir beim betrieblichen Leistungsvollzug miteinander um?«
Auch in Zukunft werden Menschen Leistungen erbringen müssen. Wir können in unseren Betrieben dem einzelnen nicht schlechthin das Glück verheißen, doch für alle Gelegenheit schaffen, sich zu entfalten und ihrem Leben Sinn zu geben. Hiermit eröffne ich den Kongreß »Unternehmenskultur in Deutschland – Menschen machen Wirtschaft«.

Teilhabe des Menschen an Wirtschaft und Gesellschaft

Martin Grüner
Parlamentarischer Staatssekretär beim Bundesminister für Wirtschaft, Bonn

I.

Im öffentlichen Bewußtsein liegen Gewerkschaften und Unternehmer ständig im Streit miteinander. Streik, Aussperrung und gegenseitige Schuldzuweisungen bestimmen das Bild. Diese Frontstellung wird durch eine zunehmende Institutionalisierung des Konfliktes, zum Beispiel bei Tarifauseinandersetzungen, aber auch in der Mitbestimmung, ständig wachgehalten. Gegensätze werden stärker betont als Gemeinsamkeiten. Das erschwert das Miteinander.
Ich begrüße es deshalb sehr, daß die Veranstalter dieser Tagung die allgemeinen »Kriegsschauplätze« einmal verlassen, um sich wieder stärker dem Menschen und seinen Bedürfnissen zuzuwenden. Im Mittelpunkt steht die Suche nach einer neuen, auf den einzelnen zugeschnittenen Unternehmenskultur. Im Untertitel sagen sie: »Menschen machen Wirtschaft«; ich füge hinzu: »für die Menschen«.
Wenn man den Meinungsforschern Glauben schenken darf, dann sind die Menschen mit ihrer gegenwärtigen Berufsrolle nicht gerade zufrieden. Arbeit, so wird gesagt, fällt immer mehr hinter andere Lebensziele zurück. Es ist sicher kein Zufall, daß die berufliche Zufriedenheit mit der Qualifikation der Tätigkeit zunimmt. Die vorherrschende Meinung lautet – nach den Umfrageergebnissen zu urteilen – dagegen: Berufsarbeit muß sein, hat sich aber mit dem Privatleben zu arrangieren. Für viele Menschen, so könnte man folgern, ist der jährliche Urlaub der eigentliche Höhepunkt im Arbeitsleben eines Jahres. Die Menschen sind offenbar auf der Suche nach einem neuen Gleichgewicht zwischen Arbeit und Freizeit.

Beides sind für sie häufig völlig verschiedene, manchmal sogar entgegengesetzte Erlebniswelten: Privat sind sie als Kunde König, können selbst auswählen und entscheiden. Beruflich müssen sie sich unterordnen; der eigene Entscheidungsspielraum ist oft gering. In der Freizeit befriedigen sie eigene Bedürfnisse; im Beruf arbeiten sie dagegen für andere. Arbeit ist deshalb für viele – so die Meinungsforscher – nichts weiter als eine unerfreuliche Notwendigkeit.
Ich meine, es ist in der Tat nicht gleichgültig, mit welcher inneren Einstellung die Menschen an die Arbeit herangehen. Betriebswirtschaftlich führt fehlende Arbeitsfreude zu hohen Ausfallzeiten, geringem Aufstiegsstreben und damit zu niedriger Produktivität. Setzt sich dieses in vielen Unternehmen durch, erlahmen gesamtwirtschaftlich die innovativen Kräfte in der Gesellschaft.
Eine Freizeitgesellschaft, für die konsumieren wichtiger ist als investieren, ist auf Dauer unfähig zur Innovation – sie verarmt. Hauptantriebskraft des wirtschaftlichen und gesellschaftlichen Fortschritts ist das Bemühen der Menschen, ihre Lebensumstände durch eigene Anstrengungen zu verbessern. Wer mehr Wohlstand will, muß auch mehr leisten. Fehlt diese Leistungsbereitschaft, können sich Wirtschaft und Gesellschaft nicht weiterentwickeln. Innovative Kräfte werden nur freigesetzt, wenn die Menschen die Leistung bejahen. Niemand kann gegen seinen Willen zu Höchstleistungen gezwungen werden. Wird Arbeit nur als ein notwendiges Übel angesehen, sind kaum überdurchschnittliche Ergebnisse zu erwarten.
Eine Gesellschaft, die sich auf das Notwendigste beschränkt, wird im internationalen Wettbewerb bald hoffnungslos zurückfallen. Bloße Appelle an die Arbeitsdisziplin und den Leistungswillen helfen aber nicht weiter, um die Menschen in ausreichendem Maße für die Arbeit zu motivieren. Auch das drohende Gespenst fernöstlicher Konkurrenz würde vermutlich erst überzeugen, wenn es fast schon zu spät ist. Diese Länder sind zwar eine ernstzunehmende wirtschaftliche Herausforderung, aber nicht unbedingt auch ein gesellschaftliches Vorbild, das wir nachahmen könnten. Wir müssen uns vielmehr auf unsere eigenen kulturellen Traditionen besinnen und daran anknüpfend die Wertvorstellungen der Menschen mit den nötigen Leistungsanforderungen versöhnen.

II.

Meine Damen und Herren, eine Einigung auf *eine* Idee und *ein* Ziel ist in unserer Gesellschaft nicht möglich und auch nicht wünschenswert. Und doch gehen wir bei allen politischen Meinungsverschie-

denheiten von *einer* Gemeinsamkeit aus, nämlich von einem Wertesystem, das auf Freiheit, Toleranz und Humanität aufbaut. Darin besteht die unverwechselbare Identität westlicher Demokratien.
Wir haben viele Ideen, gute und schlechte, und die Menschen verfolgen, jeder für sich, höchst unterschiedliche Ziele. Was uns eint, ist nicht die Einheit der Ideen und Ziele; es ist ihre Vielfalt. Unser gemeinsames Ideal ist eine offene Gesellschaft, in der jeder die Freiheit hat, sein Leben nach eigenen Wertvorstellungen in eigener Verantwortung zu leben. Der einzelne soll nicht nur am Leben teilhaben können, sondern er soll es auch selbst gestalten können.
Auch im Arbeitsleben müssen wir diesem Ideal stärker Geltung verschaffen. Gelingt das nicht, wird eine Kluft zwischen Arbeit und Privatleben entstehen, die sich auf Dauer leistungshemmend auswirken muß.
Kreatives Denken und selbständiges Handeln gewinnen mehr und mehr an Bedeutung. Wirtschaft und Gesellschaft sind einem immer kräftigeren Anpassungsdruck ausgesetzt. Nie zuvor veraltete technisches Wissen so schnell.
Der Lebenszyklus der Produkte wird ständig kürzer. Sich an die Spitze des technischen Fortschritts zu setzen, ist für eine wachsende Zahl von Unternehmen zu einer Überlebensfrage geworden. Einmal verlorengegangene Märkte sind nur schwer wieder zurückzugewinnen. Zu stark ist die internationale Konkurrenz und zu gering der technologische Abstand zu den ausländischen Mitbewerbern. Die Innovationsfähigkeit der Gesellschaft wird mehr und mehr zu einem entscheidenden Wettbewerbsfaktor. Was wir brauchen, ist deshalb eine Innovationsgesellschaft, in der der Wandel etwas ganz Normales ist. Die Anpassung an neue Dinge verlangt Mut und Zuversicht. Den Mut müssen die Menschen selbst mitbringen. Zukunft läßt sich nun einmal nicht vorausplanen. Zur notwendigen Zuversicht kann auch eine Unternehmenskultur beitragen, die dem einzelnen die nötige Sicherheit zum Umlernen gibt. Spontaneität und Einfallsreichtum können sich nur entfalten, wenn Mut zum Risiko belohnt wird. Denn technischer Fortschritt vollzieht sich nicht autonom, sondern ist immer noch das Werk einzelner kreativer Menschen mit gesundem Durchsetzungsvermögen gewesen.
Deshalb brauchen schöpferisch tätige Menschen neben einem Mindestmaß an Sicherheit ein Höchstmaß an individueller Freiheit, um neue Ideen entwickeln und in die Tat umsetzen zu können. Das ist in der Wirtschaft nicht anders als in der Kultur.
Auch in der Wirtschaft brauchen wir Menschen mit Feinnervigkeit, Spürsinn für Neues und Phantasie, wie wir sie aus dem kulturellen Bereich kennen. Dort gehört das Experimentieren mit neuen Werk-

stoffen, Farben und Ausdrucksformen zum täglichen Leben. Das schafft durch Ausstrahlung in andere Bereiche der Gesellschaft ein Gegengewicht gegen bürokratische Tendenzen der Erstarrung und Verkrustung. Wirtschaftliche und technologische Spitzenleistungen sind auf Dauer nur in einem solchen Klima geistiger und kultureller Vielfalt möglich.

Meine Damen und Herren, es ist der Mensch, der Wirtschaft und Gesellschaft in Bewegung hält. Vieles ist Zufall, manches auch unerklärlich. Das ändert aber nichts daran, daß es für den Menschen kein unentrinnbares Schicksal gibt, weder zum Guten noch zum Bösen. Der Mensch muß seine Zukunft selbst gestalten; er ist für sich und seine Nachfahren selbst verantwortlich.

Wenn über die Teilhabe des Menschen an wirtschaftlichen und gesellschaftlichen Entscheidungen nachgedacht wird, dann wird meistens die institutionelle Seite des Problems angesprochen. Viele Entscheidungen werden in Gremien und Ausschüssen getroffen. Deren Zusammensetzung ist deshalb von besonderem Interesse. Ich möchte in meinem Vortrag jedoch mehr die unmittelbare Mitwirkung des Menschen an Wirtschaft und Gesellschaft ansprechen.

Die meisten Entscheidungen des täglichen Lebens sind vom einzelnen selbst zu treffen. Unter welchen Bedingungen er dies tun kann, hängt entscheidend davon ab, wie das Verhältnis zwischen dem Staat und seinen Bürgern geregelt ist. Darüber gibt es zwischen den Gesellschaften in Ost und West unterschiedliche Auffassungen. Ich halte unsere gesellschaftliche Lösung für eine Teilhabe des Menschen an Wirtschaft und Gesellschaft für die freiheitlichste und auch für die wirtschaftlich vorteilhafteste. Ich betone das in der Hoffnung, einige Anregungen für Ihr Thema einer neuen Unternehmenskultur geben zu können.

III.

Meine Damen und Herren,
jede Gesellschaft braucht allgemeine Regeln, die ein friedliches Miteinander ermöglichen. Das Postulat der individuellen Freiheit ist nach Hayek »das einzige moralische Prinzip, das jemals das Entstehen einer fortschrittlichen Zivilisation möglich gemacht hat«. Auf kein anderes Prinzip wird sich eine Gesellschaft wohl freiwillig verständigen können.

Die umfassendste soziale Institution, die menschliches Zusammenleben in der Wirtschaft auf freiwilliger Basis regelt, ist ein funktionsfähiger Markt. Märkte funktionieren nur dort, wo privates Eigentum und die persönliche Freiheit vom Staat geschützt werden. Nur freie Menschen können miteinander tauschen. Wenn wir deshalb den Marktmechanismus bejahen, so tun wir das nicht nur wegen seiner überlegenen ökonomischen Effizienz. Wir tun es vor allem auch, weil kein anderes System dem einzelnen soviel an Freiheit und individueller Entscheidungsbefugnis beläßt wie der Markt. Auf dem Markt handeln Menschen miteinander, nicht gegeneinander. Gegensätzliche Interessen finden einen friedlichen Ausgleich. Der Markt ist kein Nullsummenspiel, wo Gewinne nur auf Kosten anderer möglich sind. Das unterscheidet ihn grundlegend von einer staatlichen Umverteilungspolitik, die immer erst nehmen muß, bevor sie etwas verteilen kann.

Weil es beim Staat scheinbar etwas umsonst gibt, bilden sich vor den staatlichen Transferkassen oft lange Schlangen, die zu Rangeleien führen. Das schafft Unzufriedenheit und Wehgeschrei bei denen, die meinen, zu kurz gekommen zu sein. Und das sind viele. Im Markt läuft die Verteilung der Einkommen dagegen weitaus geräuschloser und insgesamt wohl auch gerechter ab. Nicht wer am lautesten schreit, bekommt das größte Stück vom Kuchen, sondern wer am meisten leistet. Und was Leistung ist, richtet sich nach dem Urteil der Käufer.

Die Hauptfunktion des Marktes besteht darin, die knappen Güter und Dienstleistungen dorthin zu lenken, wo sie den größten privaten Nutzen stiften. Diese Regel ist einfach zu verstehen und wird von den meisten Menschen auch als gerecht empfunden. Sie ist zugleich in höchstem Maße sozial, weil nur derjenige belohnt wird, der die Bedürfnisse anderer Menschen befriedigt. Das ist in autoritären Gesellschaften anders. Dort werden die Funktionäre der Macht vor allem dafür belohnt, daß sie menschliche Bedürfnisse unterdrücken. Die Marktwirtschaft ist ein offenes System, das jedem die Chance zur aktiven Teilhabe am wirtschaftlichen Leben bietet. Der Markt fragt nicht nach Weltanschauung und Religion. Menschen mit völlig unterschiedlichen Gesinnungen können auf ihm friedlich zusammenarbeiten. Das macht die Toleranz der Marktwirtschaft aus.

Auf die Freiheit des Marktes will inzwischen keiner mehr bei uns verzichten; sie wird schon als selbstverständlich angesehen. Der Konsument freut sich über volle Regale, eine breite Sortimentauswahl und vergleichsweise niedrige Preise. Der Arbeitnehmer kann seinen Beruf und seinen Arbeitsplatz frei wählen, und der Unternehmer kann selbst darüber bestimmen, wo er investieren will. Und trotzdem wird dem Markt häufig etwas Kaltes und Unsoziales nachgesagt.

Kritiker werfen ihm vor, daß er egoistische Verhaltensweisen belohnt und Gemeinsinn vereitelt. Hinter dieser Kritik verbirgt sich eine tiefgreifende Unkenntnis darüber, was der Markt leisten kann und was nicht. Auf dem Markt werden überwiegend private Bedürfnisse befriedigt. Es gilt: Was nichts kostet, ist auch nichts wert. Öffentliche Güter, die allen gleichermaßen zugute kommen und damit im Allgemeininteresse liegen, müssen in der Marktwirtschaft vom Staat bereitgestellt werden. Das gilt zum Beispiel im gewissen Umfang auch für das Gut »Umwelt«. Eine saubere und gesunde Umwelt nützt allen. Und doch würde sich wohl jeder auf den anderen verlassen, wenn der Staat nicht das Bewußtsein der Menschen für eine gesunde Umwelt fördern und – wo nötig – auch klare und verbindliche Regeln für den Umgang mit der natürlichen Umwelt festlegen würde. Deshalb muß der Staat für die Umwelt, sei es über Abgaben oder gesetzliche Auflagen, einen »politischen« Preis festlegen, damit die Menschen schonend mit ihr umgehen.

Nur die wirtschaftliche Tätigkeit ist verantwortbar, die mit den natürlichen Lebensgrundlagen in Einklang steht und die Gesundheit der Menschen erhält. Dafür hat der Staat die notwendigen Rahmenbedingungen zu schaffen. Nicht alles kann in einer sozial verpflichteten Marktwirtschaft den anonymen Kräften von Angebot und Nachfrage überlassen bleiben. Aber es sollte doch gelten, daß derjenige, der mehr leistet, auch mehr verdienen kann. Ich behaupte nicht, daß im Markt nur das Gute siegt und das Böse am Ende bestraft wird. Nicht jede verdiente Mark ist das Verdienst eigener Leistung.

Deswegen brauchen wir auch das Korrektiv des Staates, um möglichst allen Menschen die gleiche Chance auf eine Teilhabe am Leben einzuräumen. Der Staat ist auf die Zustimmung seiner Bürger angewiesen. Die wird er nur erhalten, wenn er die Freiheit des einzelnen auch materiell absichert. Ein staatlich garantiertes Einkommen kann es in der Marktwirtschaft jedoch nicht geben. Wer das Einkommen völlig von der Leistung abkoppeln möchte, will letztlich ein anderes System. Märkte kommen ohne individuelle Leistungsanreize nicht aus. Nicht alle wollen aber akzeptieren, daß die Chancen auf ein höheres Einkommen meist auch mit einem höheren Risiko des Scheiterns verbunden ist.

Die Suche nach Geborgenheit und Sicherheit ist bei den Menschen mindestens ebenso ausgeprägt wie das Streben nach Wohlstand. Es ist daher zutiefst menschlich, wenn immer wieder versucht wird, dem Konkurrenzdruck und der Ungewißheit des Marktes zu entgehen. Schon Adam Smith wies zutreffend darauf hin, daß es bei Zusammentreffen unter Kaufleuten zumeist darum geht, den Wettbewerb außer Kraft zu setzen. Dasselbe Ziel verfolgen in unserer Zeit viele der zahlreichen Verbände und Gewerkschaften. Sie wollen ihren Mitgliedern zu einem möglichst hohen und vor allem auch sicheren

Einkommen verhelfen: Der bequemste Weg dazu ist immer noch, die eigene Klientel vor unliebsamer Konkurrenz zu schützen. Der Einfallsreichtum, mit dem das versucht wird, ist derselbe, mit dem Unternehmen nach Marktlücken ausspähen. Nur ist das für die Gesellschaft als Ganzes weniger produktiv. Weil alle Interessengruppen in dieser Weise tätig sind, besteht in einer freiheitlichen Gesellschaft immer eine Tendenz zur bürokratischen Verkrustung und Erstarrung. Immer mehr soll dem Markt entzogen und den Verteilungskoalitionen überantwortet werden. Die Politik muß sich diesen Bemühungen entgegenstellen. Denn in dem Maße, wie die Zahl der Institutionen, Ausschüsse und Regelungen zunimmt, läßt das Interesse an der Produktion nach. Je mehr Anstrengungen eine Gesellschaft für Verteilungsfragen aufwendet, desto weniger wird es zu verteilen geben.

Der Wettbewerb um die besten Ideen und Problemlösungen darf daher nicht erlahmen. Sonst wird die Gesellschaft auf Dauer ärmer. Die treibende Kraft für wirtschaftlichen und gesellschaftlichen Fortschritt ist der Wettbewerb. Jeder muß sich darin immer wieder bewähren. Das regt zu kulturellen und wirtschaftlichen Höchstleistungen an, die der Gesellschaft über kulturelle Vielfalt, höheres Wirtschaftswachstum und sicherere Arbeitsplätze insgesamt zugute kommen. Unser ordnungspolitisches Konzept ist die *soziale* Marktwirtschaft. Sozialpolitisch motivierte Korrekturen, die allen eine Teilhabe am Leben ermöglichen, sehen wir als unerläßlich an. Aber wir sollten nicht übersehen, daß der Markt bereits sozial in sich ist. Denn erst seine Leistungsfähigkeit eröffnet den Spielraum für die soziale Sicherung weniger leistungsstarker und bedürftiger Menschen. Nur was zunächst verdient wird, kann auch verteilt werden.

Die Marktwirtschaft setzt auf den Fleiß und die Tüchtigkeit des einzelnen. Er darf aber auch nicht überfordert werden. Märkte verändern sich oft schneller, als sich der einzelne den neuen Bedingungen anpassen kann. Der Mensch ist lernfähig und anpassungswillig, aber er braucht auch Zeit zur Anpassung. Wir sollten ihm diese Zeit lassen. Denn wir leben zwar von der Wirtschaft, aber nicht ausschließlich für sie.

Traditionen, menschliche Kontakte und auch regionale Eigenarten haben für die Menschen einen verbindenden Charakter und dürfen deshalb nicht um jeden Preis geopfert werden. Die Freiheit des einzelnen muß auch im Strukturwandel gewahrt bleiben. Kapital läßt sich verhältnismäßig einfach von einer Branche in eine andere umlenken. Bei den Menschen ist das schwieriger. Sie müssen erst neue Fertigkeiten erlernen und sich an eine fremde Umgebung gewöhnen. Das fällt insbesondere älteren und weniger gut ausgebildeten Arbeit-

nehmern oftmals schwer. Diese Gruppen tragen ein besonders hohes Arbeitsplatzrisiko.
Aus Rücksicht auf den internationalen Wettbewerb können wir auf den wirtschaftlichen Wandel nicht verzichten. Die Anpassungslasten dieses Strukturwandels sind für den einzelnen aber manchmal zu schwer. Deshalb muß ihm bei der Wiedereingliederung in den Beruf – wenn nötig – geholfen werden. Besser als Erhaltungssubventionen für veraltete Industrien sind Mobilitäts- und Anpassungshilfen für den einzelnen. Nur leistungsfähige Menschen können sich mit Erfolg dem Wandel stellen. Leistungsfähigkeit und soziale Sicherheit gehören zusammen.
Wenn wir nicht wollen, daß die Menschen den Wandel aus Angst vor der eigenen Zukunft ablehnen, müssen wir ihnen die Sicherheit zurückgeben, die sie früher einmal in der Großfamilie gefunden haben. Soziale Sicherung und individuelle Verantwortungsbereitschaft müssen keine Gegensätze sein, sondern können sich – bei sinnvoller Ausgestaltung – durchaus ergänzen.
Über die Hälfte der Arbeitslosen besitzt keine ausreichende Qualifikation. Die öffentlichen Hilfen für eine qualifizierte Aus- und Weiterbildung greifen aber oft erst ein, wenn der Betreffende bereits arbeitslos geworden ist. Die Vorsorge in der beruflichen Weiterbildung wird darum immer wichtiger. Es darf sich nicht verstärken, was schon heute beklagt wird: Arbeitskräftemangel trotz Arbeitslosigkeit. Damit solche Mangelsituationen erst gar nicht entstehen, müssen die Löhne in beiden Richtungen flexibel reagieren können.
Die nivellierende Sockellohnpolitik der vergangenen Jahre hat den Anreiz zur Aus- und Weiterbildung stark gemindert. Viele sind dadurch arbeitslos geworden. Der Feind des Guten war schon immer das Gutgemeinte. Auch in der Tarifpolitik dürfen keine Vereinbarungen zu Lasten Dritter getroffen werden. Das verträgt sich nicht mit der Tarifautonomie.
Nur wer ein eigenes Einkommen hat, kann sein Leben nach eigenen Vorstellungen gestalten. Die Bekämpfung der Arbeitslosigkeit bleibt deshalb die größte gesellschaftspolitische Herausforderung der Gegenwart. Mehr Arbeitsplätze können nur bei stärkerer wirtschaftlicher Dynamik entstehen. Wachstum läßt sich nicht, wie einige immer wieder meinen, dadurch erreichen, daß der Staat private Nachfrage über höhere Steuern und Abgaben durch staatliche Nachfrage ersetzt. Staatliche Ausgaben schaffen nicht mehr, sondern eher weniger Arbeitsplätze als private Konsumausgaben und Investitionen.
Die notwendige Dynamik kann nur von der privaten Wirtschaft selbst kommen. Die entscheidende Antriebskraft für die Wirtschaft ist das Bedürfnis der Menschen nach Verbesserung ihrer individuel-

len Lebensbedingungen. Die Menschen wollen keine Almosen vom Staat; sie wollen ihr Einkommen selbst verdienen und ihr Leben in eigene Hände nehmen. Der Staat kann durch niedrige Steuern und Abgaben dazu beitragen, daß möglichst viel vom verdienten Einkommen bei den Bürgern verbleibt und damit für private Zwecke verwendet werden kann.
Aufgabe der Tarifparteien ist es, die Arbeitsbeziehungen so zu gestalten, daß jeder, der arbeiten will, auch einen Arbeitsplatz bekommen kann. Wenn beides stimmt, sind die Grundvoraussetzungen für eine selbstbestimmte Teilhabe der Menschen an Wirtschaft und Gesellschaft gegeben. Was der einzelne dann daraus macht, liegt bei ihm selbst.

IV.

Meine Damen und Herren,
Unternehmen müssen sich auf Märkten behaupten. Nach innen können sie sich aber nicht marktwirtschaftlich organisieren. Es dominieren hierarchische Strukturen, die den einzelnen enger als im Markt einbinden. Doch auch diese Strukturen müssen in einer sich ständig ändernden Welt anpassungsfähig bleiben.
Ich habe den Eindruck, daß sich unter dem zunehmenden Innovationsdruck, unter dem Wirtschaft und Gesellschaft stehen, auch die Arbeitswelt allmählich verändert. Die neuen Technologien haben eine starke Tendenz zur Dezentralisierung der Arbeit. Die Anforderungen an den arbeitenden Menschen verändern sich. An die Stelle stereotyper Einfachheit tritt mehr und mehr eigenständiges Denken und verantwortliches Handeln. Der Typ des reinen Befehlsempfängers hat weitgehend ausgedient. Einfache Tätigkeiten werden immer mehr automatisiert. Gleichzeitig wird die Arbeit anspruchsvoller; das eigentliche Betriebskapital steckt mehr und mehr auch in den Köpfen der Mitarbeiter. Das verändert deren Einstellung zur Arbeit und macht sie selbstbewußter.
Eine gute Bezahlung reicht zur Motivation allein nicht mehr aus. Mit dem technologischen Fortschritt wächst für viele die Chance, ihr Streben nach Selbstverwirklichung, Unabhängigkeit und Kreativität in Übereinstimmung mit den betrieblichen Erfordernissen zu verwirklichen. Mitspracherechte bei betrieblichen Entscheidungen und mehr Zeitsouveränität bei der Festlegung der Arbeitszeiten werden wichtiger. Unternehmen und Gewerkschaften sind darauf noch nicht genügend eingestellt.
In der Tarifpolitik werden überwiegend noch die Schlachten von ge-

stern geschlagen. Die beiderseitigen Feindbilder sitzen offenbar noch zu tief, als daß von eingeübten Ritualen ohne weiteres Abschied genommen werden könnte. Bei der Gestaltung der Arbeitsbeziehungen wird meist immer noch auf den eingefahrenen Wegen gedacht. Arbeitszeiten und Tarifentgelte werden möglichst für alle in gleicher Weise vorgegeben. Einer stärkeren betrieblichen Öffnung in der Tarifpolitik stehen beide Seiten einvernehmlich skeptisch bis ablehnend gegenüber.

Weil vieles zu starr geregelt ist, beginnen die Arbeitsmärkte an den Rändern bereits auszufransen. Die Nachfrage nach flexiblen Arbeitsformen, wie zum Beispiel Teilzeitarbeit, zeitlich befristete Arbeitsverhältnisse und Gleitzeit, steigt zusehends.

Flexible Arbeit wird dadurch zu einer Art Puffer gegen tariflich bedingte Starrheiten. So verstanden, trägt sie aber kaum zu mehr Selbstbestimmung am Arbeitsplatz bei. Wir müssen aber auch die Arbeitsverhältnisse in stärkere Übereinstimmung mit den Bedürfnissen der Menschen bringen und dürfen mit den neuen Techniken nicht noch zusätzliche Zwänge schaffen. Wir müssen damit aufhören, alles im voraus planen und regeln zu wollen. Die Kosten für die bestehenden Rigiditäten im Arbeitsmarkt dürfen nicht länger einseitig den Schwächsten in der Gesellschaft, nämlich den weniger gut ausgebildeten und arbeitslosen Menschen, angelastet werden.

Was wir brauchen, ist mehr Mut zu sozialen und organisatorischen Innovationen, damit die erweiterten technischen Möglichkeiten für mehr Beschäftigung und mehr Freiheit am Arbeitsplatz genutzt werden können. Ich frage mich, ob nicht wieder mehr Verantwortung auf die betriebliche Ebene zurückverlagert werden kann, um den individuellen Bedürfnissen stärker Rechnung tragen zu können. Keiner will kollektive Tarifvereinbarungen durch direkte Abmachungen zwischen Arbeitgeber und Arbeitnehmer ersetzen. Dazu ist die Verhandlungsposition der Arbeitnehmer gerade in Zeiten hoher Arbeitslosigkeit zu schwach.

Ohne das Gegengewicht starker Gewerkschaften kann der soziale Ausgleich in unserer Gesellschaft nicht gefunden werden. Aber auch die Gewerkschaften müssen sich von der Vorstellung des genormten Arbeitnehmers lösen. Den »Maschinenarbeiter« des vorigen Jahrhunderts gibt es nicht mehr. Mehr Individualität ist gefragt. Das durchzusetzen ist nicht allein eine unternehmenspolitische Herausforderung; auch in der Politik muß für mehr gesellschaftliche Vielfalt gekämpft werden. Wir müssen dem einzelnen wieder mehr Freiräume schaffen – in der Politik ebenso wie in der Wirtschaft. Der Einsatz dafür lohnt sich.

Der Mensch in der Welt der Arbeit

Reinhard Mohn
Bertelsmann Stiftung, Gütersloh

Im Verlauf unseres Jahrhunderts haben sich die Verhältnisse in der Welt der Arbeit entscheidend verändert. Die Tätigkeit der Wirtschaft war anfangs noch relativ einfach, der Wettbewerb nicht so drängend. Rasch wachsende Märkte, die Technisierung der Produktion und ideale Möglichkeiten der Kapitalbildung schufen für befähigte Unternehmer die Möglichkeit, riesige Betriebe aufzubauen. Die Führungsfunktion war damals noch unkompliziert und konnte autoritär wahrgenommen werden.
Der Unternehmer verstand seine Arbeit eher als persönliche Selbstverwirklichung in Form gestalterischer Möglichkeiten, Kapitalbildung, Anerkennung und Machtausübung. Das Gefühl der Verpflichtung gegenüber den Arbeitern und der Gesellschaft war unterschiedlich, aber eher schwach entwickelt. Die liberale Marktwirtschaft wurde als gerecht und naturgegeben verstanden. – Demgegenüber nahmen sich die Möglichkeiten der Mitarbeiter zur Entfaltung recht bescheiden aus. Der Broterwerb und die schiere Selbsterhaltung waren oft die einzigen Ziele. Von einer Selbstverwirklichung des Arbeitnehmers in der Arbeitswelt konnte damals gewiß nicht gesprochen werden. Der Faktor Arbeit war ein notwendiges Übel, ein Kostenfaktor, den es zu minimieren galt.
Diese Verhältnisse zu ändern, hat es hundert Jahre bedurft. Das Vordringen der Demokratie und die Einwirkung von Parteien und Gewerkschaften haben nicht nur die Lösung der sozialen Frage bewirkt. Die eintretenden Entwicklungen gestatteten es auch, als nächstes Ziel die Humanisierung der Welt der Arbeit in Angriff zu nehmen.

An diesem Punkt steht die Entwicklung heute. Es waren aber nicht nur politische Zwänge, die zu dieser Entwicklung beitrugen. Auch die Änderung der Prämissen für die Tätigkeit der Wirtschaft hat erheblichen Einfluß gehabt.
Die Funktionsweise der Wirtschaft ist durch die technische Entwicklung und unter dem Einfluß globalen Wettbewerbs extrem kompliziert geworden. Zwar gilt nach wie vor, daß für den Erfolg des Unternehmens die Führung der entscheidende Faktor ist. Aber »Führung« ist heute nicht mehr synomym mit »Unternehmer«. Zentralistische, autoritäre Führungskonzeptionen können weder dem heutigen Schwierigkeitsgrad noch der eingetretenen Evolutionsgeschwindigkeit gerecht werden. Heute muß die Unternehmensführung bei delegierter Verantwortung aus einer Pyramide mit breiter Basis bestehen. Zwar brauchen wir auch in unserer Zeit noch den Unternehmer, sogar sehr viele – aber nicht nur an der Spitze des Unternehmens! Die Grenzen vom Unternehmer zum selbständig handelnden Profitcenterleiter über den Spezialisten bis zum einfachen Mitarbeiter wurden fließend. Alle sind heute aufgerufen mitzudenken, und jeder muß nach seiner Befähigung Verantwortung übernehmen. So hat sich eine völlig andere Struktur in unseren Unternehmen herausgebildet.
Diese Strukturierung kann allerdings nur wirksam werden, wenn die Betroffenen von einer positiven Motivation getragen werden und sich mit ihrem Auftrag und dem Unternehmen identifizieren. Dazu sind verschiedene Voraussetzungen erforderlich.
Die dringenden sozialen Anliegen des vergangenen Jahrhunderts sind durch die Sozialgesetzgebung und das Einwirken der Tarifpartner weitestgehend erledigt worden. Im Bereich der Sozialpolitik geht es jetzt nicht mehr darum, mehr zu tun, als vielmehr die vorhandenen Regelungen auf ihre Zweckmäßigkeit hin zu überprüfen und sie der Zeit anzupassen. – Dagegen sind die Prämissen für die Selbstverwirklichung und Identifizierung der Mitarbeiter noch relativ unentwikkelt und erst in wenigen Unternehmen gegeben. Das Festhalten an überkommenen Denkmodellen und die Verteidigung von Besitzständen erschwert bei Unternehmern und Gewerkschaften den Anpassungsprozeß. Ohne eine kritische Bestandsaufnahme der Zielsetzung der Verbände und der Unternehmen werden wir den überfälligen Durchbruch zu einer neuen Unternehmenskultur nicht erreichen können.
Unsere Unternehmer müssen begreifen, daß sich die Reihenfolge der Unternehmensziele gewandelt hat. Der Leistungsbeitrag für die Gesellschaft hat heute im Rahmen der Marktwirtschaft als Unternehmenszielsetzung Priorität. Untergeordnete Ziele sind die Gewinnerzielung zwecks Kapitalbildung und Verzinsung sowie die größtmög-

liche Selbstverwirklichung aller im Unternehmen Tätigen. Durch steuerliche Beiträge unterstützt das Unternehmen darüber hinaus die Funktionen des Staates. – Alle Unternehmensentscheidungen und die Wünsche der im Unternehmen vertretenen Interessengruppen haben sich dem übergeordneten Ziel des Leistungsbeitrages für die Gesellschaft unterzuordnen. Dieser Prozeß bedarf einer Lenkung und Harmonisierung. Die Verantwortung dafür liegt in erster Linie bei der Unternehmensführung. Richtlinien für die Gestaltung der Harmonisierung ergeben sich aus tariflichen und gesetzlichen Regelungen.

Auf diesen Prozeß wirken nicht nur wirtschaftliche und innerbetriebliche Gegebenheiten ein. Das gewandelte Selbstverständnis unserer Mitarbeiter hat ebenfalls erheblichen Einfluß. Das über Jahrzehnte weiterentwickelte demokratische Bewußtsein unserer Bevölkerung und der immer dringender werdende Wunsch, Einfluß auf das eigene Schicksal zu nehmen, drücken sich auch im Betrieb aus. Wir müssen erkennen, daß sich dieser politische Prozeß glücklicherweise inhaltlich weitgehend deckt mit den Erfordernissen fortschrittlicher Arbeitsorganisationen in der Wirtschaft. Leider ist aus historisch verständlichen Gründen die Unterschiedlichkeit der Entwicklungsprozesse in Politik und Wirtschaft noch nicht klar verstanden worden. Mitsprache und Übernahme von Verantwortung in der Wirtschaft ergeben sich sowohl aus den heutigen Arbeitsprämissen als auch aus dem Bestreben nach mehr Humanisierung. Mit der verschiedentlich vorgeschlagenen Demokratisierung der Wirtschaft und der Verwendung demokratischer Führungstechnik hat dieser Prozeß aber nichts zu tun. Es ist zu hoffen, daß diese unterschiedlichen Ziele und Gegebenheiten bald deutlicher erkannt werden.

Die Delegation von Verantwortung im Unternehmen setzt die Bereitschaft der Betroffenen voraus. Deren Motivation verlangt, daß sie die Ziele des Unternehmens kennen und bejahen und daß sie das Verhalten des Unternehmens als gerecht und menschlich akzeptieren können. Eine solche Einstellung setzt viele Regelungen voraus, von der Beteiligung am Unternehmen bis zur Anwendung moderner Führungstechnik. Die Bestrebungen der AGP haben diese Voraussetzungen partnerschaftlicher Arbeit in unserem Lande deutlich gemacht. Bei allen Prämissen des partnerschaftlichen Unternehmens erscheint mir die richtige Gestaltung der menschlichen Beziehungen im Betrieb besonders wichtig. Von der Führung bis zur Basis sollten sich alle als Mitarbeiter des Unternehmens verstehen und dem gleichen Ziel verpflichtet fühlen. Insbesondere die Vertretung des Kapitals und das Management müssen begreifen, daß ihre Funktion nicht nur Rechte, sondern in großem Umfang auch Pflichten beinhaltet.

Die veränderten Verhältnisse in der Arbeitswelt verlangen entsprechende Umstellungen der Tarifpartner. So notwendig und richtig die Konfrontationsstrategie der Gewerkschaften in der Vergangenheit gewesen ist, so deutlich zeichnet sich jetzt ab, daß in der Zukunft die Konfrontation durch Kooperation ersetzt werden muß. Zwar werden nicht alle Interessengegensätze der verschiedenen Gruppierungen im Arbeitsprozeß verschwinden, und es wird auch weiterhin notwendig sein, diese Interessen zu organisieren und zu vertreten. Aber die Grundhaltung der Interessenvertreter muß in Zukunft durch Kooperationsbereitschaft geprägt werden. Entsprechend ist es erforderlich, sehr vorsichtig miteinander umzugehen und auch beim Austragen von Differenzen dem Partner den Respekt nicht zu versagen. Die derzeit noch zu beobachtenden Szenarien des Klassenkampfes mit dogmatischen Übertreibungen und Beschimpfungen müssen aufhören. Sie zerstören mehr, als sie im besten Fall bewirken können. – Ein großer Lernprozeß liegt vor unseren Tarifpartnern. Daß man die Harmonisierungsaufgabe auch anders bewältigen kann, ist auf der internationalen Bühne zu studieren. Ich verweise exemplarisch auf Japan und die Schweiz.

Die Vertreter des Kaptials und des Managements sollten um ihres Erfolges willen und somit in Wahrnehmung ihrer eigenen Interessen den Weg zur partnerschaftlichen Unternehmenskonzeption finden. Schon heute lohnt es sich, diesbezüglich die Ergebnisse der in der AGP zusammengeschlossenen Unternehmen zu prüfen. Ähnliche Beispiele in Japan und den USA sprechen in gleicher Weise für diese Konzeption. Wir alle – vor allem aber die für die Führung Verantwortlichen – sollten uns darauf besinnen, welch riesige Kraftreserven durch Motivation ausgelöst werden können. Die Analyse der Geschichte nach diesen Kriterien ist sehr lohnend und erhellend!

Die Durchsetzung partnerschaftlicher Verhältnisse in der Wirtschaft wird nicht nur mehr Leistungsbereitschaft und Kreativität auslösen. Als Folge solcher Unternehmenskultur ergeben sich auch für den einzelnen und die Gesellschaft erhebliche politische Wirkungen. Der einzelne erfährt mehr Freiraum zur Selbstverwirklichung. Viele heute noch vorhandene Zwänge reduzieren sich beträchtlich. Die Arbeit selbst verändert ihren Charakter vom zwanghaften Broterwerb zum ausfüllenden und befriedigenden Teil des Lebens. Auch der einfache Mitarbeiter erhält eine bessere Chance voranzukommen. Seine Stimme wird gehört, und er wird als Mensch respektiert.

All dieses bewirkt ein anderes Lebensgefühl und vor allem mehr Zufriedenheit. Es ist nicht sehr schwer, sich vorzustellen, daß dieser Prozeß in der Wirtschaft auch politische Folgen in der Gesellschaft auslöst. Die heute unser politisches Leben, zum Beispiel anläßlich

von Wahlkämpfen, dominierenden Themen der sozialen Gerechtigkeit werden an Schärfe verlieren. Es wird sich eine erhebliche politische Entlastung ergeben, die es uns gestatten könnte, das nächste Ziel, die Humanisierung unserer Welt, voranzutreiben.
So steht vor den Verantwortlichen in der Wirtschaft, den Verbänden und Parteien heute die Jahrhundertaufgabe, die Bedeutung der Unternehmenskultur für die Leistungsfähigkeit unserer Wirtschaft, die Stabilität unserer Gesellschaft und die Chance zur Humanisierung unseres Lebens zu erfassen und entsprechend zu handeln. – Die noch relativ jungen Erfahrungen in den Betrieben der AGP wie auch meine persönlichen Eindrücke sprechen dafür, daß der skizzierte Weg realistisch ist und Erfolg verspricht. In einer Zeit der Unsicherheit, des Streits und der Stagnation zeigt sich uns hier ein Hoffnungsschimmer: Es gibt einen Weg, unsere Welt harmonischer und humaner zu gestalten!

Die Rolle der Technik in der Unternehmenskultur

Hans Peter Stihl
Stihl GmbH, Waiblingen

1. Bemerkungen zur »Unternehmenskultur«

Was heute mit dem Begriff »Unternehmenskultur« umschrieben und in letzter Zeit häufig als der Stein des Weisen gefeiert wird, ist für viele Unternehmen nichts Neues. Ich bin fast versucht zu sagen: Es ist alter Wein in neuen Schläuchen. Natürlich ist das etwas überzeichnet. Im Kern aber trifft diese Feststellung nach meiner Auffassung den Nagel auf den Kopf.
Ich möchte Ihnen das an einem Beispiel erläutern. Der Name Bosch genoß bereits in der ersten Hälfte unseres Jahrhunderts als Firma einen legendären Ruf. Er beruhte auf dem Image moderner Produkte, anspruchsvoller Technik, technologischen Fortschritts und vor allem auch auf vorbildlichen, ihrer Zeit weit vorauseilenden Sozialeinrichtungen. Eine wesentliche Rolle für dieses Unternehmensbild spielten dabei Person und Ausstrahlung Robert Boschs als weitblickender, erfolgreicher Unternehmer. Und dieses Bild in der Öffentlichkeit wirkte auf die Mitarbeiter zurück.
Bosch-Mitarbeiter drückten damals ihr Selbstbewußtsein durch ein geflügeltes Wort aus. Es hieß: »Halt' dei' Gosch, i schaff' beim Bosch«. Aus dem Schwäbischen ins Hochdeutsche übersetzt bedeutet das: »Sage bloß nichts gegen mich. Ich arbeite schließlich bei Bosch«. Dieser Ausspruch war der Ausdruck von hoher Identifikation der Mitarbeiter mit ihrem Unternehmen. Und er war auch Ausdruck des Ansehens der Bosch-Mitarbeiter in deren privatem Lebensbereich. Ich glaube: Die Schöpfer des neuen Modewortes »Un-

ternehmenskultur« hätten damals bei Bosch ein praktisches Beispiel für ihre Theorie gefunden.
Selbstverständlich ist seither die Zeit nicht stehengeblieben. Und jeder Zeitabschnitt wirft auch neue und andere Fragen auf. Produkte, Produkttechnik und Fertigungstechnik sind weiterentwickelt worden. Wir haben andere, weltweite Märkte. Die größeren Absatzgebiete und die rasante technologische Entwicklung haben den Wettbewerb verschärft. Auch das gesellschaftliche und soziale Umfeld der Unternehmen hat sich grundlegend verändert. Die Mitarbeiter unterliegen heute anderen Umwelteinflüssen als damals. Ihr Wertesystem hat sich gewandelt. Das alles hat natürlich auch Auswirkungen auf das Beziehungsgeflecht zwischen den Unternehmen und ihren Mitarbeitern.
Früher beeinflußte zunächst vor allem die Theorie von der wissenschaftlichen Betriebsführung die Beziehungen zwischen Betrieb und den einzelnen Mitarbeitern. Im Vordergrund stand dabei die Rationalisierung der einzelnen Arbeitsgänge, vor allem die Zerlegung der Arbeitsgänge im Sinne von Taylor. Diese rein physikalische Betrachtungsweise wurde dann abgelöst von der Human-Relation-Bewegung, bei der besonders die Rolle von Information und Motivation der Mitarbeiter als Erfolgsfaktor für die Unternehmenswirtschaft betont wurde.
In den 60er Jahren gewannen die Theorien über Managementsysteme an Einfluß – wohl vor allem deshalb, weil die Unternehmensstrukturen und deren Steuerung komplizierter geworden waren. Das rationale systemorientierte Management scheiterte aber nicht selten am irrationalen Widerstand der Belegschaften. Gewachsene Strukturen lassen sich eben nicht allein mit dem Verstand und ohne Berücksichtigung der Gefühlswelt verändern. Mit der Theorie von der Unternehmenskultur, die man auch als Reaktion auf die Managementsysteme ansehen kann, tritt der Mensch in seinem Bezug zum Unternehmen wieder mehr in den Vordergrund. Solche Entwicklungen können nicht isoliert gesehen werden. Sie laufen in größeren gesellschaftlichen Zusammenhängen und Prozessen ab. In der Praxis werden sie häufig teilweise vorweggenommen, sind aber auch ganz selten in »Reinkultur« anzutreffen.
Die Diskussion um die »Unternehmenskultur« moderner Prägung hat – wenn ich es richtig sehe – ihren Ursprung in empirischen Befunden. Diejenigen, die sie führen, haben eine Grundströmung erfaßt und verstärkt. Sie haben das Verdienst, das Beziehungsgeflecht zwischen Mitarbeitern und Unternehmen neu thematisiert und akzentuiert zu haben. Mißtrauisch werde ich allerdings an dem Punkt, wo eine Theorie ideologische Züge bekommt und eher die Welt ver-

bessern als Entwicklungen in der Praxis Rechnung tragen will. Für die Unternehmer ist der Praxisbezug ganz entscheidend.
Nach der Definition ihrer Verfechter ist moderne Unternehmenskultur durch gemeinsame Regeln, Wertvorstellungen und Überzeugungen von Unternehmensleitung, Führungskräften und Mitarbeitern geprägt. Sie umfaßt auch unter anderem Fragen der betrieblichen Gesellschafts- und Sozialpolitik, der Personalpolitik und der Unternehmensführung. Ausgehend von traditionellen Werten und Strukturen eines Unternehmens soll die Unternehmenskultur unter anderem nach folgenden Werten und Kriterien beurteilt werden: Selbstverwirklichung am Arbeitsplatz; erweiterte Freiheitsräume in Gestaltung von Arbeitsinhalten, Arbeitsorganisation und Arbeitszeit; mehr Information über betriebliche Vorgänge; höhere Motivation; Teamarbeit; soziale Beteiligung an betrieblichen Entscheidungsprozessen; Beteiligung am Unternehmenskapital; Humanisierung des Arbeitslebens; Berücksichtigung von gesellschaftlichem und ökologischem Umfeld bei den Zielsetzungen im Unternehmen.
Diesen – mehr abstrakten – Forderungskatalog könnte ich beliebig fortsetzen. In seiner einseitigen Zielrichtung berücksichtigt er mir zu wenig die Wechselwirkungen. Zum Beispiel gehen erhebliche Einflüsse von Unternehmenserfolgen im Markt auf die betriebliche Arbeitswelt, das Selbstverständnis der Belegschaften und damit auf die Unternehmenskultur aus. Das genannte Bosch-Beispiel ist ein schlagender Beweis dafür. Ich bin davon überzeugt, daß positive Außenwirkungen eines Unternehmens einen vielfach unterschätzten Einfluß auf innerbetriebliche Verhaltensweisen haben.

2. Beispiele aus der betrieblichen Praxis von STIHL

Bevor ich zum Kern meines Themas – nämlich der Technik – komme, möchte ich kurz darstellen, wie die Bausteine der sogenannten Unternehmenskultur in der betrieblichen Wirklichkeit von STIHL aussehen. Ich mache diesen Umweg, damit Sie sehen, vor welchem Hintergrund ich meine Aussagen formuliere. Denn erstens habe ich mir – wie jeder andere auch – meine Meinung vor allem auf der Grundlage eigener Erfahrungen gebildet. Und zweitens halte ich es für richtig, wenn Sie meine Erklärungen an meinem Handeln messen und beurteilen können. Wo Worte und Taten übereinstimmen, steigt die Glaubwürdigkeit.
Leitsätze für die zwischenmenschlichen Beziehungen sind bei STIHL in den schriftlich fixierten, aber nicht veröffentlichten Unterneh-

menszielen festgehalten. Es heißt darin: »Ein humanes Leistungsprinzip und soziale Verantwortung sind die Grundlage der Zusammenarbeit im Unternehmen. Das Unternehmen will seinen Mitarbeitern befriedigende Aufgaben, gute Arbeitsbedingungen sowie berufliche und menschliche Förderung bieten. Sicherung der Beschäftigung ist Unternehmensziel.«

Diese Unternehmensziele füllen wir in vielfältiger Weise mit Inhalten. Wir investieren viel Geld in die Humanisierung der Arbeitsplätze. So haben wir in Zusammenarbeit mit dem Bundesminister für Forschung und Technologie ein flexibles Montagesystem im Rahmen eines Projektes »Humanisierung des Arbeitslebens« eingerichtet. Dadurch konnten die Lärmbelastungen der Mitarbeiter abgebaut und die Arbeitsinhalte von Arbeitsplätzen aufgefüllt und damit höher qualifiziert werden. Durch die konsequente Nutzung des technischen Fortschritts erleichtert STIHL auch in anderen Betriebsabteilungen die Arbeitsbedingungen und schafft höherwertige Arbeitsplätze.

Wir fördern die Mitwirkung der Mitarbeiter im betrieblichen Vorschlagswesen. In den letzten drei Jahren hat STIHL insgesamt 20 Qualitätszirkel eingerichtet und dadurch die Betriebsangehörigen zu Kreativität und Mitdenken mit gutem Ergebnis angeregt. Das Personalentwicklungskonzept schreibt beispielsweise regelmäßige systematische Gehaltsüberprüfungen, Mitarbeiterbeurteilungen und Personalentwicklungsgespräche vor. Es sieht auch vor, künftig noch mehr Aufstiegsmöglichkeiten für Mitarbeiter im eigenen Betrieb zu schaffen. Besonderer Wert wird deshalb auf eine gezielte berufliche Weiterbildung gelegt.

Am Ertrag des Unternehmens nehmen die Mitarbeiter durch Erfolgsprämien und Mitarbeiterkapitalbeteiligung in Form von Genußrechten teil. Im sozialen Sicherungssystem gewähren wir Betriebsrenten. Wenn die betrieblichen Voraussetzungen es zulassen, verkürzen wir die Lebensarbeitszeit durch einvernehmliche Vorruhestandsregelungen. Flexible Arbeitszeitregelungen erweitern den Freiheitsraum der Mitarbeiter und erhalten gleichzeitig die Betriebsnutzungszeit. STIHL hat seit langem die Gleitzeit eingeführt. Es bestehen flexible Arbeitszeiten mit Freischichten und betriebsbedingten differenzierten Arbeitszeiten.

Alle diese Maßnahmen, die der Selbstverwirklichung der Mitarbeiter am Arbeitsplatz dienen, fördern die Identifizierung der Mitarbeiter mit dem Unternehmen und erleichtern auch betriebliche Anpassungsprozesse an die technologische Entwicklung. Zu dieser höheren Identifizierung mit STIHL tragen auch bei die Absatzerfolge, die Weltmarktführerschaft bei Motorsägen und der Bekanntheitsgrad der Produkte, ein gutes Produktdesign sowie ein einheitliches werbliches Erscheinungsbild für Produkt und Unternehmen. In diesem Zusammenhang sind auch Betriebssportgruppen, der STIHL-Chor und die zahlreichen Jubiläumsfeiern zu nennen. Sie alle fördern die zwischenmenschlichen Beziehungen im Betrieb.

Gleichwohl trauern langjährige Mitarbeiter dem früheren familiären Umgang nach, als das Unternehmen noch weniger Mitarbeiter beschäftigte und überschaubarer war. Daraus folgt für mich, daß ein größeres Familienunternehmen auch andere Maßstäbe für die Unternehmenskultur braucht. Führungsstil, Informations- und Kommunikationsgewohnheiten müssen überdacht und Entscheidungswege neu organisiert werden. STIHL nutzt deshalb heute die Medien, vor allem die Lokalpresse, mehr als früher, um Informationen über das Unternehmen an die Mitarbeiter und deren Familien zu transportieren, und stellt sich damit auch stärker ins Rampenlicht der Öffentlichkeit. Auch institutionalisierte innerbetriebliche schriftliche Informationsmittel werden heute gezielter genutzt. In einer regelmäßigen Veröffentlichung für 600 Führungskräfte werden beispielsweise Schwerpunkte der Maßnahmenplanung des laufenden Jahres erläutert. Die Empfänger dieser Information sind verpflichtet, ihr Wissen in Besprechungen an ihre Mitarbeiter weiterzugeben. In Ad-hoc-Besprechungen beispielsweise erläutert die Unternehmensleitung einzelnen Betriebseinheiten Entscheidungen oder spricht mit Gruppen von Auszubildenden Probleme durch, die sie mit ihren Ausbildern haben. Selbstverständlich sind Kommunikation und Entscheidungsfindung mit leitenden Angestellten auch institutionell in Gremien verankert. Das gleiche gilt für den Betriebsrat, der auch eine Mittlerfunktion zwischen Unternehmensleitung und Mitarbeitern hat. Den Mitarbeitern selbst stellt sich die Unternehmensleitung regelmäßig in Betriebsversammlungen.

Das Beziehungsgeflecht, das man heute mit dem Begriff »Unternehmenskultur« umschreibt, ist kein Selbstzweck. Es muß klar dem Unternehmenserfolg dienen. Wenn man dieses oberste Ziel nicht ständig vor Augen hat, besteht die Gefahr, daß vor lauter *Diskutieren* im zwischenmenschlichen Interesse das *Produzieren* vergessen wird. Ein Unternehmen lebt vom Erfolg. Davon muß es auch die Löhne und Gehälter der Mitarbeiter bezahlen und die Arbeitsplätze sichern.

3. Einfluß von Technik und technologischer Entwicklung

3.1 Zur Notwendigkeit technischen Fortschritts

Zur Sicherung der Arbeitsplätze und zur Aufrechterhaltung der Wettbewerbsfähigkeit braucht ein Unternehmen vor allem moderne Technik. Dazu muß es sich erhebliche Investitionen in den technischen Fortschritt leisten. Im Zeitalter der Mikroelektronik, die eine arbeitsplatzverändernde Technik ist, beschleunigt sich die technologische Entwicklung immer mehr. In dem, was ich vorher über die »Unternehmenskultur« bei STIHL gesagt habe, ist bereits angeklungen, welche Auswirkungen sich daraus für die zwischenmenschlichen Beziehungen im Betrieb ergeben. Dies möchte ich jetzt aus dem Blickwinkel der Technik gezielter beleuchten.
In den einleitenden Bemerkungen zu diesem Vortrag habe ich darauf hingewiesen, daß sich die heutige Diskussion über die »Unternehmenskultur« historisch aus dem Verhältnis zwischen Mensch und Maschine entwickelt hat. Früher hat der Mensch die Maschine benutzt, um seine mechanischen Arbeitsgänge zu erleichtern und zu rationalisieren. Heute übernehmen automatisierte Fertigungssysteme und Roboter einen großen Teil von Arbeitsschritten vollständig. Der Mensch programmiert, steuert und überwacht sie nur noch. Die Beziehung zwischen Mensch und Maschine hat sich entscheidend geändert. Deshalb haben Automatisierung und Rationalisierung von Fertigungsanlagen und Betriebseinrichtungen aber auch erhebliche Auswirkungen auf Arbeitsplätze, Beschäftigtenstruktur und Arbeitskräftebedarf. Für die Bedienung und Steuerung von neuen Techniken sind qualifiziertere, besser als bisher ausgebildete Arbeitskräfte erforderlich. Auf der anderen Seite fallen auch Arbeitsplätze weg, und zwar durchweg in weniger qualifizierten Bereichen. Dabei handelt es sich um erhebliche Größenordnungen. So schätzen Wissenschaftler, die sich mit Fertigungstechnologie beschäftigen, daß 50 Prozent der heute (direkt oder indirekt) in der mechanischen Fertigung eingesetzten Arbeitskräfte bis zum Jahr 2000 durch Maschinen, Automaten und Roboter ersetzt sind. Die weitere Durchdringung der Büros mit EDV-Anlagen ist hierbei noch nicht berücksichtigt. Ich will aber auch darauf hinweisen, daß natürlich aufgrund der neuen Techniken an anderer Stelle neue Arbeitsplätze entstehen.
Trotzdem: Eine solche Strukturveränderung löst natürlich Ängste aus, den Arbeitsplatz zu verlieren. Diese Ängste werden noch geschürt durch eine teilweise verbreitete Technikfeindlichkeit in der Bevölkerung. Ereignisse wie der Reaktorunfall von Tschernobyl tragen hier zur weiteren Beunruhigung bei. Und selbstverständlich ist

derjenige, der an einem gefährdeten Arbeitsplatz oder in dessen unmittelbarer Nähe arbeitet und also unmittelbar betroffen ist, in dieser Hinsicht besonders anfällig. In einem solchen Falle sind Rückwirkungen auf das Betriebsklima und den zwischenmenschlichen Bereich nur zu vermeiden, wenn voll informiert und wenigstens ein vergleichbarer Arbeitsplatz angeboten wird. Am besten hilft hier eine langfristige Personalplanung, die störungsfrei zu einem Abbau unrentabler Arbeitsplätze führt und gleichzeitig für eine rechtzeitige Beschaffung des benötigten qualifizierten Fachpersonals sorgt. Daß dabei die Aus- und Weiterbildung der Arbeitskräfte im eigenen Unternehmen im Hinblick auf Unternehmenskultur Vorrang haben muß, versteht sich von selbst.
Ein großer Teil der Beschäftigten sieht im übrigen im technischen Fortschritt positive Aspekte. Berufstätige, deren Arbeitsplätze in den letzten Jahren technischen Veränderungen unterlagen, beurteilen den technischen Fortschritt überwiegend positiv. Nach einer Veröffentlichung im »Handelsblatt« empfanden 50 Prozent die Arbeit nach der Umstellung interessanter, nur 13 Prozent fanden sie monotoner. Und in der Metallindustrie werden nach der gleichen Quelle Arbeitsplätze mit Elektronik besser beurteilt als solche ohne Elektronik. Die Shell-Studie '81 ermittelte die Hälfte der Jugend als Technikoptimisten. Nur ein Fünftel stuft seine Einstellung zur Technik eher skeptisch ein. Ein Sechstel meint, daß die unangenehmen Auswirkungen des technischen Fortschritts überwiegen. Insgesamt sind diese Einstellungen ermutigende Zeichen für die weitere technische Modernisierung der Unternehmen und deren Auswirkung auf die Unternehmenskultur.
Leute mit einer positiven Einstellung zur Technik wissen: Seit es Technik gibt, haben bahnbrechende Erfindungen und Entwicklungen die Welt und das Leben verändert. Schon immer haben technische Entwicklungen dazu beigetragen, Arbeitsplätze zu schaffen und die Arbeitsbedingungen zu erleichtern. Sie haben auch Arbeitsplätze überflüssig gemacht. Stets ist aber dem technischen Fortschritt der soziale Fortschritt gefolgt. Durch Produktivitätssteigerungen konnten Wohlstand und Lebensstandard erhöht werden. Die Lebensarbeitszeit ist kürzer geworden. Die wöchentliche Arbeitszeit wurde kürzer und der Jahresurlaub länger. Dadurch hat sich die tatsächliche Jahresarbeitszeit zugunsten der Freizeit drastisch verringert. Diese ganze Entwicklung hatte im übrigen eine Veränderung der Freizeitgewohnheiten und eine Veränderung unseres Wertesystems zur Folge – mit durchaus positiven Wirkungen für das betriebliche Zusammenleben.

3.2 Veränderungen im Wertesystem der Arbeitnehmer

Das Spiegelbild der technologischen Entwicklung ist die Veränderung der sozialen Strukturen. In der Industrie verschiebt sich die Zusammensetzung der Beschäftigten. Der Anteil der Höherqualifizierten wächst. Höheres Bildungsniveau, steigender Wohlstand, wachsende Freizeit verändern das Selbstverständnis und das Selbstbewußtsein des Menschen. Das wirkt sich auch im Arbeitsleben aus.

Der Mitarbeiter strebt nach mehr Eigenständigkeit, mehr Freiraum, einem partnerschaftlicherem Verhältnis und nach mehr Mitsprache beziehungsweise Mitbestimmung am Arbeitsplatz. Kooperation und Teamarbeit statt autoritärem Führungsstil sind gefragt. Das sind alles Ansprüche, die sich in den Normen der modernen Unternehmenskultur wiederfinden.

Schmidtchen hat bei einer Untersuchung in der Metallindustrie festgestellt, daß sich die Einstellungen der Mitarbeiter erstaunlich rasch an die Voraussetzungen anpassen, wie sie vom technologischen Wandel geschaffen werden. Er hat untersucht, welche Tugenden heute für die Arbeitsmoral wichtig sind. Dabei wurde unterschieden nach »alten« puritanischen Tugenden (unter anderem Präzision, Tüchtigkeit, Fleiß, Umsicht, Gehorsam) und »neuen« kommunikativen Tugenden (unter anderem Teamarbeit, eigene Meinung, Offenheit, Verträglichkeit).

Schmidtchen hat herausgefunden, daß die sogenannten puritanischen Tugenden vor allem von den Älteren betont werden. Bei Mitarbeitern zwischen 20 und 40 überwiegt dagegen die Neigung, die kommunikativen Tugenden in ihrer Bedeutung für den Arbeitsprozeß stärker herauszustellen. Auch die höherqualifizierten Arbeitskräfte schätzen die kommunikativen Elemente stärker ein. Nach Feststellung Schmidtchens haben die Mitarbeiter an CNC-Maschinen ziemlich ratlos reagiert, als mit ihnen über die Bedeutung des Fleißes diskutiert wurde. Denn bei der Anwendung neuer Techniken seien die Maschinen fleißig. Die Mitarbeiter dagegen müßten sich mit der Arbeitsvorbereitung, mit den Ingenieuren, mit der Abnahme in der Montage, mit der Materialzulieferung rasch und vielseitig verständigen können. Ihr Arbeitserfolg hänge von ihrer Kooperationsfähigkeit und organisatorischer Disziplin ab. Wir hätten es hier mit einem neuen Typ von Mitarbeiter zu tun. Der Übergang zu einem kommunikativen Lebensstil sei ein Kennzeichen weit entwickelter Industriegesellschaften.

Ich kann diese Aspekte im Rahmen meines heutigen Vortrags nicht ausführlich behandeln. Es kam mir darauf an, Ihnen die Richtung der Veränderungen anzugeben. Sie zeigt, daß vom Wertewandel erhebliche Einflüsse auf die Unternehmenskultur ausgehen und daß dadurch Führungsstrukturen wie auch Führungsstile neu definiert werden müssen.

3.3 Technischer Fortschritt, Arbeitszeitgestaltung und Arbeitsbedingungen

Technik kostet Geld. Mit der technologischen Entwicklung gehen, kostet noch mehr Geld. Wer jedoch in den Fortschritt nichts investiert, kann im Wettbewerb auf Dauer nicht mithalten. Investitionen in den technischen Fortschritt haben aber auch einen Preis: Sie lohnen sich nur, wenn die teueren Kapitalanlagen auch genügend genutzt werden.

Starre wöchentliche Arbeitszeiten erschweren eine hohe Kapazitätsauslastung, zumal die Arbeitszeit in den letzten Jahrzehnten immer weiter verkürzt wurde. Deshalb muß aus betriebswirtschaftlichen Gründen die Nutzungszeit der Anlagen von der persönlichen Arbeitszeit entkoppelt werden. Die Arbeitszeiten müssen flexibel gestaltet werden. Außerdem muß die Möglichkeit bestehen, die Arbeitszeiten nach den betrieblichen Erfordernissen zu differenzieren. Zum Beispiel sollte mit Facharbeitern, die am Arbeitsmarkt nur schwer zu bekommen sind, eine längere individuelle Arbeitszeit vereinbart werden können als mit weniger knappen Arbeitskräften.

Nicht nur die hohen kapitalintensiven Investitionen verlangen flexible Arbeitszeitregelungen. Die neuen Produktionsstrukturen werden heute als flexible Fertigungssysteme eingerichtet, die durch geringe Umrüstzeiten und Automatisierung eine auftragsorientierte Fertigung mit kleinen Losgrößen erlauben. Außerdem wird die größere Fertigungsflexibilität ergänzt durch eine Beschleunigung des Materialflusses mit Hilfe neuer Logistiksysteme. Diese Flexibilisierung der Fertigung und der bescheunigte Materialfluß muß seine Entsprechung in beweglicheren Arbeitszeiten haben, wenn sie effektiv sein sollen.

Aus den vielfältigen Möglichkeiten der Arbeitszeitgestaltung können die Arbeitnehmer Vorteile erzielen und größere Freiräume gewinnen. Ich denke an Gleitzeitregelungen, an Freischichten zum Ausgleich der Unterschiede zwischen Betriebsnutzungszeit und persönlicher Arbeitszeit, an Teilzeitarbeit und anderes mehr. Es wird dabei Aufgabe des Arbeitsmanagements sein, die Betriebsinteressen mit den persönlichen Ansprüchen des Mitarbeiters auf einen Nenner zu bringen. Natürlich besteht auch die Möglichkeit, daß Betriebsangehörige

in Qualitätszirkeln oder in Gruppenarbeit – wie es bei STIHL im Ersatzteillager und im Sonderbetriebsmittelbau geschehen ist – aus eigener Intitiative Gleitzeitregelungen austüfteln, die sich am Arbeitsanfall orientieren. Insgesamt gesehen läßt also die technologische Entwicklung weitere Freiräume der Mitarbeiter für Arbeitszeitregelungen erwarten. Ein Großteil der Mitarbeiter ist auch entschlossen, diese Freiräume zu nutzen.
Ich habe schon mehrfach auf veränderte Anforderungen an die Qualifikation der Mitarbeiter hingewiesen, die durch die Anwendung neuer Techniken ausgelöst werden. In der Regel entstehen dabei höherwertige Arbeitsplätze. Sie geben den Mitarbeitern die Chance, durch Weiterbildung beruflich weiterzukommen und eine fachlich anspruchsvollere Tätigkeit auszuüben. Eine Höherwertigkeit kann aber auch dadurch erreicht werden, daß bei Einführung neuer Techniken an einem Arbeitsplatz mehrere gleichartige Arbeitsinhalte zusammengefaßt werden und die Tätigkeit dadurch abwechslungsreicher wird. So werden aus diesem Grunde an einem modernen Montageband heute von einem Mitarbeiter mehr Arbeitsgänge als früher erledigt. Gleichzeitig wird durch die Einrichtung von Pufferzonen die starke Bindung an Zeittakte gelöst. Arbeitsgänge, die schwere körperliche Arbeit verlangen, werden automatisiert. Daß heute die Technik einen erheblich verbesserten Lärmschutz ermöglicht, brauche ich nicht zu betonen. Insgesamt bringt der Einsatz neuer Techniken gerade den Mitarbeitern im Produktionsbereich wesentliche Fortschritte am Arbeitsplatz und wesentlich verbesserte Arbeitsbedingungen.

3.4 Zur Bedeutung des Betriebsrates für die Unternehmenskultur

Natürlich spricht der Betriebsrat als Interessenvertretung der Belegschaft bei vielen Fragen, die die Unternehmenskultur berühren, ein Wort mit. Er hat nach dem Betriebsverfassungsgesetz Mitwirkungs- und Mitbestimmungsrechte. Die Investitionsentscheidungen über die Einführung neuer Technologien kann er allerdings nicht verhindern. Der Betriebsrat hat dafür kein Mitbestimmungsrecht. Würde er es – wie die Gewerkschaften es fordern – erhalten, bedeutete dies nichts anderes als Produktions- und Investitionskontrolle. Mit unserer marktwirtschaftlichen Ordnung wäre dies nicht vereinbar. Deshalb wehren sich die Arbeitgeber gegen eine Änderung des Betriebsverfassungsrechts.
In vielen anderen Bereichen kann der Betriebsrat aufgrund gesetzlicher Rechte das Unternehmensgeschehen und die zwischenmensch-

lichen Beziehungen beeinflussen. Zum Beispiel bei Länge, Lage und Dauer der Arbeitszeit, Einstellungen, Kündigungen oder auch bei Arbeitsbedingungen. Daher ist die Art und Weise, wie Betriebsrat und Unternehmensleitung zusammenarbeiten, von großer Bedeutung für das betriebliche Zusammenleben. Es ist also für die Unternehmenskultur wichtig, mit dem Betriebsrat vertrauensvolle Kontakte zu pflegen.

4. Abschließende Bewertung

Damit komme ich zu einer kurzen abschließenden Bewertung: In einem Industrieunternehmen spielt die Technik eine große Rolle. Die meisten Mitarbeiter in der Produktion verbringen ihre betriebliche Arbeitszeit mit oder an Maschinen und Fertigungssystemen. Vom jeweiligen Technisierungsgrad sind die Arbeitsbedingungen an ihren Arbeitsplätzen, Lage und Dauer der Arbeitszeit wesentlich geprägt. Vom technologischen Stand der Produktionsanlagen hängt teilweise auch die Wettbewerbsfähigkeit der Produkte und der Markterfolg ab. Damit im Zusammenhang stehen wiederum die Sicherheit des Arbeitsplatzes, die Bezahlung und andere materielle Aspekte der Arbeitsleistung. Der technische Standard eines Industriebetriebes ist deshalb von vielfältiger Bedeutung für das Betriebsgeschehen, das betriebliche Zusammenleben und die Identifikation des Mitarbeiters mit dem Unternehmen.

Die Rolle von Unternehmern und Managern bei der Entwicklung von Unternehmenskulturen

Professor Dr. Knut Bleicher
Hochschule St. Gallen/Schweiz

Der Begriff der Unternehmenskultur projiziert die Vorstellung des Entstehens von Werten und Normen und ihres Einflusses auf menschliche Verhaltensweisen auf die »produktiven sozialen Systeme Unternehmungen« (Hans Ulrich), die durch sie ihre *soziale Identität* finden. In ihnen bewirkt die Unternehmenskultur eine *informelle Integration* von vergangenheitsgeprägter *Tradition* und *aktueller* Lenkung und Gestaltung des Systems. Damit schafft sie zugleich die Grundlagen für *zukünftige Innovationen. Erfahrungen,* die ein Unternehmen in der Vergangenheit mit gelungenen und mißlungenen Problemlösungen gesammelt hat (*kognitive* Dimension der Kultur), werden in ungeschriebenen Gesetzen in die *Gegenwart* übertragen: »They anchor the present in the past«.
Hinzu treten *Werte und Einstellungen,* die das Verhalten der Systemmitglieder prägen (*affektive* Dimension der Kultur). Dieses grundlegende Muster von nicht mehr hinterfragten, selbstverständlichen Voraussetzungen des Verhaltens und Handelns in einem Unternehmen führt letztlich zu einer »kollektiven Programmierung des menschlichen Denkens« (W. F. Ogburn), die über ein System von Symbolen, Mythen, Zeremonien, Ritualen und Erzählungen kommuniziert und sichtbar wird. Eine geprägte Unternehmenskultur wirkt als »Autopilot« für die implizite Verhaltenssteuerung im sozialen System des Unternehmens.
Unternehmungen durchwandern ihre Geschichte mit durchaus unterschiedlichen situativen Ereignissen, auf die sie in jeweils anderer Weise reagieren. Erfolg und Mißerfolg der Ereignisbewältigung wer-

den von den Systemmitgliedern zudem verschiedenartig erlebt. Die Gemeinsamkeit des Erlebnisses ist dabei geeignet, das Werden einer Unternehmenskultur wesentlich zu prägen. Dies wird durch eine große Homogenität und Dauer der Gruppenzugehörigkeit getragen. Eine hohe Interaktionsdichte in der Zeit scheint neben der Intensität des persönlichen Erlebens von Situationen die Stärke von Unternehmenskulturen wesentlich zu bestimmen.

Das unmittelbare Erleben vorbildhafter Führer und die mittelbare Vermittlung ihrer Werte in vielfältigen »Heldensagen«, die - nicht selten ihres Realitätsgehaltes beraubt - auch nach dem Ausscheiden der Akteure im Unternehmen weiterleben, scheinen beim Werden einer Unternehmenskultur eine wesentliche Rolle zu spielen. Vielleicht ist dies überhaupt die größte Leistung, die eine Führungskraft in einem Unternehmen vollbringen kann (Thomas Peters/Robert Waterman): Der Aufbau eines klaren Wertegefüges für das Sozialsystem. Spitzenleistungen werden erst vor dem Hintergrund eines starken und zukunftstragenden Wertegefüges möglich.

Die *Vorbildfunktion* der Führung als kulturprägende und kulturvermittelnde Rolle in Unternehmen bedarf einer weiteren Differenzierung. Führung kann sich in einer mehr *unternehmerischen* und einer mehr *manageriellen* Art vollziehen. Je nachdem, ob dabei das mehr sozio-emotionale Element der »Menschen«führung oder das mehr sach-rationale eines Administrierens im Mittelpunkt steht, wird damit die Unternehmenskultur durchaus unterschiedlich geprägt.

Die Rolle des Managers löste sich erst in diesem Jahrhundert aus der des Unternehmers heraus, der als Eigentümer zugleich unternehmerische Impulse und das optimierende und sichernde Management in seiner Person vereinigte. Die wachsende Komplexität der gesellschaftlichen, wirtschaftlichen und technologischen Bedingungen und ihre neuerdings stark zunehmende Dynamik können als Ursache für die Spezialisierung der Führung gelten.

Die gegenwärtige Diskussion um wünschenswerte Rollen in der Führung von Unternehmen wird beherrscht von der Frage, ob *unternehmerisches* Denken und Handeln verlorengegangen sei und wie es auf der *Makro*ebene durch gesellschaftliche Anreize (»*Entrepreneurship*«) wiederherzustellen sei. Auf der *Mikro*ebene des Unternehmens ist es vergleichbar die Frage nach den Rahmenbedingungen, die für unternehmerisches Verhalten *in* der Organisation (»*Intrapreneurship*«) geschaffen werden müssen.

Am *dynamischen* Ende einer Spannungsreihe steht der Typ des *Unternehmers,* der *visionär Ungleichgewichte* im Unternehmen produziert, indem er nach neuen marktlichen und technologischen Möglichkeiten Ausschau hält. Er agiert dabei stark *zukunfts*orientiert und

ist gewohnt, mit *Unsicherheiten* und *Risiken* zu leben. Der Unternehmer vermittelt dem Unternehmen *sinnhafte* Konzeptionen (»Produktführerschaft«, »Lösung technologischer Probleme jenseits des ›state of the art‹«).
Am *statischen* Ende der Spannungsreihe findet der Unternehmer seinen Gegenpol im *Verwalter,* der von Managern in fließende Gleichgewichtslagen umgesetzte dynamische Impulse in *standardisierte, programmierte Formen* zur *Sicherung* des Erreichten umsetzt. Während der Unternehmer eher improvisierend bis hin zum Schaffen chaotischer Situationen agiert, strebt der Verwalter danach, *Ordnung durch Dauervollzug* von Aufgabenerledigungen zu schaffen: Er schafft *Bürokratien,* die für den einzelnen wenig sinnhafte Vollzüge schaffen, dem System jedoch *Struktur und Dauerhaftigkeit verleihen.* Während der Unternehmer durch seine *Außen*orientierung über das Schaffen von zukünftigen Erfolgspotentialen einen Beitrag zur Überlebensfähigkeit des Unternehmens schafft, tut dies der Verwalter durch das Herstellen einer auf dem Prinzip der Sicherheit beruhenden *inneren* Ordnung. Ist der Unternehmer *risiko*freudig, wird das Verhalten des Verwalters eher durch Risikoscheu getragen. Er ist introvertiert und arbeitet reglementgerecht gerade so viel wie notwendig. Dabei wird er selbst zu einem nicht identifizierbaren Rädchen im Getriebe einer bürokratischen Maschinerie, zum auswechselbaren *Funktionär,* der ersetzbar wird, ohne daß die Stellenbeschreibung geändert zu werden braucht. Er ist *Bürokrat.* Seine Sicherheit findet er, indem er sich auf die formalen Aspekte der Leitung oder Leitungsunterstützung zurückzieht. Er wird sowohl zum Hüter der Ordnung wie zum Schaffer zusätzlicher Ordnung, worauf sich seine Kreativität konzentriert. *Konformitätszwänge* werden vom Verwalter nicht nur akzeptiert, sondern auch gefördert.
Manager streben danach, von Unternehmern geschaffene ungleichgewichtige Situationen verfahrenstechnisch unter Kontrolle zu bringen, auf ein *Gleichgewicht* hin zu bewegen. Der *Manager* betrachtet das Unternehmen *instrumental*: Er benötigt es als Mittel für *seine Karriere.* Deshalb wird er alles das tun, was ihm bei seiner Karriere hilft; dies kann in besonderen Leistungen bestehen, aber auch in einer hohen Bereitschaft zur Opportunität beim Erreichen seiner persönlichen Ziele. Gibt ihm das Unternehmen A hierzu geringere Möglichkeiten als das Unternehmen B, wird er sein Instrument »Unternehmen« ohne jegliche Scheu wechseln. Eine *engere Bindung* zur arbeitgebenden Institution wird dabei bewußt *vermieden,* man bleibt offen für andere vielversprechende Berufsmöglichkeiten. Indifferenz und Beweglichkeit sind kennzeichnend für den hier beschriebenen Typ des Managers: Er ist *Technokrat,* der seine eigenen Ziele in Di-

stanz zum jeweiligen Unternehmen verfolgt. Er ist im Vergleich zum Führer in seinem Verhalten gegenüber Mitarbeitern eher *unpersönlich,* menschliche Bindungen werden vermieden, ausgeprägte *formelle Verfahren* dominieren. Dabei wird er mehr durch Notwendigkeiten als durch zukunftsweisende Visionen und einen eigenen Willen motiviert. In der Tendenz *reagiert* er mehr, als daß er agiert. Seine Aufgabe sieht er geprägt durch das *Streben nach Rationalität.* Er kann diese als Funktion der Organisation am besten regelhaft erfüllen. Zu seiner Unterstützung bedient er sich dabei analytischer, quantitativer *Methoden.* Prognosen und Budgetmethoden müssen die persönliche Urteilskraft ersetzen, die ein herausragendes Merkmal des Unternehmers darstellt. Statt unternehmerischer Autonomie sucht der Manager persönliche Absicherung und ist um sein Überleben in der Organisation besorgt. Dies fordert seinen Tribut nicht nur bei der Art der Aufgabenerfüllung, dem Wie der Problemansprache, sondern es nimmt auch einen gewichtigen Teil seines Arbeitspensums in Anspruch.
Dem technokratisch ausgerichteten Manager steht die Rolle des *Menschenführers* gegenüber: Der Menschenführer agiert auf *persönliche* Weise, er beeinflußt die *Motivation* seiner Mitarbeiter und stabilisiert über den »Esprit de Corps« die *Gruppenkohäsion,* indem er den »team spirit« fördert. Sein Vorgehen ist eher persönlich: Er tut das, was seinen Vorstellungen, seinen Erwartungen und seinem Willen am besten entspricht. Führer sind in der Regel *aktiv, begeisternd* und haben einen missionarischen *Eifer,* den sie auf ihre Mitarbeiter übertragen wollen. Sie vermitteln ihren Mitarbeitern sinngebende Aufgaben, indem sie unternehmerische Visionen und managerielle Aufgabenstellungen in erstrebenswerte Ziele für die Mitarbeiter umsetzen. Damit lösen sie *Identifikations*prozesse aus, die motivationell als Motor für weitere Initiativen und Aktionsprogramme wirken. Indem sie über Delegation die *Autonomie* ihrer Mitarbeiter respektieren, prägen sie auch die Beziehungen zu anderen Personen. *Unpopuläre und harte Entscheidungen* werden konsequent und zielstrebig gefällt und durchgesetzt. Ihnen liegen *Inhalte* und weniger formelle Verfahren am Herzen. Organisationsgerechtes Verhalten ist nicht ihre Stärke: Die Sache dominiert die Form.
Nicht alle Rollen können in einer Person zusammenfallen, dazu sind einige von ihnen zu widersprüchlich. Gelingt es einer Person, mehrere der hier aufgezeigten *in sich zu vereinigen,* dann scheint sie damit herausragenden Einfluß auf die Geschicke von Unternehmen und Mitarbeitern auszuüben. Immer bleibt jedoch – bei unterstellter Unvereinbarkeit aller Rollen – die Notwendigkeit zu sogenannten »*Gespannstrukturen*« im Sinne Eberhard Witters, der komplementären

Rollenverteilung und Zusammenarbeit unterschiedlich geprägter Rollenträger.
Während Unternehmer auch Manager und Führer sein können, schließt sich die Rolle des Verwalters für sie weitgehend aus, sie widersprechen sich. Manager können zugleich Führer sein, insbesondere dann, wenn es ihnen gelingt, ihre instrumentale Einstellung zu einem bestimmten Unternehmen zu verbergen und mit Geschick menschliche Beziehungen unter Pflege eigener Selbstdarstellung zu manipulieren, wie R. Presthus beschrieben hat. Manager können leicht zu Verwaltern dann werden, wenn ihre Karriereerwartungen zwischen Unternehmen enttäuscht werden und sich auch im eigenen Unternehmen nicht mehr verwirklichen lassen.
Für die jeweils offen gebliebenen Rollen müssen in der Führungsstruktur komplementäre Ergänzungen geschaffen werden. Charakteristisch für anfängliche Entwicklungen vieler junger »start-up companies« der Spitzentechnologie ist die unternehmerische Prägung des Gründers, dessen mangelnde managerielle Potenz sich zumeist sehr schnell bei der Bewältigung des Wachstums zeigt. Ihm einen qualifizierten Manager »im Gespann« an die Seite zu stellen, hat sich als Lösungsansatz weitgehend dann bewährt, wenn es zu einem Ausgleich der Kräfte zwischen dem unternehmerischen Produzieren von Ungleichgewichten und dem manageriellen Bestreben, die erzeugten Ungleichgewichte wieder in gleichgewichtige Entwicklungen zu überführen, kommt. Vom anderen Extrem her ist ein zu gleichgewichtsbetontes Agieren von Managern und Verwaltern durch die Implantation unternehmerisch denkender und handelnder Persönlichkeiten zu konterkarieren, denn ihre Prägung führt leicht zur Stagnation und gefährdet durch mangelnde Innovation die Überlebensfähigkeit des Unternehmens.
Der Unternehmer, der seinen marktlichen oder technischen Ideen kompromißlos nachgeht, muß nicht zugleich der ideale Menschenführer sein. Auch hier bedarf es einer Ergänzung, wie auch beim Manager, dessen Stärke nicht der Umgang und die Ausstrahlung auf Mitarbeiter ist. Beim Verwalter schließt sich im üblichen Sinne die gleichzeitige Führungsrolle im sozialen Beziehungsnetz weitgehend aus: »Führung wird zum Verwaltungsakt«. Insofern bedarf es, wenn bürokratische »Führung« Erfolg haben will, auch hier einer führungsmäßigen Ergänzung im Gespann.
Im Zeichen teils turbulenter Veränderungen sind die beiden Rollen der Leitung am *dynamischen* Ende der Spannungsreihe in der Struktur und Kultur von Unternehmen zu *stärken.* Während sich eine intensive Diskussion während des letzten Jahrzehnts mit der Stärkung der Führungsrolle und der des Managements beschäftigt hat, ist die

Forderung nach stärkerer Forcierung der Rolle des Unternehmers *im* Unternehmen erst jüngeren Datums und für die Schaffung von kulturellen Voraussetzungen für zukunftsgerichtete Innovationen von hoher Aktualität.
Die derzeit diskutierten *strukturellen* Ansätze zur Verbesserung der Rahmenbedingungen für unternehmerisches Verhalten beginnen mit der *Aufsplitterung* des Unternehmens in *kleinere Einheiten,* die teilautonom geführt werden. Größere und schlecht überschaubare Organisationsgebilde haben immer mehr Bürokratie produziert und damit den Manager zum Verwalter degradiert. Indem Manager zu Trägern überschaubarer teilautonomer Einheiten werden, lassen sich Ansätze zur Infiltration unternehmerischer Rollen in die Organisation verwirklichen: »Intrapreneurship« erlaubt ein *Zurückdrängen des Verwaltungsaspektes und überbordender Bürokratie.* Statt einer Beschränkung des unternehmerischen Aspektes auf die Spitzenposition mit helfender Unterstützung durch viele Manager können nun viele »Klein-Unternehmer« ihren eigenen Bereich führen. Damit wird eine *Integration* der Rollen von Unternehmer, Managern und Führern in vielen Einheiten möglich. Die Organisations*pyramide* kann auf diesem Wege wesentlich verflacht und übersichtlicher gestaltet, der Informationsfluß verbessert werden.
Dabei darf nicht übersehen werden, daß dabei viele *Vorteile eines gesamtunternehmerischen Agierens in Frage gestellt* werden: Die *Einheitlichkeit des Agierens* im Gesamt-Unternehmensverband nach außen im Erzielen *»kritischer Massen«* beim Durchsetzen von Interessen, *die Synergie* im Qualitativen und Quantitativen, die sich letztlich positiv auf Kosten und Aufwendungen auswirken kann. Hier ist im Einzelfall sehr kritisch zu prüfen, ob diese vermeintlichen Vorteile nicht auf der Leistungs- und Ertragsseite durch ein *flexibleres Wachstum* bei weitem überkompensiert werden. Hinzu kommt, daß in die Argumentation eines Erreichens von Synergien durch eine Zentralisation von Aufgaben fast immer das Rechenbare auf der Aufwands- und Kostenseite eingeht, wenig rechenbare Opportunitätskosten aber leicht auf der Strecke bleiben. Immer muß beiden Aspekten, der Einheitlichkeit, als Gruppe nach außen auftreten zu können und dabei Gesamtvorteile über mögliche strategische Ressourcenballung zu erzielen und Wachstumsschübe durch unternehmerisches Verhalten in kleineren Einheiten auszulösen, Genüge geleistet werden. Im Sinne einer *Organisationsdynamik* sollte dieses Verhältnis von Einheitlichkeit zu Differenzierung, von Zentralisation und Dezentralisation *nie statisch* betrachtet werden: »Leine geben«, um Innovations- und Wachstumsschübe auszulösen, muß immer wieder durch Integrations- und Konsolidierungsphasen abgelöst werden, in denen ge-

genüber dem unternehmerischen wieder das managerielle Element überwiegt.

Gifford Pinchot hat in seinem Buch »Intrapreneuring« *10 Gebote für das Verhalten des Unternehmers im Unternehmen* aufgestellt, die zeigen, inwieweit wir uns – insbesondere in Großorganisationen – von den unseren wirtschaftlichen Fortschritt tragenden Freiräumen unternehmerischen Handelns entfernt haben:

---

10 Gebote für den »Intrapreneur«

1. Komme täglich zur Arbeit mit der Bereitschaft Dich feuern zu lassen.

2. Umgehe alle Anweisungen, die Dich daran hindern, Deinen Traum zu verwirklichen.

3. Unternimm alles, um Dein Projekt fortzuführen, ganz gleich, was in Deiner Stellenbeschreibung steht.

4. Suche Dir Mitarbeiter, die Dich dabei unterstützen.

5. Folge Deiner Intuition, welche Leute Du aussuchst, und arbeite nur mit den besten.

6. Arbeite im Untergrund so lange Du irgendwie kannst – Publicity löst den Immunmechanismus eines Unternehmens aus.

7. Setze nie auf ein Rennen, an dem Du nicht beteiligt bist.

8. Denke daran, daß es einfacher ist, um Vergeben als um Erlaubnis zu bitten.

9. Bleibe Deinen Zielen treu, aber bleibe auch realistisch im Hinblick auf die Wege zu ihrer Erreichung.

10. Erkenne Deine Sponsoren an.

---

nach: PINCHOT, Gifford III.: Intrapreneuring: Why you don't have to leave the corporation to become an entrepreneur. New York–Cambridge 1985, S. 22.

Viele Unternehmen befinden sich im Hinblick auf die Verteilung der vier Rollen der Leitung in der Organisation in einer *Schieflage,* die sowohl die Wahl zukunftsführender Strategien wie ihre Durchsetzung nachhaltig beeinflussen kann.
In den meisten Unternehmen sind heute die *kulturprägenden Anreizsysteme* für Führungskräfte noch mehr oder weniger nach dem *Idealbild des karriereträchtigen Managers,* dessen primäres Streben der Aufstieg in der Organisationshierarchie ist, ausgerichtet. Die unternehmerische Innovation wird in diesem Bild kaum betont, eher ist sie instrumental: Unternehmerischer Erfolg *kann* beim Aufstieg helfen, aber ist das hierbei einzugehende Risiko nicht zu hoch? Ist es nicht

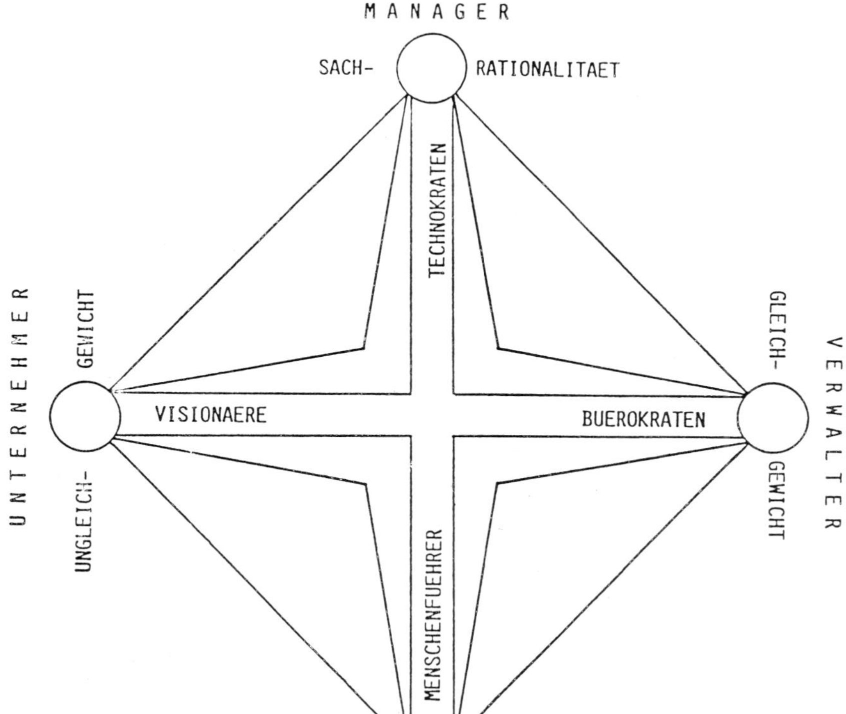

Auf der Suche nach exzellenter Leitung: Fusion von Leitungsrollen als Voraussetzung für Spitzenleistungen

viel einfacher, nach der Devise »don't stick your neck out« auf dem Pfad des Sicheren, Bewährten, Etablierten nach oben zu wandern? Einer derartigen Einstellung von Systemen und Führungskräften gilt es durch ein gezieltes Bekämpfen falsch eingestellter Anreizsysteme und eine Hinwendung zu *Unternehmenskulturen* zu bekämpfen, die unternehmerische Visionen *und* ihr managerielles Durchsetzen zugleich belohnen. Beurteilung und Beförderung von Führungskräften im Unternehmen bedürfen dabei zusätzlicher, unternehmerisch orientierter Verhaltenskriterien, um den aufgezeigten Mißstand zu beheben. Das »Rangfolge-Denken« muß zugunsten einer Identifikation mit langfristigen Zielen und unternehmerischen Verhaltensweisen im Unternehmen gebrochen werden.
Bei der Implantation von unternehmerischen Elementen in die etablierte Dauerorganisation lauern vielfältige *Gefahren,* denen auszuweichen ist, will man nicht auf den herkömmlichen Pfad des Verwalters gelangen. Nur initiative, motivierte *Unternehmer,* die zugleich gute *Menschenführer* sind und sich bei der Erfüllung ihrer Aufgaben qualifizierter *Manager* bedienen, haben Chancen für einen herausragenden Erfolg. Die oberste Unternehmensleitung, die eine übergeordnete unternehmerische und managerielle Funktion zugleich zu erfüllen hat, muß in ihrem Verantwortungsbereich die strukturellen und kulturellen Rahmenbedingungen für unternehmerisches Handeln bewußt schaffen, um den Gefahren einer sich entwickelnden Verkrustung bei gleichzeitiger Aufgabe der initiativen Nutzung marktlicher und technologischer Chancen zu begegnen.

Themenkreis A

»Kommunikation und Organisationsentwicklung«

Christoph Schmidt-Krayer
Schmidt-Clemens GmbH & Co., Lindlar

»Teilhabe an unternehmerischen Entscheidungen«

Eberhard Knoblauch
Hewlett-Packard GmbH, Böblingen

Kommunikation und Organisationsentwicklung

Christoph Schmidt-Krayer
Schmidt-Clemens GmbH & Co.,
Lindlar

Meine Damen und Herren,
ich möchte Ihnen heute kein Modell vorstellen, sondern über meine langjährigen persönlichen Erfahrungen mit Organisationsentwicklung in einem Traditionsunternehmen berichten. Ich glaube nicht, daß es ein Idealmodell der Organisationsentwicklung gibt, das sich auf jeden Betrieb anwenden läßt.
Das Unternehmen, das ich leite, die Firma Schmidt + Clemens, ist ein reines Familienunternehmen und wurde 1879 gegründet. Der Umsatz des Gesamtunternehmens beläuft sich zur Zeit auf über 200 Millionen DM im In- und Ausland, es werden 1300 Mitarbeiter beschäftigt.
Unsere Produkte sind Edelstahl in Form von Schmiedeteilen, also Stäbe und bearbeitete Teile sowie Edelstahlguß in Form von Formguß, Feinguß und Schleuderguß. Unsere Kunden sind in der Investitionsgüterindustrie zu finden. Da wir zur Stahlindustrie gehören, gehen auch die dortigen Struktur- und periodisch auftretenden Ertragsprobleme an uns nicht spurlos vorüber. Ein Großteil unserer Wettbewerber wird mit staatlichen Subventionen am Leben gehalten und gefördert.
Die Belegschaft besteht zum großen Teil aus Fachkräften oder angelernten Mitarbeitern, die ihre Tätigkeit meist schon seit längerer Zeit bei uns ausüben. Die Geschäftsführung des Unternehmens besteht aus zwei familienfremden Geschäftsführern und mir selber als geschäftsführendem Gesellschafter. Die Firma ist in Geschäftsbereiche organisiert, die voll ertragsverantwortlich sind.

Phase I.

Unsere ersten Erfahrungen mit Organisationsentwicklung reichen in die späten sechziger Jahre zurück. Damals stand das Unternehmen in einem intensiven Generationswechsel auf den verschiedensten Ebenen. Die Ertragslage war schlecht.
Ein neuer Stil, eine neue Kultur würden wir heute sagen, war notwendig, die von den meist jüngeren Mitarbeitern getragen werden konnte. Mit Hilfe eines Beraters haben wir mit dem Managementteam, das aus jüngeren wie älteren Mitgliedern bestand, eine intensive Bestandsaufnahme vorgenommen. Dabei wurden erstmals einige Mitarbeiter befragt und an der Problemdefinition beteiligt. Die Frage, wer eigentlich das Problem definiert oder das Thema setzt, ist ein wichtiger Punkt der Organisationsentwicklung. Auf Grund der gemeinsamen Diagnose ergab sich ein weitgehend gemeinsames Bild von der Lage des Unternehmens. In Klausurtagungen haben wir folgende Ergebnisse erzielt:

1. Entscheidungen sollen zukünftig nicht mehr einsam sondern in Gruppen getroffen werden.
2. Der Führungsstil soll kooperativ und auf Entwicklung von Menschen ausgerichtet sein.
3. Der Information muß mehr Beachtung geschenkt werden.
4. Wir wollen unsere Organisation so dezentral wie möglich und so zentral wie nötig gliedern.
5. Marktorientiertes Denken soll das ganze Unternehmen durchziehen. Wir sprechen nicht mehr von Stäben, sondern von Serviceabteilungen, die den Linienabteilungen zuarbeiten.
6. Die Mitarbeiter sollen in Teamentwicklung und Gruppenarbeit trainiert werden, um zu lernen, wie man dort effektiv arbeitet.
7. Dieser Prozeß des gemeinsamen Beratens, gemeinsamen Entscheidens, soll ins ganze Unternehmen hineingetragen werden.

Natürlich dauerte es einige Jahre, bis diese Vorhaben in die Tat umgesetzt werden konnten.
Teilweise ist dies auch nur unvollkommen gelungen. Eine wichtige Erfahrung dieser Zeit war, daß viele von uns im Glauben waren, wenn ein Problem erst einmal angesprochen oder ausgesprochen ist, dann sollte sich auch für alles recht bald eine Lösung finden. Die Erwartungshorizonte waren auf allen Seiten sehr hoch. Es hat uns damals erhebliche Frustrationen bereitet, daß die Veränderungen nur allmählich und langsam in die Tat umgesetzt werden konnten. Wir mußten das Denken in Prozessen erst lernen und erfahren, daß Einstellungen und Änderungen von Haltungen meist nur ganz allmählich zu erreichen sind. Vor allem die sogenannten »Macher« mußten

lernen, daß sie die ihnen anvertrauten Menschen und auch sie selbst sich nur allmählich entwickeln konnten.
Als zentrales Element haben wir damals die Gruppenarbeit eingeführt und viele Führungskräfte darin geschult. Jeder Bereichsleiter bildete mit seinen Abteilungsleitern, Betriebsleitern, Meistern und Gruppenleitern einen Arbeitskreis, der regelmäßig zusammenkommt, um wichtige Fragen des Bereichs zu diskutieren. Dies ist das Forum, in dem wichtige Entscheidungen innerhalb des Bereiches besprochen werden, wo aber auch Information fließt. Nach ersten Mißverständnissen haben wir klargestellt, daß der Vorgesetzte nach wie vor das letzte Wort hat oder auch ein Veto gegen die Meinung der Gruppe einlegen kann. Nur, er kann nicht einfach sagen: »Ich will das so«, sondern er ist, und das ist auch Teil der Kultur, gehalten, vor der Gruppe mitzuteilen, warum und wieso und weshalb er anders entscheiden möchte. Das Für und Wider soll mit der Gruppe diskutiert werden. Dies führt dazu, daß auch die größeren Zusammenhänge, in denen eine Entscheidung steht, allen bekannt werden. Aus der Kenntnis dieser größeren Zusammenhänge heraus ist es häufig leichter, einen Konsens zu finden.
Abstimmungen gibt es in unserer Gruppe nicht. Wir halten diese Methode der Demokratie sinnvoll für große Gruppen. Solange man noch miteinander sprechen kann, wäre es verhängnisvoll, nicht zu versuchen, auch Minderheiten in die Entscheidung mit einzubeziehen. Leider entscheidet unser Betriebsrat mit seinen 13 Mitgliedern heute noch wie ein Parlament, nicht jedoch wie eine miteinander arbeitende Gruppe.
In unseren Gruppen wird relativ frei diskutiert. Die Mitglieder werden oft eher nach Sach- und Fachkenntnis als nach hierarchischer Position ausgewählt, wenngleich der formelle Entscheid bei den hierarchisch Zuständigen verbleibt. Zum Ende einer Sitzung oder spätestens zum Ende einer Arbeitsphase wählen wir den Weg des Feedbacks, der Metakommunikation, um eine Einschätzung der abgelaufenen Arbeit durch die Beteiligten zu ermöglichen. Aus dem unerläßlichen Feedback werden wertvolle Erkenntnisse gewonnen, die Struktur und Ablauf zukünftiger Arbeitssitzungen günstig beeinflussen.
Die Gruppenarbeit hatte auch zur Folge, daß Information und Kommunikation nicht unbedingt dem Dienstweg nach erfolgen muß, den wir nämlich weitgehend abgeschafft haben, sondern in der Regel horizontal, also dem Arbeitsablauf entsprechend. Die Tatsache, daß man im Rahmen einer Gruppenarbeit gelegentlich auch Dinge zu hören bekommt, die nicht mit dem unmittelbaren Arbeitsbereich zu tun haben, sollte man nicht nur negativ gewichten. Wir sind der Mei-

nung, daß wir durch die Gruppenarbeit erreicht haben, daß bei uns die Mitarbeiter selbständiger und intelligent im Sinne des ganzen Unternehmens handeln. Dadurch ist das Abteilungs- oder »Kästchendenken« zumindest etwas verringert worden. So haben wir erreicht, daß die Geschäftspolitik und die Zielsetzung des Unternehmens immer wieder erneut an viele Menschen herangetragen wird.
Jeder der vor Ort steht, hat bei seinen Überlegungen und Entscheidungen die Geschäftspolitik gewissermaßen »im Hinterkopf«. Wenn neue Führungskräfte kommen, haben sie ein ziemliches Problem, sich in unseren Stil hineinzufinden, zum Beispiel, daß in den Gruppensitzungen dem Chef offen widersprochen werden darf. Das ist für die Neuen oft angstauslösend, und wir brauchen zwei, manchmal drei Jahre, bis wir sie daran gewöhnt haben und sie sich da auch wohler fühlen.

Phase II.

Jahre später hatten wir wieder rote Zahlen und waren der Meinung, wir sollten erneut eine Standortbestimmung vornehmen. Der unter Kontrakt genommene neue Organisationsentwicklungs-Berater begann diesmal mit Einzelinterviews. In den anschließenden Gruppenbesprechungen kam heraus, daß die Mehrzahl der Führungskräfte eine Überarbeitung der Unternehmensleitsätze und Zielsetzung für erforderlich hielten. Wir haben dann mit verteilten Rollen Bücher und Zukunftsanalysen gelesen und uns mit möglichen Entwicklungen der nächsten fünf bis zehn Jahre beschäftigt. Diese Bücher haben wir uns gegenseitig vorgetragen und uns darüber hinaus intensiv mit unseren Werthaltungen und Grundsätzen, von denen wir uns leiten lassen wollten, befaßt. In mehreren Klausurtagungen haben wir zu folgenden Gebieten Leitsätze erarbeitet:
- Arbeits- und Umweltschutz
- Bildung
- Energie und Rohstoffe
- Führung und Zusammenarbeit
- Information
- Marktorientiertheit
- Organisation
- Selbständigkeit
- Wachstum.

Bei diesen Tagungen hatten wir Gelegenheit – und das war im Grunde das wichtigste Resultat der langen Leitsatzdiskussion –, sehr ausführlich miteinander zu reden und uns näher und besser im Kreis der Führungskräfte kennenzulernen. Nachdem die beiden oberen Ebenen den Entwurf zu den Leitsätzen abgeschlossen hatten, wurden diese der nächsten Ebene, den Abteilungsleitern, vorgetragen und mit ihnen diskutiert. Nach weiteren Klausurtagungen mit diesen Führungskräften wurden die Leitsätze nunmehr weitestgehend endgültig fertiggestellt und im Rahmen eines Info-Marktes den Meistern und Gruppenleitern durch die Abteilungsleiter nahegebracht. Anschließend wurden die Unternehmensleitsätze schriftlich fixiert und veröffentlich.

Aus heutiger Sicht haben wir damals zwei Fehler gemacht:

1. Wir sind uns nicht genügend darüber im klaren gewesen, daß der Zweck des Unternehmens sich letzten Endes ausschließlich am Markt orientiert. Die Regelung der Beziehungen innerhalb des Unternehmens kann nur im Hinblick auf unser Wollen am Markt erfolgen.
2. Wir haben die aus den Leitsätzen abzuleitenden operationellen Schritte nicht konsequent genug in Angriff genommen. Daher bleibt der gefundene bessere Zusammenhalt in der Führungsmannschaft das wichtigste Produkt.

Phase III.

1983 begann schließlich die jüngste Phase, über die ich berichten möchte. Wir stellten damals fest, daß die bislang getroffenen Maßnahmen in einem Unternehmensbereich nicht ausreichten, die Wiedererlangung der Rentabilität zu sichern, so daß eine Sanierung erforderlich wurde. Wir haben zusammen mit einem erfahrenen Organisationsentwicklungs-Berater eine Arbeitsgruppe von etwa zehn Leuten gebildet, die innerhalb von ganz kurzer Zeit eine Stärken- und Schwächenanalyse vornahmen, wobei die Ergebnisse dieser Analyse, die zum Teil in Kleingruppen erarbeitet worden waren, jeweils wieder an die gesamte Gruppe zurückgegeben wurden.

Es folgten immer wieder neue Untersuchungen, die innerhalb von wenigen Tagen abzuschließen waren, und nach ganzen sechs Wochen legte die Gruppe der Geschäftsführung ein Konzept vor, in dem klare Schritte einschließlich der Meßverfahren enthalten waren, um innerhalb kürzester Zeit die Rentabilität wiederzugewinnen. Das wichtigste war dabei, daß es der Gruppe gelungen war, über den eigenen Schatten zu springen. Es wurden nämlich auch sogenannte »eigene Babys getötet«, das heißt, es wurden Entscheidungen, die vor gar nicht so langer Zeit getroffen worden waren, von den gleichen Leuten wieder rückgängig gemacht aus der Erkenntnis heraus, daß

ein anderer Weg eingeschlagen werden mußte. Die Realisierung des Konzeptes wurde unter Monitoring und periodischem Controlling durch die Geschäftsführung von einer Reihe von Arbeitsgruppen innerhalb von sechs Monaten in die Tat umgesetzt. Die Ergebnisse wurden jeweils der gesamten Sanierungsgruppe zurückgemeldet, so daß eine ständige Fortschrittskontrolle gegeben war. Der Ehrgeiz, die selber gesteckten Ziele zu erreichen, war enorm. Unangenehme personelle Maßnahmen übernahm die Geschäftsführung selbst. Gleichzeitig wurden die Weichen gestellt, um aus der Sanierungsphase allmählich in die Entwicklung einer neuen Unternehmensstrategie überzuleiten. Während eine Sanierung oft innerhalb von wenigen Monaten über die Bühne gehen kann und muß, ist die Entwicklung und Durchsetzung einer neuen Strategie ein Jahre dauernder Prozeß.
Lassen Sie mich zusammenfassen: Wesentliche Elemente der Organisationsentwicklung in Unternehmen wie Schmidt + Clemens sind die gemeinsame Diagnose, das gemeinsame Entscheiden in Gruppen. Das Denken in Prozessen, nicht zu häufige personelle Wechsel und Lernen am Arbeitsplatz durch Tun und nicht allein durch Seminare scheinen mir ebenso unverzichtbar zu sein wie ein regelmäßiges Feedback, das auch den hierarchisch Höhergestellten einschließt. Externe oder auch interne Organisationsentwicklungs-Berater sind als Prozeßbegleiter erforderlich.
Erst in jüngerer Zeit findet man auf dem Markt Leute, die endlich Fachberatung (EDV, Organisation, Strategieentwicklung und so weiter) mit einer prozeßorientierten Arbeitsweise (Organisationsentwicklung) verbinden können. Hier liegt die Zukunft von Organisationsentwicklung. Damit kommen wir erstmals einer ganzheitlichen Gestaltung von Entwicklungs- und Veränderungsprozessen näher, bei der sich Humanität und Effektivität immer weniger gegenseitig ausschließen.

Teilhabe an unternehmerischen Entscheidungen

Eberhard Knoblauch
Hewlett-Packard GmbH, Böblingen

Ich freue mich, mit Ihnen heute das Thema »Teilhabe an unternehmerischen Entscheidungen« zu besprechen. Ich meine, dies kann am besten an praktischen Beispielen aufgezeigt werden. Deshalb möchte ich meine Ausführungen am Beispiel von Hewlett-Packard demonstrieren.

Um den Hintergrund und das Umfeld besser verstehen zu können, möchte ich Ihnen ein paar Zahlen über Hewlett-Packard nennen sowie einen kurzen Einblick in das Produktprogramm geben. Anschließend werde ich die Firmenziele und den Führungsstil vorstellen. Beides sind wichtige Voraussetzungen für die Beteiligung an unternehmerischen Entscheidungen.

Hewlett-Packard ist ein führendes Unternehmen der elektronischen Meßtechnik und Datenverarbeitung, das 1939 in Palo Alto, Kalifornien, von David Packard und William R. Hewlett gegründet wurde. Im Geschäftsjahr 1985 waren weltweit 84000 Mitarbeiter in 50 Werken und 300 Büros beschäftigt. 1985 wurde ein Umsatz von 6,5 Milliarden Dollar erzielt. Seit 1959 gibt es die Hewlett-Packard GmbH, die deutsche Tochter, mit Sitz in Böblingen. Im Geschäftsjahr 1985 konnte ein Umsatz von 2,6 Milliarden DM verzeichnet werden.

In Deutschland werden zahlreiche Produkte folgender Bereiche entwickelt:

- Daten- und Impulsgeneratoren, Prüfgeräte für elektronische Schaltkreise
- Glasfasermeßtechnik
- Cad-Systeme

- Bürocomputersysteme
- Medizinelektronik
- Analytische Meßtechnik.

Gefertigt werden in den deutschen Werken in Böblingen:
- Arbeitsplatzcomputer
- Mikroprozessorenentwicklungssysteme und
- Computersysteme.

Wichtige Bausteine für den Erfolg des Unternehmens bilden die Unternehmenszielsetzungen, die ich nachfolgend im einzelnen erläutern möchte.

Entsprechend der Unternehmensphilosophie, daß Wachstum nur aus Eigenmitteln finanziert wird, werden auch die Gewinne in Deutschland wieder investiert.

Weitere Ziele von Hewlett-Packard sind, den Produkten zu hohen Qualitätsstandards zu verhelfen, besondere Serviceleistungen und ein ausgezeichnetes Kundendienstnetz anzubieten, um damit die Kunden optimal zu bedienen. Als Teil unserer Verantwortung der Gesellschaft gegenüber verpflichten wir uns, wirtschaftliche und soziale Beiträge gekoppelt mit der bewußten Verantwortung für die Umwelt zu erfüllen. Offene, ehrliche und klare Kommunikation mit Kunden, Mitarbeitern, Aktionären und der Öffentlichkeit prägen ebenfalls den »Geist der Partnerschaft«.

Die Unternehmensphilosophie von Hewlett-Packard beruht auf der Erkenntnis, daß die Mitarbeiter das größte Kapital sind. So prägen vertrauensvolle und partnerschaftliche Zusammenarbeit sowie Offenheit und informeller Umgang miteinander das Betriebsklima bei Hewlett-Packard. Führung durch Zielvereinbarung – das heißt: nach gemeinsam erarbeiteten, von allen anerkannten und verstandenen Zielen – fördert die Kreativität und Eigeninitiative der Mitarbeiter und ermöglicht die Delegation von Entscheidungen und Verantwortung. Beratung, Fortbildung und Besetzung von Führungspositionen durch eigene Mitarbeiter sind ebenso Bestandteil des Hewlett-Packard-Führungsstils wie Gewinnbeteiligung der Mitarbeiter, weitreichende Sozialleistungen und sichere Arbeitsplätze.

Wir bei Hewlett-Packard haben mit unserem Führungsstil seit vielen Jahren gute Erfahrungen und Erfolge. Ich möchte Ihnen die wichtigsten Punkte dieses Führungsstils zeigen:
- Respektieren der Persönlichkeit
- Möglichkeit der Selbstverwirklichung durch Freiräume
- Gegenseitiges Vertrauen und Helfen
- Fehler machen dürfen
- Leistungsbereitschaft durch Freude an der Arbeit
- Anerkennung der Leistung und Teilhaben am Erfolg

- Mitverantwortung durch gemeinsame Rechte und Pflichten
- Übersichtliche Bereiche durch Dezentralisierung
- Führen durch Zielvereinbarung
- Informeller Umgang und offene Kommunikation
- Förderung und Weiterentwicklung
- Beschäftigungssicherheit
- Soziale Absicherung.

Ein Beispiel für die Verwirklichung der Beteiligung unserer Mitarbeiter an unternehmerischen Entscheidungen ist die Arbeitszeitregelung zur 38,5-Stunden-Woche. Alle Seiten sollten hier kreativen und pragmatischen Lösungen den Vorzug vor ideologischen Prinzipien geben. Wir haben in unserem Unternehmen ein Arbeitszeitmodell verwirklicht, das jedem Mitarbeiter eine Fülle von Möglichkeiten gibt, seine Arbeitszeit weitgehend selbst zu gestalten. Das Hewlett-Packard-Arbeitszeitmodell wurde gemeinsam von Belegschaft, Betriebsrat und Geschäftsleitung erarbeitet.

Ein weiteres Beispiel für die partnerschaftliche Zusammenarbeit liegt im Bereich Qualität. Wir haben in unserem Haus ein anderthalbtägiges Trainingsprogramm eingeführt, bei dem sich alle Mitarbeiter in Themen wie Qualitätsbegriff, Kundenzufriedenheit und daraus resultierenden Ursache-Wirkungs-Diagrammen auf »Qualität« einstimmen können. Inzwischen haben wir derzeit mehr als 100 Projektgruppen aus allen Bereichen, die tqc (total quality commitment) bei Hewlett-Packard realisieren. In diesen Gruppen arbeiten die Mitarbeiter partnerschaftlich zusammen, um gemeinsam die besten Lösungen zu finden und durchzuführen.

Ich hoffe, ich konnte Ihnen anhand dieser Ausführungen aufzeigen, wir wir bei Hewlett-Packard unsere Mitarbeiter an unternehmerischen Entscheidungen beteiligen.

Vielen Dank für Ihre Aufmerksamkeit.

Themenkreis B

»Organisation der Arbeit heute und morgen«

Fritz Hahne
Wilkhahn, Bad Münder

»Arbeits- und Arbeitszeitflexibilisierung – neue Wege«

Willi Haller
Arbeitszeitberatung und -forschung, Berlin/Aldingen

Organisation der Arbeit heute und morgen

Fritz Hahne
Wilkhahn, Bad Münder

Ich bin nach vorliegendem Plan aufgerufen, über die Organisation der Arbeit heute und morgen zu referieren. Diese Überschrift hat mir Michael Lezius aufgedrückt; mit meinem Einfluß wäre sie weniger anspruchsvoll ausgefallen. Dieser Titel weckt Erwartungen, die einem Wissenschaftler oder Zukunftsdeuter anstehen, nicht mir.
Ich habe gut 30 Jahre Erfahrung in der Führung eines Unternehmens mit gut 400 Mitarbeitern. Ich war bis vor drei Jahren geschäftsführender Gesellschafter von Wilkhahn, einem Unternehmen, das Sitzmöbel und Tische des gehobenen Bedarfs für Verwaltungen und kulturelle Objekte produziert; mit drei Tochtergesellschaften in Frankreich, Spanien und der Schweiz und Lizenzfertigungen in USA, Japan, Australien und Brasilien. Insgesamt werden jährlich für rund 120 Millionen DM netto Wilkhahn-Produkte weltweit verkauft einschließlich Lizenzfertigung. Exportanteil 45 Prozent. Wenn ich zunächst über das von mir beeinflußte Unternehmen spreche, hat das eine nicht vermeidbare, aber hoffentlich positive PR-Wirkung. Ich könnte aber auch im Sinne des Titels dieses Referates nicht darauf verzichten, weil am Beispiel Wilkhahn die Zusammensetzung der Mitgliedsfirmen der AGP beleuchtet wird und über unsere Erfahrungen und Philosophie eine Aussage gemacht werden soll.
Das Unternehmen ist geprägt von einer in 30 Jahren gewachsenen Unternehmens-Philosophie. Der Dachbegriff *»Wahrhaftigkeit«* wird von zwei Säulen getragen:
- der Produkt-Philosophie
- und der Sozial-Philosophie.

Die Produktauffassung versuche ich, in drei Sätzen deutlich zu machen: Sie basiert weitgehend auf dem Gedankengut des Bauhauses und der späteren Hochschule für Gestaltung in Ulm. Es ist unser Ehrgeiz, nur solche Produkte herzustellen, die dem damit charakterisierten Anspruch gerecht werden – so gut wie wir es vermögen. Sie sollen möglichst einen Beitrag zur Kultur unserer Zeit darstellen, also prägend sein. Wenn diese Kriterien erfüllt sind, werden die Erzeugnisse in der Regel nicht verwechselbar sein. Sie sind deshalb auch ein willkommenes Futter für das Marketing.
Das, was ich in Ermangelung eines weniger anspruchsvollen Ausdrucks Sozial-Philosophie genannt habe, findet seinen Ausdruck in einer Beteiligung der Mitarbeiter am Unternehmenserfolg mit 50 Prozent nach Steuern und in dem Kernsatz: »Keine Anordnung ohne Begründung« – und damit soll der Respekt vor dem Mitarbeiter, gleich auf welcher Stufe der Hierarchie er steht, zum Ausdruck kommen.
Diese Philosophie des Unternehmens ist im Laufe von ein paar Jahrzehnten mehr oder weniger selbstverständlich geworden. Sie trägt das, was man Betriebsklima nennt. Unter einem guten Betriebsklima versteht man, vergröbert dargestellt, ein hohes Maß an Zufriedenheit der Mitarbeiterschaft rundherum.
Nun ist Zufriedenheit ein relativer Begriff. In einem Betrieb, in dem es gewöhnlich ruppig zugeht, spielt sich Zufriedenheit sicher auf einem anderen Level ab als in einem Betrieb, in dem sensibler miteinander hantiert wird. Der übliche Tenor des Umgangs untereinander unterscheidet sich. In einem Unternehmen, wo Mitarbeiter feinere Töne gewohnt sind, kommt durch relativ kleine Störungen bereits Unmut auf, mit mehr Selbstbewußtsein steigt die Kritikfähigkeit. Ein Betriebsklima, das man im grundsätzlichen bejahen kann, muß also nicht notwendig zur Folge haben, daß in ihm die Menschen täglich spürbar zufriedener sind.
Am Beispiel unserer Bundesrepublik. Die Leute demonstrieren, wo immer Ansätze sich dafür bieten. Ein ungeübter Beobachter muß den Eindruck haben, daß es in diesem Staat ja wohl schlimm zugehen muß – an autoritäre Staaten im Vergleich denkt man zunächst kaum. Im nationalen Bezug glaube ich, daß trotz Spektakel um den § 116 und einer derzeitigen Verschlechterung der Beziehungen von Gewerkschaften und Regierung und trotz der enorm hohen Arbeitslosigkeit wir im Long run auf einem vernünftigen Weg sind in diesem Staat, in dem wir leben.
Der Fortschritt im Leben im allgemeinen und in den Demokratien im besonderen wird markiert durch zwei Schritte vor, einen zurück. Ich habe das Ahrendsburger Modell in lebhafter Erinnerung, das be-

kanntlich auf das Thema der Entscheidungsfindung in Gruppen abzielte. Es scheint mir symptomatisch für diese Aussage. Zeitgleich mit dem Experiment des Ahrendsburger Modells, das auch mich damals sehr ansprach, und mit den Sprüchen von Jochen Steffen: »die Belastbarkeit der Wirtschaft zu prüfen«, hat der Geist des Betriebsverfassungsgesetzes sich in der Praxis trotz viel Geschrei deutlich spürbar weiter durchgesetzt. Das waren zwei Schritte vor. Es wurde übers Ziel hinausgeschossen.

Seitdem sind ein oder gar zwei neue Generationen herangewachsen, die vom Ansatz her ganz anders fühlen und denken als wir, die Älteren. Inzwischen haben wir mehr Demokratie gewagt, und ich habe den Eindruck, daß junge Leute heute im allgemeinen nach den Wirren und dem Suchen der 70er Jahre weniger Probleme mit der Selbstfindung haben und meistens auch ein – wenn sie nicht arbeitslos sind – gesunderes Verhältnis zur Arbeitswelt. Man ist in einen Wohlstandsstaat hineingeboren und nimmt ihn folglich selbstverständlich. Man ist bereit zu arbeiten, wenn auch nicht so kräfteverzehrend wie unsere Generation während der Aufbauphase, die mit der Gesundheit Schindluder trieb – nicht nur, weil sie wie die Besessenen gearbeitet hat, auch, weil sie die andere Seite des Lebens nicht an sich vorbeigehen lassen wollte, und das bedeutete summa summarum doppelte Beanspruchung, zu wenig Schlaf, Alkohol, Zigaretten. So wurde in den 50er Jahren der Herzinfarkt vorübergehend zu einem Statussymbol, in der psychologischen Wertung nicht unähnlich dem Ritterkreuz des vergangenen Jahrzehnts.

Diese Jugend ist nach meiner Erfahrung, wenn auch mit Abstrichen von unserer früheren Besessenheit, fähig zum Engagement. Die »Chemie« muß allerdings stimmen, das ist der Nährboden, auf dem die Lust zum Engagement und zur Leistung gedeihen kann. Diese Jugend beweist ihre Fähigkeit zum Engagement in Demonstrationen, aber auch im Freizeit-Hobby. Wir wissen: Freizeit ist meistens nicht gleichzusetzen mit Faulheit. Der Wunsch nach mehr Individualität ist mit der Wohlstandsgesellschaft immer deutlicher geworden. Dieses Anliegen rangiert gleichrangig, häufig vorrangig vor dem Wunsch nach mehr Geld. Es ist an uns, diese Tendenzen zu erkennen und sie gleichermaßen für die Menschen und die Unternehmen nützlich zu machen.

Dieser Wunsch nach mehr Selbstverwirklichung ist nicht national, er beschäftigt die Jugend der Industrienationen weltweit, die Jugend in der DDR genauso wie die japanische. Die »Urfrage«: Marxismus oder Kapitalismus, ist in ihrer Dogmatik nach meiner Beobachtung durchweg vom Tisch, auch in der DDR. Das Gefühl junger Menschen auf diesem Globus, ein Gastspiel zu geben und diese Rolle mit

Anstand zu spielen, ist grenz- und mauerübergreifend und kolossal im Wachsen begriffen. Gemeinsames Anliegen ist zu leben, nicht Opfer eines Atomkrieges oder Unfalles zu werden, was auf dasselbe hinauskommt. Menschen in Wohlstandsländern sterben weniger gern als Menschen, die in großer Armut leben.

Wir leben in einer Übergangsphase, in einer Zeit, die sicher soviel Wandlung mit sich führt wie die Gründerzeit. Die meisten Veränderungen geschehen gleitend, wir Menschen empfinden sie zunächst als zufällige Randerscheinung, die wir nicht ernst nehmen. Die Sensibilität von Künstlern konfrontiert uns häufig mit schlafwandlerischer Sicherheit mit diesen Veränderungen. Meistens empfinden wir die Ausdrucksweise zunächst abstoßend, ob in der Malerei oder der Musik, unmerklich kommt aber ein Gewöhnungsprozeß in Gang. So werden in der Kunst aus den Wilden mit der Zeit die »Etablierten«! Aus den Grünen von gestern werden die Sozialdemokraten von heute oder morgen. So ist der Lauf der Weltgeschichte.

Wir leben in einer Übergangsphase auch in bezug auf eine heute noch übliche patriarchalische Unternehmensführung zu einer künftigen neuen Form. Die Veränderungen, die unsere Generation erlebte und noch erleben wird, sind kolossal und schnell. Panderei – alles ist im Fluß!

Vor uns waren eine Reihe von Generationen notwendig, um annähernd so viele Wandlungen zu vollziehen, wie wir sie um den Preis von Neurosen geballt mitbekommen. Einige unserer Zivilisationskrankheiten haben ihren Ursprung in der Schnelligkeit der Veränderungen. Die Dekadenz in den Industrienationen schreitet nach meiner Beobachtung erschreckend fort und wird als Krebsgeschwür unserer Gesellschaft zu wenig beachtet. Das erschreckende Ausmaß der Suchtprobleme zum Beispiel ist ein Symptom, das in seinem Zusammenhang längst nicht ausreichend erkannt wird. In welcher Familie ist noch die heile Welt? – Der Spruch: »Wenn du eine heile Familie sehen willst, mußt du das Werbefernsehen anstellen«, hat seinen Hintergrund.

Zurück zum engeren Thema dieses Referats: Unsere soziale Marktwirtschaft, die wir heute, von mehr oder weniger berechtigter Kritik lebhaft begleitet, praktizieren, ist ihrer Struktur nach eher der konservativen Form der Unternehmensführung zuzuordnen, wenngleich, so gesehen, relativ fortschrittlich.

Betriebs- und Personalräte haben inzwischen eine Menge zu sagen; der Umgangston hat sich geändert, das Gefälle von Herr zu Knecht ist weitgehend abgebaut. Trotzdem würde eine von Psychologen erstellte Analyse der Unternehmenslandschaft in der Bundesrepublik vermutlich zeigen, daß ein gewichtiger Teil, besonders der kleinen und mittleren Unternehmen, noch deutlich patriarchalische Züge zeigt. Man gibt sich sozial, aber verteilt im Unterbewußtsein Almosen, im konkreten wie im übertragenen Sinn. Die Analyse würde weiter ergeben, daß ein großer Teil der Unternehmen halbwegs mit dem Betriebsverfassungsgesetz hantiert, auch seinem Geist entsprechend.

Ein kleiner Teil, nämlich Neugründer und vor allem die Unternehmen der Datenverarbeitung, lassen uns erkennen, wohin die Reise geht. Dort zeichnet sich bereits deutlich ab, wie das betriebliche Leben und Zusammenleben in der Zukunft aussehen wird.

Ob im Zusammenhang oder zufällig: Ich komme auf Lothar Späths Buch »Wende in die Zukunft« zu sprechen. Die Lektüre dieses Buches hat mich ein ganzes Stück weitergebracht, was Vorstellung von der Arbeitsorganisation von morgen angeht. Er – Lothar Späth – sieht rundherum die Flasche halbvoll, nicht halbleer. Hoffen wir, daß sein Optimismus Realität wird. Er vermittelt Optimismus, der notwendig ist. Konjunkturen haben bekanntlich zur Hälfte ihre Basis in der Stimmung der Leute.

Ich selbst muß mich als Produkt dieser Zeit, die ich eine Übergangszeit nenne, sehen. Das heißt, ich bin konservativ geprägt, habe mich dann zu einem relativ Progressiven gemausert und werde morgen zu den Neo-Konservativen gehören, wenn ich den Anschluß an die neue Zeit verpasse. Es ist später als man denkt! Ich rede von mir, meine aber die Mehrheit der Anwesenden hier im Raum.

Wir leben in einer freien Marktwirtschaft, die sozial abgebremst ist. Wir sind es, die diese Ordnung gestalten, wir, die Unternehmer und die Gewerkschaften. An uns ist es, unternehmerisch aktiv zu sein. Das heißt, mit Intelligenz und Wagemut neue Schritte zu riskieren in bezug auf Produktinnovationen, denn sie sind der Ausgangspunkt für eine lebendige Wirtschaft. – Es kommt wohl nicht von ungefähr, daß in Zeiten angespannter Wirtschaftslage die patriarchalischen Strukturen wieder spürbar durchbrechen und die Konservativen ihre Stunde für gekommen sehen. Nur das bringt uns längerfristig nicht weiter. Der Zug der Zeit geht in eine andere Richtung.

Im Bereich der Arbeits-Organisation hat Volvo vor einigen Jahren Zeichen gesetzt und ein Umdenken ausgelöst. Uns wurde am Beispiel klar, daß ein Unternehmen in einem Lande hohen Lebensstandards und sozialdemokratischer Prägung Konsequenzen aus dem Unwohlsein zog, das die Industriegesellschaft durch den Trend zu immer größeren Serien und zu immer mehr Eintönigkeit der Arbeit erfaßt hatte.

Die großen Serien sind eine der wesentlichen Basen des Wohlstandes in der Industriegesellschaft. Wohlstand macht frei und löst bisher verdeckte, überlagerte Wünsche aus. Neben verstärkten – inzwischen aber fragwürdig gewordenen – Konsumwünschen sind es die nach mehr Individualität. Mehr Individualität bedeutet kleinere Serien, auf die sich die Unternehmen einzustellen haben, wenn sie nicht in der Preismühle zermahlen werden sollen. Kleine Unternehmen werden in der Regel dann den zweiten Preis machen, wenn sie die gleichen Produkte herstellen wie Großunternehmen – eine Binsenweisheit.

In diesem Dilemma widerstrebender Interessen zwischen den großen Serien, die mit ihrem Preisvorteil ein Fundament unseres Wohlstandes sind, und dem Wunsch nach individuellen Produkten kam gerade richtig – und sicherlich wegen des Bedürfnisses forciert – die mikroelektronisch gesteuerte Maschinengeneration, die kleinere Serien rentabel und die Arbeit weniger eintönig macht. Mehr Menschen haben die Möglichkeit, einer anspruchsvollen Beschäftigung nachzugehen. Ich vermeide das Wort »Arbeit«, weil dieses Wort immer noch nach Schweiß riecht. Die Industrie wird flexibler, die Arbeit für mehr Menschen befriedigender, der Kunde bekommt seine individuellen Wünsche preiswerter erfüllt. Und last but not least, eine neue gewaltige Industrie wächst in der beginnenden Informationsgesellschaft heran.

Zwei Schritte vor, einer zurück. Was will ich damit sagen: Der Konservative sieht von seiner Denkweise her gern eine Bestätigung seiner mehr restaurativen Haltung, weil er dem jeweils neuen Trend nur zögernd folgte. Er übersieht meistens, daß nach zwei Schritten vor der Schritt zurück niemals genau da mündet, wo man gestartet ist. Es ist wie in der Mode: Maxi heute ist nie genau das, was Oma bereits getragen hat. Die Einflüsse der Zeitströmungen sind spürbar, wenn auch nicht auf den ersten Blick. – Bezogen auf die AGP kann das bedeuten, daß die Diskussion zwischen den mehr Konservativen und den vorwiegend progressiven Mitgliedern zu einer Optimierung führen kann, die zu einer gültigen Aussage dieser Vereinigung wird. Ich habe häufig darüber nachgedacht, was der Grund sein kann dafür, daß die Gewerkschaften im allgemeinen mit Distanz die Arbeit der AGP beobachten.

Ich bin zu folgendem Ergebnis gekommen: Die Gewerkschaften möchten eine Umarmung aus dem Unternehmerlager vermeiden. Die Fronten sollen klar definiert bleiben. Beteiligung der Arbeitnehmer gegebenenfalls ja, aber dann nur *mit* den Gewerkschaftsfonds. So jedenfalls die bisherige Einstellung. Einer breiten Akzeptanz der AGP stand bisher andererseits entgegen, daß die AGP und ihre Mitglieder gelegentlich missionarisch-sektiererhaftes Gebaren zeigten und größere sozialpolitische Entwicklungssprünge dadurch stark abgefedert

werden, daß das Bild des Tarifgegners verwischt wird. Die jüngeren Gewerkschaftsfunktionäre sahen bisher die AGP als eine im Prinzip konservative Vereinigung von Unternehmern mit missionarischem Eifer. So meine Auslegung.
Was verstehe ich unter konservativer Grundhaltung? Um zu einer Aussage zu kommen, sehe ich zunächst die beiden extremen Positionen: Die frühkapitalistische Denk- und Handlungsweise und am anderen Ende die absolute Demokratie – dazwischen ist die Soziale Marktwirtschaft mit Schlagseite zur kapitalistischen Ordnung angesiedelt. Und die ist bewahrend, behutsam und zähflüssig verändernd, konservativ also. Was ist der Unterschied der heute verbreiteten Betriebsorganisation und -praxis zu der von mir skizzierten dritten Gruppe, die ich vorrangig zusammengesetzt sehe aus den Neugründern und der Kommunikationsindustrie?
Meine Beobachtung mündet in der Feststellung, daß die neue Generation von Managern und Mitarbeitern in diesen Betrieben entschieden – und das soll heißen: grundsätzlich – sich menschlich nahe ist. Vorrangig wird der Umgang untereinander bestimmt dadurch, daß man *einer* Generation angehört, oder im Zweifel der ältere sich anpaßt. Die Hierarchie ist in diesen Betrieben sehr viel weniger spürbar auf den ersten Blick. Das bezieht sich auf den Umgangston, auf das Vertrauen, auf die Erwartungshaltung zum Beispiel in bezug auf die Leistungserbringung. Akkordarbeit ist so gut wie unbekannt. Die Arbeitszeit ist so flexibel wie möglich. Der Mitarbeiter bestimmt seine Pausen weitgehend in eigener Verantwortung. Die Arbeitsaufsicht beschränkt sich auf die Qualität der Arbeit und das Verhalten des Mitarbeiters im allgemeinen. Zudem ist zwischen Büro- und Produktionstätigkeit das äußere Bild des Arbeitsplatzes häufig sehr ähnlich geworden, genau wie auch das Erscheinungsbild in der Kleidung aller Mitarbeiter.
Der Mensch in diesen Unternehmen ist selbstbewußter, der Unterschied zwischen seiner Zeit als Untergebener im Betrieb und seiner Freizeit ist weniger gravierend, er muß zu Hause nicht mehr den großen Zampano spielen, weil er im Unternehmen weniger Willkür ausgesetzt ist. Ich rede so, wie ich Eindrücke wahrgenommen habe. Wenn sie mehr oder weniger falsch sind, mag meine Aussage zur Wahrheitsfindung beitragen.
Ein Wort zur Mitbestimmung: Keine Frage, daß sich die Mitbestimmung in der Montanindustrie bewährt hat, und ich möchte den Betriebsratsvorsitzenden bei uns im Hause im Verwaltungsrat, wo er Sitz und Stimme hat, nicht missen. Sicherlich war die seinerzeitige Debatte um die Mitbestimmung zwar nicht weniger spektakulär, aber sicher wichtiger als das Geschrei um den § 116 heute.

Ich sprach vom Ahrendsburger Modell und von der Maxi-Mode. Ich war seinerzeit bei einer Tagung in Ahrendsburg, wo die jungen Soziologen das Sagen hatten und den alten Backhaus auftreten ließen wie einen dressierten Affen, um mit seiner Existenz den Erfolg des Modelles zu demonstrieren. Angeekelt bin ich zurückgefahren, sehr im Zweifel, ob diese Form der dort propagierten Gruppenentscheidungen funktionieren kann. Diese Experimente sind heute vom Tisch. Zwei Schritte vor, einer zurück.
Vielleicht war die Zeit notwendig, um zu der hier beschriebenen neuen Form des Miteinanders zu finden, die – ähnlich wie die Apo-Zeit – zwei Schritte vor – sicher für die Entwicklung unserer Gesellschaft enorm wichtig war. Zur Erinnerung Fritz Teuffel: »Wenn es der Wahrheitsfindung dient, stehe ich vor Gericht auf« oder »Unter den Talaren der Muff von tausend Jahren . . .«
Abgesehen von der verdammten Arbeitslosigkeit, deren Reduzierung auf ein erträgliches Maß ernstzunehmende Leute mittelfristig voraussehen, läuft diese unsere Welt in einer begrüßenswerten Bahn. Sie zu beeinflussen, ist an uns. Zukunft ist gestaltbar, wir Menschen sind ihr nicht ausgeliefert!

Arbeits- und Arbeitszeitflexibilisierung – neue Wege

Willi Haller
Arbeitszeitberatung und -forschung, Berlin/Aldingen

These

Wir stehen in einer Zeit radikaler Veränderungen der Arbeitszeitgestaltung und konsequenterweise auch der Arbeitsorganisation.

Was löst das aus?

1. Die anhaltende Massenarbeitslosigkeit macht weitere Arbeitszeitverkürzungen unausweichlich (IAB und Prognos: 1982 bis 2000 im Jahresdurchschnitt zwischen 1 und 1,3 Prozent).
2. Investitionssummen pro Arbeitsplatz wachsen unaufhaltsam.
3. Es gilt, mehr Teilzeitbeschäftigung zu realisieren, auch bei Männern. In zunehmendem Umfang sollte auch mehr Teilzeitarbeit per Tarifvertrag ermöglicht werden, zum Beispiel durch einen abgestuften Übergang in den Ruhestand.
4. Schwankungen in der Kapazitätsauslastung nehmen weiter zu.
5. Die gesellschaftliche Ächtung bezahlter Überstunden zeichnet sich ab.
6. Belastungsspezifische Arbeitszeiten mit Zuschlagsabgeltung durch Freizeit statt Geld werden aktuell.

Konsequenzen

1. Entkopplung Arbeitszeit und Betriebszeit mit tendenziell länger werdenden Betriebszeiten bei kürzer werdenden Arbeitszeiten. Die Rückkehr zum Samstag als normalem Arbeitstag. Die 6tägige Betriebswoche wird durch rollierende Arbeitszeitsysteme mit 4- oder 5tägiger Arbeitswoche verwirklicht. Mehr Mitarbeiter als Arbeitsplätze.

2. Einführung flexibler Arbeitszeiten im Sinne von temporärer Veränderung von Lage und Dauer der Regelarbeitszeit mit variabler Verteilung im Jahresverlauf entsprechend dem Arbeitsanfall und den Mitarbeiterwünschen. Dispositionsrechte für Vorgesetzte und Mitarbeiter sowohl für Mehrarbeit als auch für die Ausgleichsfreizeit mit organisationsgerechten disponiblen Zeiteinheiten (Stunde, Arbeitszeitmodul, Halbtag, Schicht oder Tag; bei der Ausgleichsfreizeit auch Woche, Monat und Sabbatjahr), unter Festlegung von Ankündigungsfristen und Verweigerungsrecht für beide Seiten.

Voraussetzungen

1. Offensive betriebliche Arbeitszeitpolitik mit Organisationsentwicklung. Entkopplung von Arbeitszeit und Betriebszeit bedeutet Arbeitsplatzteilung und damit Aufhebung der Einheit von Mitarbeiter und Arbeitsplatz beziehungsweise von Person und Funktion. Kooperativer Führungsstil mit teamorientierten Strukturen ist erforderlich. Techniken zur freundschaftlichen Konfliktbewältigung müssen vermittelt werden. Die Einführung flexibler Arbeitszeiten bringt einen permanenten Abstimmungsprozeß der verschiedenen Interessen mit sich, der nur mit einer gesunden Unternehmenskultur optimal bewältigt werden kann. Ziel der Organisationsentwicklung ist die zeitautonome Gruppe mit realistischen Abstufungen entsprechend der Führungsqualitäten des jeweiligen Vorgesetzten und der Leistung und Verantwortungsbereitschaft der jeweiligen Mitarbeitergruppe.

2. Tarifliche (kollektive) Arbeitszeitverkürzungen und betriebliche (individuelle) Arbeitszeitverkürzungen (das heißt Teilzeitarbeit) brauchen eine offene Bezugsperiode und Ansparmöglichkeiten für Langzeiturlaub, der auch der Fortbildung dienen kann (teilweise muß). Die Bildungsoffensive der Arbeitgeber braucht weiterbildungsgerechte Arbeitszeitsysteme mit in die Erwerbsbiographie eingestreuten Brachzeiten, die nach Wahl des Mitarbeiter zu verschiedenen Zwecken genutzt werden können.

Themenkreis C

»Materielle Mitarbeiterbeteiligung«

Professor Dr. Hans-J. Schneider
Gesellschaft für innerbetriebliche Zusammenarbeit,
München/Forchheim

»Die Unternehmungen im Spannungsfeld zwischen Ökonomie und Gesellschaft«

Professor Dr. Max Ludewig
Kraftwerk Union AG, Mülheim

Materielle Mitarbeiterbeteiligung

Professor Dr. Hans-J. Schneider
Gesellschaft für innerbetriebliche Zusammenarbeit,
München/Forchheim

Mit der betrieblichen Mitarbeiterbeteiligung ist ein Thema zu diskutieren, dessen Wertvorstellungen, Verhaltensweisen und Handlungskonsequenzen zu den zentralen Anliegen der Unternehmenskultur gehören.

Begriff der Mitarbeiterbeteiligung

Unter betrieblicher Mitarbeiterbeteiligung wird die Summe der Bemühungen verstanden, Mitarbeiter verstärkt in das arbeitgebende Unternehmen zu integrieren. Dabei ist zu differenzieren zwischen der Erfolgsbeteiligung, der Kapitalbeteiligung und der Partnerschaftsentwicklung. Gemeinsamer Konsens der verschiedenen Formen der Mitarbeiterbeteiligung ist die Kooperation:
Erfolgsbeteiligung ist Kooperation bei der Erfolgserzielung und Erfolgsverteilung; Kapitalbeteiligung ist Kooperation auf der Ebene der Kapitalgeber, und Partnerschaftsentwicklung führt zur Kooperation in Organisation und Verhalten. Mit diesem Element der Kooperation ist eine Wertvorstellung definiert, die tragender Bestandteil der Mitarbeiterbeteiligung ist.
Die Partnerschaftsentwicklung ist der Bestandteil der Mitarbeiterbeteiligung, der gemeinhin als immaterieller Aspekt verstanden wird. Zur materiellen Mitarbeiterbeteiligung gehören folglich die Erfolgsbeteiligung und die Kapitalbeteiligung. Auf die beiden letzten For-

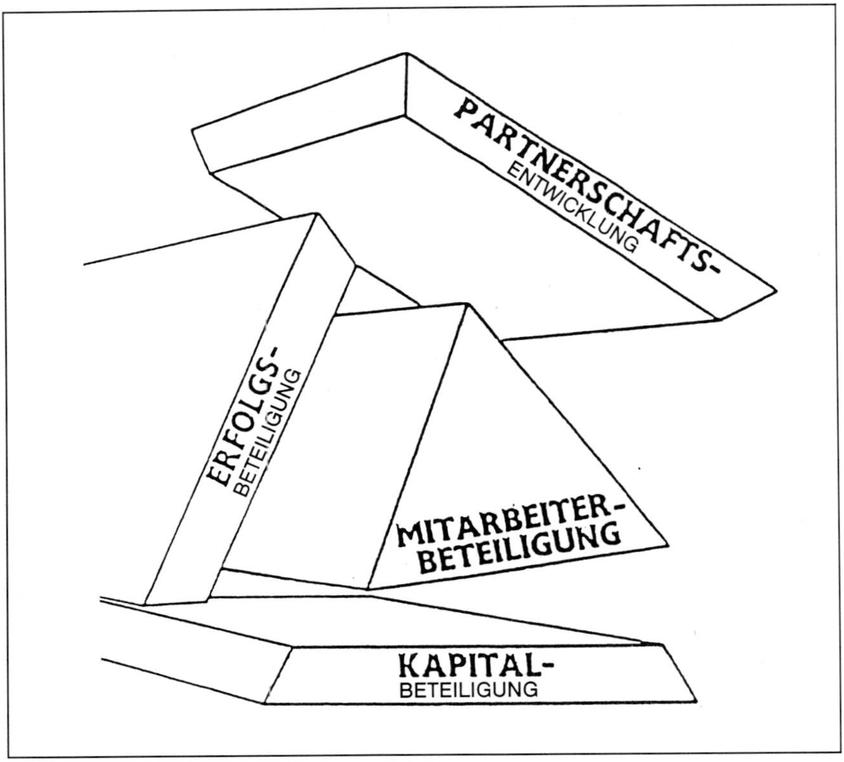

men ist im Rahmen der vorgegebenen Themenstellung näher einzugehen.

Erfolgsbeteiligung

Die Erfolgsbeteiligung ist eine Beteiligungsform, die seit vielen Jahrzehnten in der Bundesrepublik Deutschland praktiziert wird. Erfolgsbeteiligung ist der Oberbegriff für Beteiligungsformen wie Ertragsbeteiligung, Leistungsbeteiligung und Gewinnbeteiligung. Durchgesetzt hat sich in der betrieblichen Praxis nahezu ausschließlich die Gewinnbeteiligung. Die Grundphilosophie der Erfolgsbeteiligung beinhaltet die Überlegung, den Mitarbeitern neben ihrer festen Grundvergütung einen variablen Erfolgsanteil zukommen zu lassen. Wenn es dem Unternehmen »gutgeht«, sollen auch die Mitarbeiter ihren Anteil daran haben. Daneben steht hier auch

die Zielsetzung der Motivation: Mitarbeiter, die am Erfolg des Unternehmens partizipieren, werden sich für diesen Erfolg auch stärker einsetzen!
Die nachfolgende Übersicht zeigt die Problemebenen einer Gewinnbeteiligung:

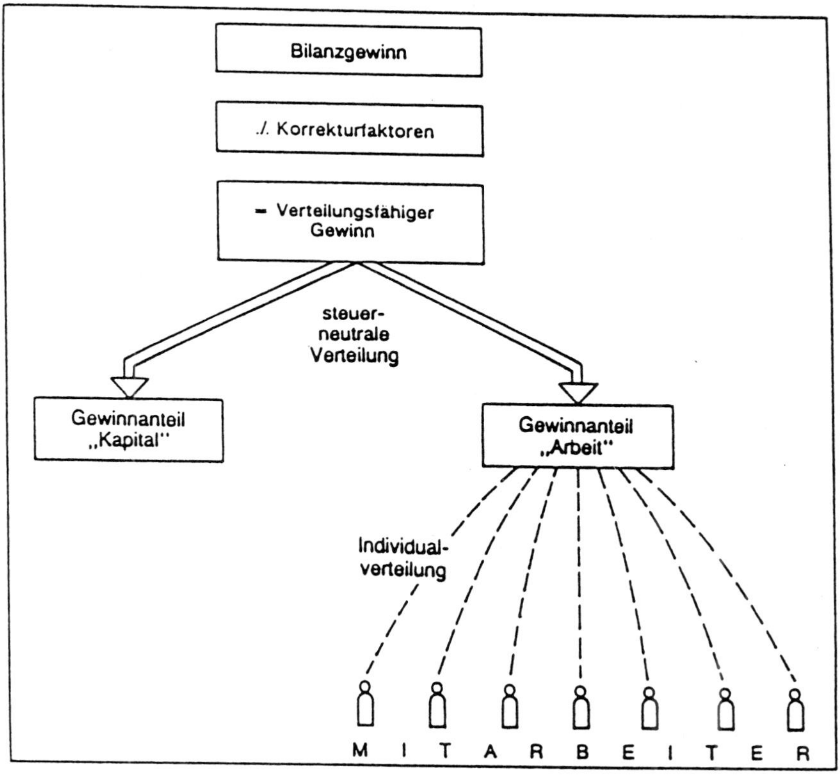

Unter den Aspekten der Unternehmenskultur sind für die Erfolgsbeteiligung folgende Fragen zu stellen:

1. Wie verbindlich ist die Beteiligungsbasis geregelt? Liegt die Entscheidung, ob ein Gewinnanteil anfällt, im Ermessen der Unternehmensleitung, oder ist ein verbindliches Verfahren vorgegeben?
2. Besteht für die Mitarbeiter beziehungsweise deren Vertreter eine Kontrollmöglichkeit für die Berechnung des Erfolgsanteils? Eng damit verbunden ist zwangsläufig die Frage, ob ein verbindliches Berechnungsschema vereinbart wurde.

3. Wie hoch ist der Anteil des Faktors Arbeit am Erfolg? Wird diese Größe rein pragmatisch ermittelt, oder beruht sie auf grundsätzlichen Überlegungen?
4. Welche Verteilungskriterien finden im Rahmen der Individualverteilung Verwendung? Dominieren soziale Gesichtspunkte, oder stehen Leistungskriterien im Vordergrund?
5. Welche Ziele werden mit der Verwendung der Erfolgsanteile verfolgt? Stehen die Erfolgsanteile frei zur Verfügung, oder wird Vermögensbildung angestrebt?

Kapitalbeteiligung

Die Kapitalbeteiligung ist die Beteiligungsform, die in den letzten zehn Jahren aus dem Schatten der Erfolgsbeteiligung herausgetreten ist und eine überproportionale Verbreitung gefunden hat. Wenn im Rahmen einer Mitarbeiterbeteiligung von Kapitalbeteiligung gesprochen wird, wird dieser Begriff in der Regel sehr weit verstanden. Unter Kapitalbeteiligung werden nicht nur alle gesellschaftsrechtlichen Beteiligungsformen verstanden, sondern auch die Beteiligung der Mitarbeiter am Fremdkapital des arbeitgebenden Unternehmens. Und damit ist die erste Entscheidung zu treffen, die auch unter unternehmenskulturellen Aspekten gesehen werden kann. Sollen die Mitarbeiter am Fremd- oder am Eigenkapital beteiligt werden?

Typisch für die Beteiligung am Fremdkapital ist das Mitarbeiterdarlehen. Eine solche Beteiligungsform beinhaltet in der Regel eine feste Zinszusage mit einer garantierten Rückzahlungsverpflichtung. Die Verbindung zwischen Mitarbeiterkapitalgebern und Unternehmen ist damit eine »relativ lose«.

Fällt die Entscheidung zugunsten einer Beteiligungsform, die sich in Richtung Eigenkapital orientiert, sind die Voraussetzungen grundsätzlich andere: Der Mitarbeiter ist mit seiner Kapitaleinlage am Gewinn, vielleicht sogar am Verlust des Unternehmens beteiligt. Die Kapitalrückzahlung ist nicht garantiert, sondern hängt vom Schicksal des Unternehmens ab. Gängige Beteiligungsformen sind hier die Belegschaftsaktie, die stille Beteiligung und das Genußrecht.

Wird die Kapitalbeteiligung der Mitarbeiter unter dem Gesichtspunkt der Unternehmenskultur analysiert, sind auch hier wieder einige Fragen zu stellen:

1. Wie intensiv muß/darf die Beteiligung sein? Entsprechen gewinn- und verlustorientierte Beteiligungsformen den Wertvorstellungen, oder haben Sicherheitsgesichtspunkte Vorrang?

2. Welcher Stellenwert kommt dem Freiheitsspielraum in der Beteiligungsvereinbarung zu? Sind Sperrfristen und damit der zeitweilige Ausschluß der Kündbarkeit ein unabdingbares Element für eine Erziehung hin zum Sparen im Produktivkapital?
3. In welchem Maße sind Mitbestimmungsrechte aus der Kapitalbeteiligung zusätzlich zur arbeitsrechtlichen Mitbestimmung akzeptabel?

Der Gesetzgeber hat mit dem Vierten Vermögensbildungsgesetz und dem zum 1. Januar 1987 in Kraft tretenden Fünften Vermögensbildungsgesetz die vermögenspolitischen Weichen in Richtung betriebliche Mitarbeiterkapitalbeteiligung gestellt. Die grundsätzlichen Voraussetzungen für eine Realisierung solcher Modelle sind damit vorhanden. Inwieweit diese Modelle in den Bereich der Unternehmenskultur eingebettet werden, liegt an den jeweiligen Unternehmen.

Die Unternehmungen im Spannungsfeld zwischen Ökonomie und Gesellschaft

Professor Dr. Max Ludewig
Kraftwerk Union AG, Mülheim

Meine sehr verehrten Damen und Herren!
Ich habe diesen Vortrag aus persönlichem Interesse übernommen, muß Ihnen jedoch gestehen, daß ich eigentlich damit ein wenig leichtsinnig war. Ich bin zwar Ingenieur und deshalb mit ökonomischen Fragen der Industrie durchaus vertraut. Ich bin auch Amateur, allerdings sehr interessierter, auf dem Gebiet der gesellschaftlichen Disziplinen, und ich bin drittens »Doleur« (das ist nur wegen des Wortspieles), nämlich Leidtragender, wenn es sich um Spannungen zwischen diesen beiden Bereichen handelt, denn dann trifft es erfahrungsgemäß primär die ökonomisch Handelnden nach dem alten sozialistischen Satz »Man muß die Belastbarkeit der Wirtschaft prüfen«.
Mein Vortrags-Thema lautet: Die Unternehmungen im Spannungsfeld zwischen Ökonomie und Gesellschaft. Bei etwas tieferem Eindringen in diesen Fragenkomplex wundert man sich, warum eigentlich Spannungen zwischen Ökonomie und Gesellschaft überhaupt auftreten können. Solange nämlich ein Konsens in der Gesellschaft besteht, was für sie wichtig ist – zum Beispiel ein Leben in Freiheit mit höchstmöglichem Lebensstandard: ich wähle bewußt nicht das dumme politische Wort von »Lebensqualität« –, kann es zwischen ökonomisch handelnden Teilen der Gesellschaft und der Gesamtheit aller in dieser Gesellschaft keine wesentlichen Spannungen geben.
Allerdings ist anzumerken, daß in den Begriffen »Gesellschaft« und »gesellschaftliche Ziele« die eigentlichen Probleme stecken. Ich werde versuchen, wie ein Ingenieur vorzugehen und entsprechende

Analysen und Definitionen dieser Begriffe zu geben, um daraus die Schlußfolgerungen zu ziehen.
Was beinhaltet der Begriff *Gesellschaft*? Meines Erachtens ist Gesellschaft die Summe aller Menschen, die in einem Staatsgebiet – umschlossen durch politische Grenzen – leben. Ihr Zusammenleben wird durch eigene Gesetze geregelt. Diese Gesellschaft ist inneren und äußeren Kräften unterworfen und besitzt Regelmechanismen, um diese Kräfte auszugleichen. Ganz grob eingeteilt, besteht eine Gesellschaft aus Staat und privat.

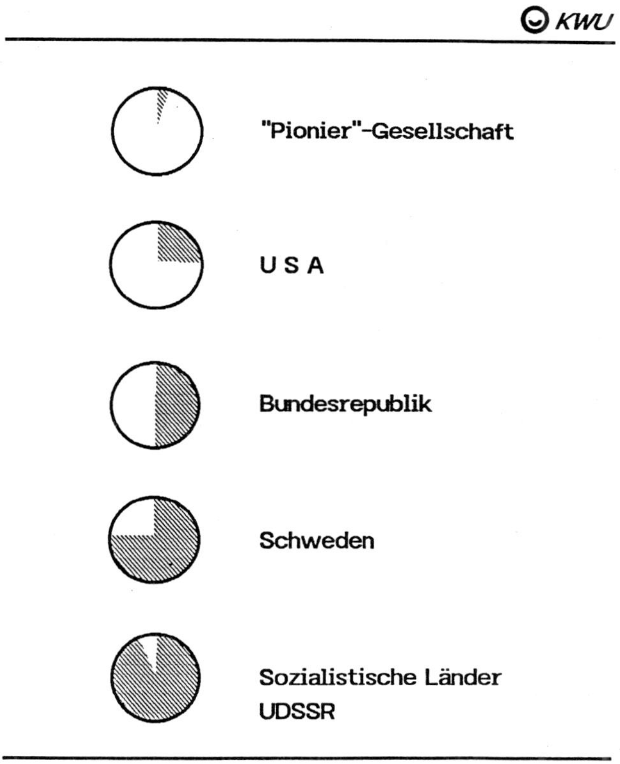

"Staatsanteil" grob vereinfacht

Das Diagramm zeigt ganz grob unseren eigenen Standort.

Ökonomie ist eine Handlungsmethode, welche sich bemüht, aus einem gegebenen Vorgang mehr herauszuholen, als zum In-Gang-Halten dieses Vorganges notwendig ist. Diese ökonomische Handlungsweise findet nicht von selbst statt. Man kann sie zwar befehlen, aber die Ergebnisse dabei sind mager. Viele so angelegte Gesellschaftsstrukturen auf unserer Erde zeigen das. Besser ist die natürliche Methode, das heißt die Anwendung der Arbeitsweise der Natur. Jedes Lebewesen muß hier seinen Platz durch Leistung und Effizienz innerhalb der Gesamtgesellschaft behaupten. Es gibt in der Natur kein BaföG für junge Meisen und keine Subventionen für freßfaule Braunbären.

Mit anderen Worten: Ökonomie findet in der Gesellschaft am besten statt, wenn Konkurrenz stattfindet. Betrachten wir das vorliegende Diagramm in der Aufteilung *Staat* und *privat* noch einmal von diesem Gesichtspunkt aus, so ist festzustellen, daß beim Staat per Definition keine Konkurrenz stattfindet. Es gibt für die Gesellschaft nur einen Staat und damit keinen Anreiz zur Ökonomie. Hier gibt es eine einzige Ausnahme, wenn nämlich die Bürger den Staat abwählen, indem sie auswandern. Noch heute finden diese Vorgänge statt: viele Ostasiaten und Afrikaner gehen nach Europa und in die USA, viele Menschen aus kommunistisch regierten Ländern (Ost-Deutschland, Polen und so weiter) würden gerne in die Länder des Westens auswandern.

Es ist ein menschlicher Zug nach weniger Staat und mehr Freiheit. Verhindert wird diese Konkurrenz der Staaten untereinander durch den Bau von Mauern. Optisch sichtbar in der »DDR« und in vielen kommunistischen Ländern, weniger sichtbar – nur im übertragenen Sinne zu sehen – sind es die staatlichen Finanzrestriktionen, Geldtransferbeschränkungen, Reisebeschränkungen, Paßgesetze und was der Maßnahmen sonst noch sind.

Ökonomie findet auch in unserem Lande primär nicht im staatlichen Bereich unserer Gesellschaft statt, sondern im privaten Bereich. Solange jedoch die den Staat repräsentierenden Gesellschaftsteile einen Grundkonsens mit den privaten Bereichen der Gesellschaft bewahren, gibt es kaum ein Spannungsfeld zwischen den Unternehmungen und der Gesamtgesellschaft, da im allgemeinen gleichgerichtete Ziele verfolgt werden. So wie man die Unternehmungen als Lebewesen in einer gegebenen wirtschaftlichen Umwelt ansehen kann, so muß man auch die Gesellschaft als Ganzes als ein Lebewesen höherer Ordnung begreifen, das mehr ist als die Summe aller Individuen.

Solche Menschen-Systeme besitzen ihnen eigene Gesetzmäßigkeiten, deren Strukturen und Mechanismen wir bis heute meist nur erahnen, aber noch nicht rechnerisch, analytisch durchdringen können. Einen kleinen Einblick in diese Strukturzusammenhänge innerhalb einer Gesellschaft gibt das ausgezeichnete Büchlein »Erfolgsgeheimnisse der Natur« von Professor Haken. Es schildert unter dem Begriff Synergetik: Die Lehre vom Zusammenwirken der Vorgänge, die auch bei gesellschaftlichen Fragen eine Rolle spielen. Der Verfasser zeigt, daß es sehr wohl möglich ist, die in einer Gesellschaft auftretenden Bewegungen rechnerisch zu verfolgen. Soviel ist bisher klargeworden: Vorgänge in der Natur lassen sich mit gesellschaftlichen Vorgängen durchaus vergleichen, sofern synergetische Regeln angewendet werden. Grob vereinfacht bedeutet dieses, daß gesellschaftliche Vorgänge durch Minderheiten eingeleitet werden, welche bewußt oder instinktiv die synergetischen Mechanismen benutzen, um Veränderungen in der Gesellschaft herbeizuführen.

Gelingt es durch diese Aktivität, wenigstens Teile der Gesellschaft in »Resonanz« zu versetzen, das heißt, die Bemühungen der Minderheit zu multiplizieren, ohne daß die in »Resonanz« befindlichen Leute aktiv weiter daran teilnehmen, kommt der Augenblick, in dem der Rest der Gesellschaft »versklavt« wird. Dieser Rest wird gezwungen, in derselben Form zu reagieren wie die vorherige Minderheit. Wie hoch der Prozentsatz ansteigen muß, um gesellschaftliche Veränderungen zu erzwingen, ist noch weitgehend unbekannt. Eines allerdings ist sicher: daß der Prozentsatz ganz wesentlich und deutlich unter 50 Prozent liegen muß. Wir haben in den letzten zehn Jahren Schulbeispiele solcher gesellschaftlicher Vorgänge und Versuche, die Gesellschaft zu ändern, miterlebt.

Ich erinnere an die Friedensbewegung, an die Nachrüstungsdebatte, an die Null-Wachstums-Bewegung – teilweise in Verbindung mit der Ölkrise –, die Energie-Diskussion mit dem Energie-Spar- und den Alternativ-Energie-Programmen, die Stamokap-Diskussion mit ihrer Auswirkung auf die gesellschaftliche Struktur und so weiter. Alle diese von Minderheiten eingeleiteten Aktionen wurden auch von politischen Parteien aufgegriffen und schufen teilweise ein Spannungsfeld zwischen ökonomisch arbeitenden Unternehmen und der vermeintlichen Gesellschaft, die sich immer als eine Minderheit entpuppt. Wir hatten es in diesen Fällen stets mit dem gleichen Schnittmuster zu tun. *Ziel* war die Veränderung der Gesellschaft – fast ausschließlich aus ideologischen Gründen –, *Mittel* dazu waren die Ausnutzung und Einspannung des Gesellschaftsbewußtseins. Da ich die Gesellschaft vorher als ein Lebewesen höherer Ordnung beschrieben habe, muß man diesem Komplex auch eine Art Bewußtsein und eine Art Seele zuerkennen. Dinge, die uns heute noch weitgehend fremd sind, um deren Realität aber Demagogen, charismatische Führer und viele Politiker wissen. Diese Massenseele einer Gesellschaft kennt Angst, Liebe, Haß, Freude und Trauer so wie das Individuum, um nur die wesentlichsten Grundstimmungen zu nennen.

Will man eine gesellschaftliche Kräftepotenzierung erreichen, muß man diese Grundstimmungen anregen. Es ist verständlich, daß die anregenden Kräfte bei den einzelnen Kategorien unterschiedlich sein müssen. Von den Grundtönen einer Gesellschaft ist die *Angst* am einfachsten anzuregen. Halbwahrheiten, Desinformation, Lügen, oftmals nicht sofort überprüfbare Behauptungen sind die Impulse, welche Teile der Gesellschaftssysteme in Resonanz bringen können. Gelingt es, eine größere Anzahl von Individuen in Resonanz zu versetzen, kommt der Zeitpunkt, an dem der Rest zu versklaven ist.

Wir stehen seit *Tschernobyl* wieder am Anfang eines solchen Synergieversuches. Es geht vordergründig darum, die Kernenergie zu ächten, obwohl sie ökonomisch und weltwirtschaftlich für den Energiebedarf aller auf der Erde befindlichen Volkswirtschaften unverzichtbar ist. Sie ist sogar die einzige Energieform, welche, überall einsetzbar, auf die nationalen Ressourcen nur geringen Einfluß nimmt. Sie setzt uns damit in die Lage, eine bessere Aufteilung der natürlichen Ressourcen vorzunehmen, um die Spannungen zwischen Nord und Süd auf friedlichem Wege zu verringern. Hintergründig wird diese Aktion das Ziel haben, die Gesellschaft grundsätzlich ideologisch zu verändern. Diese Vorgänge werden die Unternehmen ins Spannungsfeld zwischen Ökonomie und Ideologie bringen. Wir alle werden in den nächsten drei bis fünf Jahren Zeuge sein, wie solche synergetischen Vorgänge ablaufen, und werden feststellen können, ob es Mechanismen gibt, die ein Versklaven großer Teile der Bevölkerung verhindern können.

Der gleiche Vorgang ist übrigens auch bei einem anderen gesellschaftlichen Thema zu beobachten, wo Ökologie kontra Ökonomie eingesetzt wird. Unsere Gesellschaft ist zunehmend umweltbewußter geworden. Ein sehr erfreulicher Vorgang, der die Unterstützung aller in unserer Gesellschaft verdient. Alle Individuen aber wollen auch ihren Lebensstandard beibehalten; die verbalen Verzichte auf Lebensqualität sind bei näherer Prüfung nur Lippenbekenntnisse oder schlichte Lügen. Sechs Wochen Urlaub, ein fest ausgebautes soziales Netz, möglichst wenig Arbeitsstunden – siehe Diskussion um die 35-Stunden-Woche – und so weiter sind Selbstverständlichkeiten geworden, die nach Meinung vieler Bürger notfalls eingeklagt werden können.

Die bei uns erreichte Situation ist aber nur bei hoher Effizienz der produzierenden Bereiche der Gesellschaft zu halten. Überproportional hohe Auflagen auf der ökologischen Seite führen unweigerlich zu höheren Kosten und damit unter dem Strich zu Einbußen des Einkommens, das heißt zu Reduktionen des Lebensstandards. Das wirtschaftliche Grundgesetz gilt auch hier: »Von nichts kommt

nichts«. Oder anders ausgedrückt: Wir dürfen gesellschaftlich unsere Effizienz nicht zerstören, um Umweltschutz zu betreiben, sondern wir müssen – im Gegenteil! – mehr Ökonomie erreichen, um uns mehr Ökologie leisten zu können. Nur dann werden unsere Wünsche und unsere Möglichkeiten in Einklang zu bringen sein. Es ist aufgrund der real existierenden Gesellschaftssysteme eindeutig zu beweisen, daß ein demokratisches, freiheitliches System mit viel privatem Entscheidungsspielraum für alle Menschen der Gesellschaft die faktisch besten Lebensbedingungen schafft. Keine Argumentation kann an diesen meßbaren, zählbaren und wägbaren Fakten vorbeireden.
Ein typischer Beweis für diese Situation ist der Vergleich einer Gruppe von praktisch gleichen Menschen mit gleichen Startbedingungen vor 40 Jahren: der Vergleich zwischen der Bundesrepublik Deutschland und der Deutschen Demokratischen Republik, entnommen dem Buch »Der rote Stern verglüht« von Werner Obst. Hier haben sich durch 40 Jahre hindurch unterschiedliche Gesellschaftssysteme entwickelt. Es zeigt sich hier, daß in einem Gesellschaftssystem, in dem der Staat den Anspruch erhebt, die Gesamtgesellschaft zu formen, natürlich auch die Unternehmen staatlich geführt werden. Dabei werden die Unternehmen selbst zum Staat. Da sie keine Konkurrenz haben, werden sie per Definition ineffizient arbeiten. Den Nachteil müssen alle Mitglieder der Gesellschaft tragen, wie die Zahlen von Produktivität und Ausbeutungsgrad, der übrigens nach von Marx angegebenen Methoden errechnet wird, zeigen. Es ist eben so, daß ein Ding, das keinen Maßstab als sich selbst hat, auch keinen Anreiz verspürt, Ökonomie zu entfalten.
Lassen Sie mich zu einer gewissen *Zusammenfassung* kommen: Gibt es ein Spannungsfeld zwischen Ökonomie und Gesellschaft? Ich glaube, daß zur Zeit kein ausgesprochenes Spannungsfeld zwischen den ökonomisch betriebenen Gesellschaftsbereichen – also im wesentlichen der privaten Sphäre der Gesellschaft, in der auch die Unternehmen angesiedelt sind – und dem Staat, dem anderen Teil der Gesellschaft, besteht. Der Konsens ist noch weitestgehend erhalten, obwohl uns die öffentliche Meinung oft das Gegenteil einreden möchte. Aber die Gesellschaft ist ein Lebewesen; sie befindet sich nicht in einem statischen Zustand und ist immer Kräften ausgesetzt, die sich in der einen oder anderen Richtung verändern wollen. Diese Versuche werden zunehmend von ideologischen und sektiererischen Gruppen gemacht, die häufig die Basis, der sie ihre Existenz und ihre Freiheit verdanken, nicht mehr wahrnehmen.
Ich glaube jedoch, daß man das Schicksal der Gesellschaft und ihre Entwicklung nicht solchen »Menschheitsbeglückern«, Weltverbesse-

rern oder einäugigen Ideologen überlassen darf. Ich bin der Ansicht, daß es vielmehr an der Zeit ist, daß auch die Belegschaften in den Unternehmen und die Unternehmer sich bewußt werden, daß sie einen wesentlichen Anteil und oft sogar die Grundlage des Lebens der Gesellschaft schaffen. Sie sind nicht selten die Schöpfer einer finanziellen und damit auch einer möglichen sozialen Entwicklung, obwohl andere die Ergebnisse dieser Leistung für sich beanspruchen und verwenden.

Die aus der Idee der Arbeitsteilung herrührende Primitiv-Wirtschafts-Vorstellung, die auch heute noch in manchen Wirtschaftsbereichen üblich ist, muß überwunden werden. – Ein Unternehmen hat sich nicht nur um den Cash-Flow, die Verzinsung und eine mögliche Gewinnmaximierung zu kümmern, um anderen die restlichen Gesellschaftsaufgaben zu überlassen. Es muß vielmehr eine breiter angelegte Vorstellung entwickelt werden, die das Unternehmen als einen Teil der Gesellschaft sieht. Insbesondere bei den größeren Unternehmen müssen Sensoren für die Gesellschaftsentwicklung geschaffen werden, und die Mitglieder dieser Unternehmen müssen sich aktiv am gesellschaftlichen Leben beteiligen.

Die Entwicklung einer Unternehmenskultur, welche innere Effizienz mit gesellschaftlichem Konsens verbindet, ist notwendig. Das Regelsystem »Wirtschaft für die Gesellschaft« muß durch Rückkopplung und Aussteuern der Störgrößen stabil und für alle verläßlich gehalten werden. Hier sind Unternehmer wie Politiker gleichermaßen aufgerufen. Dabei müssen die Unternehmer lernen, über den »Tellerrand« ihres Unternehmens hinwegzublicken und die gesellschaftlichen Wirkungen ihres Handelns zu bedenken. Die Politiker aber müssen endlich lernen, wirtschaftliche Zusammenhänge zu begreifen und sie richtig zu bewerten.

Ich zweifle nicht an einem Erfolg solcher Aktionen, solange sich beide Partner auf dem gleichen Boden der Fakten und Grundvorstellungen befinden und das wirtschaftliche Gesetz *Von nichts kommt nichts* nicht ideologisch wegbefohlen wird. Kündigt man jedoch einen solchen Konsens auf, so sind Spannungen zwischen Unternehmen und deren Belegschaften und der dann sogenannten Gesellschaft unvermeidlich. Sie werden mit tödlicher Sicherheit zur Zerstörung der bestehenden Gesellschaftsform mit allen negativen Folgen für das Individuum führen.

Beweise für einen Verlauf solcher Vorgänge gibt es in der Menschheitsgeschichte genug! Sie ist ja auch eine Geschichte der Gesellschaftsformen und der sie bildenden Kräfte. Man muß Geschichte nur lernen wollen und bereit sein, aus den bereits bestehenden Erfahrungen Schlüsse zu ziehen.

Hoffen wir, daß uns in unserer Generation die erneute Zahlung der Zeche für falsche ideologische Zielsetzungen zwischen Ökonomie und Gesellschaft erspart bleibt. Für meine Generation möchte ich bemerken, daß ein einmaliger Vorgang wie 1933–45 völlig ausreichend ist.

Arbeitsgruppe 1

»Unternehmenskultur in internationalen Unternehmen«

Impulsreferate:

Professor Dr. Harald Jürgensen
Institut für europäische Wirtschaftspolitik,
Universität Hamburg

Dr. Mark Wössner
Bertelsmann AG, Gütersloh

Seinosuke Kuraku
Panasonic Deutschland GmbH, Hamburg

Professor Dr. Harald Jürgensen
Institut für europäische Wirtschaftspolitik, Universität Hamburg

1. Einleitung

International tätige Unternehmen üben einen mehr oder weniger großen Teil ihrer wirtschaftlichen Aktivitäten außerhalb der nationalen Grenzen ihres Heimatlandes aus. Notwendigerweise kommen sie dabei in Kontakt mit der Kultur ihres Gastlandes, das heißt mit von Generation zu Generation weitergegebenen Verhaltensformen (Sitten und Gebräuchen), sozialen Organisationsformen und Institutionen (Recht, Familie und ähnliches) sowie kollektiv geteilten Überzeugungen (Motive, Werte, Einstellungen). Gleichzeitig ist die Kultur aber auch ein wesentliches Instrument der Gesellschaft zur Anpassung an Veränderungen der Umwelt.
Jedes Unternehmen besitzt seinen »Arbeitsstil«. In Anlehnung an die Universalkultur spricht man auch von der Unternehmenskultur. Gemeint ist die Gesamtheit von Normen, Wertvorstellungen und Denkhaltungen, die das Verhalten der Mitarbeiter aller Stufen und somit das Erscheinungsbild des Unternehmens prägen. Die Kultur einer Unternehmung ist meist über Jahre gewachsen.

I. Wirtschaftliche und gesellschaftliche Umweltveränderungen

2. Beweggründe für Auslandsinvestitionen

Die Beweggründe für Auslandsinvestitionen sind vielfacher Art. Grob lassen sich zwei Auslöser für ein Auslandsengagement ausmachen. Einerseits sind Auslandsinvestitionen beschaffungsorientiert (Zulieferung zur heimischen Produktion, niedrigere Faktorkosten, finanzielle und steuerliche Anreize, Verfügbarkeit von Arbeitskräften und Rohstoffen). Von größerer Bedeutung sind jedoch absatzseitige Motive (Erschließung neuer Absatzmärkte, Sicherung bestehender Märkte und Kundendienst). In beiden Fällen werden die Unternehmen Arbeitnehmer in den Gastländern einstellen. Darüber hinaus müssen sich die Unternehmen im Falle einer absatzmotivierten Auslandsinvestition auch Gedanken über die Präferenz der Nachfrager im Gastland oder genauer innerhalb der Absatzregion machen.

3. Wirtschaftlicher Wandel

Wie jedes Unternehmen unterliegen natürlich auch international tätige Unternehmen einem ständigen, in den letzten Jahren beschleunigten Anpassungsdruck an sich wandelnde weltwirtschaftliche Gegebenheiten. Möglicherweise ist dieser Anpassungsdruck unter weltweit agierenden Unternehmen sogar noch erhöht, da die Reaktionsverbundenheit aufgrund verbesserter Informationssysteme besonders hoch ist. Im wesentlichen handelt es sich dabei um

- eine Veränderung der Produktmärkte, mit der Tendenz zu qualitativ höherwertigen Produkten;
- eine Verschiebung der regionalen Wachstumspotentiale;
- eine veränderte Verteilung der Inputfaktoren, quantitativ wie qualitativ.

Dies bedeutet aber auch, daß die ursprünglichen Motive für eine Auslandsinvestition nicht auf Dauer Gültigkeit besitzen.

4. Gesellschaftlicher Wandel

Ebenfalls permanent findet ein gesellschaftlicher Wandel statt, der häufig aufgrund der langsamen und kleinen Veränderungen gar nicht oder kaum wahrgenommen wird. Neuerungen im politischen oder kulturellen System wirken sich zum einen über Änderungen der Wirtschaftsverfassung und/oder -ordnung sowie über die Mitarbeiter auf das Unternehmen aus.

II. Einflußgrößen auf die Unternehmenskultur

5. Rückwirkungen auf die Unternehmenskultur

Die Unternehmenskultur umfaßt in der Regel drei Bereiche:

- Innenbereich (Mitarbeiterinteressen)
- Leistungsbereich (Unternehmungsinteressen)
- Absatzmarktbereich (Marktanforderungen).

Alle drei Segmente der Unternehmenskultur werden durch den wirtschaftlichen und gesellschaftlichen Wandel betroffen. Je weiter die Beschaffung, die Produktion und der Absatz eines Unternehmens räumlich verteilt sind, um so vielschichtiger werden die Einwirkungen und die Richtungen des wirtschaftlichen beziehungsweise gesellschaftlichen Wandels auf die Unternehmenskultur beziehungsweise auf Unternehmenssubkulturen.

6. Faktoren im Innenbereich

Neben dem finanzwirtschaftlichen Potential und allgemein strukturellen Vor- und Nachteilen sind es im wesentlichen personalbezogene Faktoren, die den Innenbereich beeinflussn (Management- und Mitarbeiterpotential, Arbeitsverhältnisse, Hierarchien- und Marktstrukturen, das Betriebsklima, Arbeitszufriedenheit, Mitarbeiterentfaltung und so weiter).

7. Faktoren im Leistungsbereich

Zu den Faktoren im Leistungsbereich gehören in erster Linie Maßstäbe für Effizienz und Effektivität der Leistungserstellung, die ihrerseits Ergebnis wirtschaftlicher und technologischer Entwicklung sind. Damit sind Probleme des Technisierungs- und Automatisierungsgrades, der Produktivitätsstandards, aber auch der Produktstrategie, des Qualitätsniveaus, der Innovation, ökologische Rücksichten und ähnliches angesprochen.

8. Faktoren im Absatzbereich

Hierbei handelt es sich um Fähigkeiten, die notwendig sind, um die spezifischen Charakteristiken und Eigenheiten der Märkte, auf denen die Leistung abgesetzt wird, zu beherrschen; zum Beispiel Aufbau eines Außendienstes, Gestaltung eines Werbestils oder einer internen Marketingorganisation.

III. Wertewandel und Konsequenzen

9. Bereiche und Richtung des Wertewandels

Wertewandel vollzieht sich in verschiedenen Bereichen. Interessant für international tätige Unternehmen ist jedoch hauptsächlich der externe Wertewandel, der den Innenbereich, den Leistungsbereich und den Absatzbereich betrifft.
Eine allgemein verbindliche Richtung des Wertewandels ist nicht zu erkennen. Vielmehr ist im Einzelfall zu untersuchen, wie die dominierende Kultur auf eine Organisation einwirkt. Im Prinzip muß bei diesen Überlegungen die Kulturgrenze gleich der Ländergrenze gesehen werden. Die vielfältigen Wertewandlungen verlangen von einem

Unternehmen daher ein hohes Maß an kultureller Sensitivität, das heißt insbesondere, die »Unternehmenskultur« muß lern- und integrationsfähig sein.
Beispielhaft seien hier einige meines Erachtens wichtige Entwicklungslinien hervorgehoben. Die Produktion qualitativ höherwertiger Produkte erfordert besser qualifizierte Mitarbeiter. Qualifizierte Arbeitnehmer stellen jedoch andere Anforderungen an das Führungsverhalten des Managements als gering qualifizierte Arbeitnehmer. Der im Vergleich zum gesellschaftlichen Wandel relativ schnell voranschreitende wirtschaftliche Wandel verlangt eine ständige Fortbildungsbereitschaft der Mitarbeiter, die durch die Unternehmenskultur gefördert werden muß. Schließlich verlangen wechselnde Marktentwicklungen von einem Unternehmen und seiner Belegschaft eine hohe Anpassungsflexibilität.

10. Geschwindigkeit des Wertewandels

Auch zur Geschwindigkeit des Wertewandels ist eine genaue Angabe nicht zu machen. Neben dem sich permanent vollziehenden »Wertewandel« wird es immer wieder »Schübe« beziehungsweise »Umkehrschübe« im Wertesystem einer Gesellschaft und damit auch im Wertesystem von Unternehmen geben. Beispiele hierfür sind Innovationen (Mikroprozessoren) oder plötzliche kulturelle Reorganisation einer Gesellschaft (schiitische Revolution im Iran).

11. Konsequenzen für international tätige Unternehmen

Für international tätige Unternehmen können weder Kopieren noch Aufpfropfen der heimischen Kultur Leitbilder der Unternehmensführung oder der Absatzstrategie sein. Vielmehr müssen die Unternehmen die sie umgebende Kultur verstehen und, soweit nötig, Elemente dieser Kultur in die eigene Unternehmenskultur integrieren.
Der Vorteil eines Engagements im Ausland, die Verfügbarkeit von genauerem Wissen über das Gastland und aus dem Gastland sollte von den dort tätigen Unternehmen systematisch genutzt werden. Hierzu zählen die persönliche Entwicklung von Mitarbeitern und Führungskräften durch Schulung und Persönlichkeitsentwicklung, die Teamentwicklung, das heißt Ausschöpfung des Potentials und der Kompetenz einer Arbeitsgruppe, und die Bereichsentwicklung mit dem Ziel der Ausrichtung auf Unternehmensziele und -struktur. Die wesentlichen Vorteile einer Unternehmenskultur im positiven

Sinne sind Beständigkeit und Ausrichtung auf allgemein verständliche und akzeptierte Unternehmensziele. Häufige Änderungen schwächen die Wirkung einer Unternehmenskultur, daher müssen die Grundpfeiler Lernfähigkeit und -bereitschaft in der Unternehmenskultur fest verankert sein.

Dr. Mark Wössner

Bertelsmann AG, Gütersloh

Meine sehr verehrten Damen und Herren,
beginnen möchte ich mit einer Definition des Begriffes »Unternehmenskultur«, dem Hauptgegenstand dieses Kongresses. Was ist Unternehmenskultur? Ohne Zweifel dürfte es etwas mit Kultur zu tun haben, diesem vielschichtigen Phänomen. Ich komme aus einem Verlagshaus, und da liegt es nahe, daß ich die Erklärung in einem Buch suche.

In unserer großen Lexikothek steht dazu: »Kultur ist die Gesamtheit der typischen Lebensformen einer Bevölkerung, einschließlich der sie tragenden Geistesverfassung, besonders der Werte-Einstellungen.« Aus der Sicht des Unternehmers wirkt diese Definition eher unbefriedigend, statisch, weil es sich um eine Beschreibung des Ist-Zustandes handelt.

Wir bei Bertelsmann begreifen die Debatte um die Unternehmenskultur als Evolutionsdiskussion. Denn für uns steht im Vordergrund, Unternehmenskultur im Sinne eines Entwicklungsprozesses aus der Tradition kommend in die Zukunft hineinzuprojizieren.

Für uns steht die Frage obenan: »Wohin wollen wir mit unserem Selbstverständnis, mit unserer Auffassung von Arbeit?« Und wer der Auseinandersetzung um die Unternehmenskultur einen dynamischen Charakter gibt, muß auch die Frage nach der Richtung beantworten.

Geht es eher um Erfolgskriterien? Bilden Sozialkriterien den Rahmen? Muß also beispielsweise Nell-Breuning im Vordergrund gesehen werden, der sagt: »Entweder ist ein Unternehmen sozial oder es ist ganz unsozial, und davon hängt auch seine Unternehmenskultur ab?« Ich bin der Auffassung, daß diese Diskussionslinie nicht zum Ziel führen wird. Für mich und die anderen Leistungsträger bei Bertelsmann müssen zunächst die Wirkungen der Unternehmenskultur

nach innen und außen definiert und saldiert werden, damit man sich Gedanken darüber machen kann, was die Erfolgskriterien oder Voraussetzungen für diese Wirkungen sind.
Zunächst der Blick nach innen. Hier stehen eine Reihe von Grundsätzen im Vordergrund: sozial-ethische Überlegungen, Führungsstile, der Verhaltenskodex, das Arbeitsplatzklima und so fort. Wie steht es um die Außenwirkung der Unternehmenskultur? Sie wird von weniger Faktoren beeinflußt: Zu nennen sind das Leistungs- und Produktprofil, die Management-Ethik, die PR, summa summarum die Darstellungsweisen, mit denen man nach außen hin auftritt. Solche Bausteine der Unternehmenskultur haben natürlich konstitutive Grundlagen: Tradition, Unternehmensgeschichte, Gesellschaftsverbindung und Umweltwirkung.
Wir bei Bertelsmann halten es nicht für gut, diese Grundlagen »irgendwie« oder »einfach so« wirken zu lassen. Wir halten es für besser, diese Grundsätze regelrecht zu ratifizieren, in einer kodifizierten Unternehmensverfassung mit Führungsphilosophie und Führungsleitlinien. Wenn man solch eine Unternehmensverfassung mit allen für das Unternehmen relevanten Verhaltensweisen verbindlich aufgeschrieben hat, ist man wahrscheinlich auf einem annehmbaren Weg dazu, den Begriff »Unternehmenskultur« festzumachen und in der betrieblichen Realität spürbar werden zu lassen.
Für Bertelsmann stellt sich die Frage nach Unternehmenskultur oder wenn Sie so wollen »Corporate Identity« in mehrfacher Hinsicht. Erstens genauso wie für jedes andere Wirtschaftsunternehmen – und zwar in völlig gleicher Weise. Zweitens haben wir die bei uns sehr stark ausgeprägten Prinzipien der Dezentralisation und der Alleinverantwortung einzubeziehen. Drittens müssen wir uns unserer Rolle als Medien- und Kulturunternehmen bewußt sein. Ein kulturorientiertes Medienunternehmen hat die Frage nach der Unternehmenskultur in ganz anderer Weise zu bewältigen als ein beliebiges Wirtschaftsunternehmen. Und viertens ist der Aspekt zu bedenken, der in meinem Referat eine wichtige Rolle spielen soll, nämlich der internationale Aspekt. Gewiß gibt es Unternehmen, die noch internationaler arbeiten als wir. Aber Bertelsmann erzielt mehr als die Hälfte seines Umsatzes im Ausland – in 22 Ländern der Welt. Da liegt es auf der Hand, daß wir uns intensiv auch mit dem internationalen Aspekt von Unternehmenskultur befassen.
Lassen Sie mich nun zur Erläuterung der vier Ebenen kommen, auf denen wir uns mit Fragen der Unternehmenskultur befassen. Ich werde die Aspekte »Wirtschaftsunternehmen generell« und »Bertelsmann als Unternehmen mit ausgeprägter Dezentralisation und Alleinverantwortung« zusammen behandeln.

Die Erörterung der Rolle von Unternehmenskultur in Wirtschaftsunternehmen ganz generell baut auf der Fragestellung auf, ob sich ein Unternehmen eine gesellschaftsorientierte Definition der eigenen Arbeit zutraut und sie auch formulieren will. Hier muß die Frage nach dem sozialen Ordnungssystem nach innen mit beantwortet werden. Wir verstehen dieses System als Synthese aus Menschlichkeit und Effizienz. Ein sehr schwieriger Aspekt, der ausdiskutiert werden muß und sich hier nicht en passant beantworten läßt. In diesen Komplex gehört auch die Frage nach adäquaten, also modernen Führungsstrukturen. Diese Frage nach dem Unternehmensbild und dem Verständnis der unternehmerischen Arbeit muß jedes Unternehmen beantworten. Wenn dies unterbleibt, wenn man es nicht von oben tut, kommen die Antworten aus der Menge und der Ist-Situation des Betriebes heraus von allein – nur dann meist ungesteuert und unkontrolliert.
Die Frage nach der Unternehmenskultur in Wirtschaftsunternehmen und im dezentralisierten Haus Bertelsmann hat weitere Facetten. Ein Unternehmensbild muß dynamisch in die Zukunft hinein entwickelt werden. Es hat – unabdingbar – im wirtschaftlichen Bereich allen Vorstellungen zu entsprechen, die Waterman in seinem Buch niedergelegt hat: also tatorientiert, marktual, peopleorientiert, produktiv. Ich muß diese Faktoren hier nicht näher analysieren, sie sind obligatorisch für effizientes und erfolgreiches Arbeiten.
Es ist aber darüber hinaus zu fragen, in welchem Maß man sich ein soziales – ein zuverlässig soziales – Gepräge geben will. Wie bereits angedeutet, sind unterschiedliche Definitionen möglich; unbedingt stellen muß man sich aber doch die Frage nach der Führungsstruktur in der Führungsalltagssituation, die sich bei uns an ethischen Grundwerten und an Effizienz orientiert.
Insbesondere die beiden letzten Aspekte, die sozialen und die Führungsfragen, werden bei Bertelsmann seit langem auf intensivste Weise behandelt. Sie alle kennen das soziale Modell Bertelsmann mit seinen Elementen: materielle Gerechtigkeit, soziale Sicherheit, Gewinnbeteiligung, Mitbestimmung auf allen Unternehmensebenen. Das ist ein geschlossenes soziales Konzept, ein Modell, das sich in der unternehmerischen Praxis bewährt hat. Gleiches gilt für unsere Führungsphilosophie, die in starkem Maße auf Dezentralisation und auf Freiraum für den einzelnen aufbaut.
Wenn wir also zusammenfassen, was die Unternehmenskultur in Wirtschaftsunternehmen generell und im Wirtschaftsunternehmen Bertelsmann bestimmt, so finden wir eine Reihe von wesentlichen Eckpfeilern. Sie gelten für alle Wirtschaftsunternehmen in gleicher, ähnlicher oder ganz anderer Weise. Die Einflußfaktoren, die zu die-

sen Eckpfeilern führen, müssen aber von jedem Wirtschaftsunternehmen, das sich ernsthaft über seine Unternehmenskultur Gedanken macht, genauestens analysiert werden.
Lassen Sie mich zum dritten Aspekt kommen, der die Unternehmenskultur im Hause Bertelsmann besonders beeinflußt. Es geht um die Frage, wir wir uns als Kulturunternehmen dazu stellen. Kulturunternehmen – das heißt: ein Antagonismus zwischen Geist, Kultur und Kommerz.
Wer mit Kultur und Geist Geschäfte machen will, darf keine Flüchtigkeitsfehler machen. Geschäfte mit Kultur und Geist müssen lange bedacht und überlegt sein.
Sie wissen, daß der öffentliche Kulturbetrieb in Deutschland in hohem Maße subventioniert wird. Daneben gibt es aber Wirtschaftsunternehmen, die von Kultur im In- und Ausland leben müssen. Diese Unternehmen sollen auch erfolgreich sein und sich noch ein soziales Modell leisten können. Hier gilt es, einen Antagonismus aufzulösen und befriedigend zu beantworten. Dies ist eine Diskussion in sich selbst, die den Rahmen meines Themas sprengen würde. Ich will deshalb nur die Lösungsstichworte dafür geben.
Wir sind und waren als international tätiges Kulturunternehmen nur deshalb erfolgreich, weil es uns gelungen ist – trotz der Größenordnung, die Bertelsmann erreicht hat –, Meinungsvielfalt und Pluralismus zu den zentralen Faktoren unserer Arbeit zu machen, zu garantieren. Die riesige Palette von Gedanken, Konzepten, kulturellen und literarischen Ideen bringt die unterschiedlichsten Ergebnisse hervor – von kommerzfreier bis zu kommerzintensiver Literatur. All dies ist unter einem Dach vereint; ein Spannungsbogen, der zunächst unauflösbar erscheint. Er ist jedoch gesellschaftspolitisch und vor allen Dingen auch ökonomisch durchaus auflösbar. Wie?
Es gibt Leute, die sagen, daß Springer die »Bild-Zeitung« machen muß, um sich die »Welt« leisten zu können. Dies Beispiel aus einem anderen Haus hat viele Entsprechnungen bei uns. Ein Beispiel: Wer sich daran stört, daß wir Literatur à la Courts-Mahler verlegen, hat nicht darüber nachgedacht, daß der ökonomische Erfolg mit diesen Titeln es erst möglich macht, ökonomisch uninteressante, kulturell aber unverzichtbare Literatur der ambitioniertesten Art zu verlegen.
Nun zum vierten Aspekt, den ich, bezogen auf die Unternehmenskultur, hier erörtern will, zur Internationalisierung. Die Internationalisierung von Unternehmenskultur setzt eine Reihe von Grundsätzen voraus, die zunächst im eigenen Hause, im Mutterland geklärt sein müssen. Man kann nicht im Ausland Unternehmenskultur predigen – schon gar nicht antizipativ –, wenn man zu Hause keine Unternehmenskultur hat beziehungsweise sie nicht griffig formulieren kann.

Und ich glaube, daß es ohnehin der Mehrheit der Wirtschaftsbetriebe sehr schwerfallen dürfte, in kurzen, klaren, verständlichen Worten, ohne Qualen und die Wahrheit auch noch irgendwo treffend, deutlich zu sagen: »Was ist denn nun unsere Unternehmenskultur?«

Wenn ein Unternehmen dazu nicht in der Lage ist, kann es auch nichts ins Ausland transferieren. Die Voraussetzung für den Transfer von Unternehmenskultur ist zunächst einmal die Erarbeitung einer zuverlässigen, glaubwürdigen, kodifizierten und evolutionsfähigen Unternehmenskultur im eigenen Haus im Inland. Ich wiederhole noch einmal, es ist unabdingbar, diese Unternehmenskultur zu kodifizieren, zu ratifizieren. Wenn man sich dabei nur auf Mund-zu-Mund-Propaganda verläßt, liegen im Übertragungsaspekt so viele Verfälschungsmöglichkeiten, daß die Transferierung überhaupt nicht funktionieren kann. Wenn keine verläßliche Grundlage existiert, erklärt ein jeder die Unternehmenskultur auf seine Weise. Kommen dann noch Sprachprobleme hinzu, dann kommt im Ausland etwas ganz anderes an als das, was man im Inland als geschlossene, überzeugende und glaubwürdige Unternehmenskultur empfindet.

Des weiteren gibt es eine Reihe von Rahmenbedingungen zu beachten. Es geht um die kulturellen, sozialen und politischen Eigenständigkeiten der Länder, in denen ein Unternehmen tätig ist und in denen es mit seinen unternehmenskulturellen Vorstellungen aktiv werden will. Bertelsmann hat dem Rechnung getragen und die unterschiedlichen nationalen Identitäten berücksichtigt. In unserer Unternehmensverfassung steht beispielsweise ausdrücklich, daß wir bei unserer Auslandsarbeit die kulturellen, sozialen und politischen Gegebenheiten achten und wenn möglich fördern, aber nicht beeinflussen. Kulturimperialismus ist nicht unsere Sache. Anders kann sich ein Medienunternehmen nicht verhalten. Wir müssen den Aspekt der Sensibilität für die gewachsenen Strukturen, für die Gegebenheiten eines anderen Landes, in den Vordergrund stellen und dürfen nicht den Fehler machen, auf jeden ausländischen Topf den gleichen deutschen Deckel legen zu wollen.

Es gibt eine Reihe weiterer Rahmenbedingungen, die zu nennen wären. Zentraler Faktor hat aber die Sensibilität für die Gegebenheiten im anderen Land zu sein.

Ich stelle fest, daß der Transfer der Unternehmenskultur nur dann gelingen kann, wenn in Deutschland nicht nur eine geschriebene, formulierte beziehungsweise formulierbare Unternehmenskultur existiert, sondern diese Unternehmenskultur auch glaubwürdig vorgelebt wird. Von der Glaubwürdigkeit auf der einen Seite, von der Verankerung in der inländischen Realität auf der anderen Seite und der

Evolutionsfähigkeit des Systems (beispielsweise im Sinne von Professor Jürgensen vom Institut für europäische Wirtschaftspolitik) hängt es ab, ob das Transferkonzept erfolgreich ist, ob es also gelingt, die Unternehmenskultur auch im Ausland Realität werden zu lassen. Nur wenn man diese Grundvoraussetzungen beachtet – und im Sinne von Wertewandel sowie im Sinne von Adaptionsfähigkeit an anderen Kulturen und Strukturen handelt –, wird man zu einem ausreichend sensiblen, flexiblen, nicht doktrinären, aber vor allem differenzierten Transfer- und Handlungskonzept kommen.
Wer dies nicht berücksichtigt, ist zum Scheitern verurteilt, auch dann, wenn er mit einem glaubwürdig vorgelegten Konzept in ein Land mit ganz anderer sozialer und politischer Struktur kommt. Nicht immer wird dieses Scheitern offiziell erklärt, oftmals erledigt sich das Ganze durch stillen Widerstand.
Abschließend hier zusammengefaßt unser Erfahrungen:

1. Schaffung der Unternehmenskultur durch Aufbau einer glaubwürdigen Kernsubstanz im Inland
2. Realisierung, also glaubwürdiges Vorleben
3. Transfer ins Ausland, je nach Diffizilität der Situation auch in mehreren Schritten.

Erst nach einem längeren Prozeß – sagen wir »Gewöhnungsprozeß« – kann man (je nach Landessituation und nach Überzeugungskraft der eigenen Unternehmenskultur) auch mit einem in Essentials gefaßten Papier mit einer ratifizierten und kodifizierten Unternehmensstruktur und -kultur an das Ausland herantreten und das Konzept zur Diskussion stellen. Scheitern wird derjenige, der nicht diskutiert, sondern verordnet.
Wenn man auf diese Weise vorgeht, wenn Glaubwürdigkeit und Toleranz das Handeln bestimmen und wenn man den Missionseifer aus seinem Repertoire streicht, wenn man sich verpflichtet, im eigenen Haus Unternehmenskultur im Sinne einer offenen, freien und innovativen Dialogatmosphäre wirklich zu gestalten, dann mag es möglich sein, diese Unternehmenskultur sinnvoll ins Ausland zu übertragen.

Seinosuke Kuraku

Panasonic Deutschland GmbH, Hamburg

Im Jahre 1932 besuchte der heute 91jährige Konosuke Matsushita, Gründer der Matsushita Electric, Japan (in Deutschland vertreten durch die Vertriebstochter Panasonic Deutschland GmbH), eine religiöse Stätte. Er war sehr beeindruckt von der Pracht der Anlage und der Anziehungskraft, die sie auf die Menschen, die in großen Scharen zur Andacht kamen, ausübte.
Er überlegte, worin die Aufgaben einer Religion besteht. Diese Überlegungen führten ihn schließlich zu der Erkenntnis, daß Hersteller eines Produktes eine nicht minder bedeutende Aufgabe haben als eine Religion. Ihm war klargeworden, daß die Aufgabe eines Industriellen darin besteht, die Armut in der Welt auszumerzen, das heißt, die Menschen von der Armut zu befreien und der Gesellschaft zu einer gedeihlichen Entwicklung zu verhelfen.
Die Herstellung von und der Handel mit Gütern und Leistungen soll nicht dazu dienen, Händler und Hersteller zu bereichern, sondern beide sollen durch ihre Arbeit und Tätigkeit zum Wohle der Gesellschaft beitragen. Sie stellen sozusagen das Triebwerk dar, das die Gesellschaft zum Gedeihen braucht. Nur dieser Zweck, und dieser allein, berechtigt solche Institutionen zum Streben nach Erfolg.
Damals also wurde sich Konosuke Matsushita, der bereits über eine langjährige Erfahrung als Leiter eines Unternehmens verfügte, der wahren, eigentlichen Verantwortung eines Industriellen bewußt. Die wahre Mission, wie er sie erkannte, bestand darin, einen Beitrag zu leisten zur Kultur, Entwicklung und zum Wohl der Menschen. Er empfand es als seine höchste Pflicht, die Menschen aller Nationen mit Produkten und Leistungen zu angemessenen Preisen und in ausreichender Menge zu versorgen, um Frieden, Zufriedenheit und Wohlstand für alle zu schaffen.
Und entsprechend formulierte er den Grundsatz seines Unternehmens wie folgt: »Durch unsere industriellen Aktivitäten wollen wir den Fortschritt fördern, zum allgemeinen Wohl der Gesellschaft beitragen und uns der weiteren Entwicklung der Weltkultur widmen.« Und dieses ist auch das Leitmotiv, nach dem alle Mitarbeiter in der ganzen Welt arbeiten. (Folgendes, was bei der Diskussion nicht zu Sprache kam, sei dazu noch angemerkt: Es handelt sich hierbei nicht etwa um eine Art »Corporate Identity«, wie man es heute häufig nennt, sondern um eine grundsätzliche Unternehmensführungs-Philosophie, die Bestandteil des Unternehmensprofils ist.)

Am 19. 2. 1963 schaltete die Matsushita Electric eine ganzseitige Anzeige in einer führenden japanischen Zeitung mit folgendem Text:

»Die Fabel vom Wettlauf zwischen einem Hasen und einer Schildkröte ist den Menschen in Japan bestens bekannt; es ist eine nette Geschichte, die zugleich auch einen tiefen Sinn hat. Der Hase war überzeugt von seiner Schnelligkeit, und die Schildkröte nahm seinen Vorschlag, ein Wettrennen zu veranstalten, gelassen an, obwohl sie wußte, daß sie erheblich langsamer läuft. Die Schildkröte lief langsam, aber stetig in ihrem eigenen Tempo und erreichte schließlich den Gipfel des Berges früher als der Hase.

Matsushita Electric mag die Schildkröte in dieser Fabel. Denn die Schritte, die Matsushita Electric seit ihrer Gründung unternommen hat, sind dem Verhalten der Schildkröte sehr ähnlich. Matsushita Electric hat stets die eigenen Fähigkeiten erkannt und war unermüdlich im Bestreben, all' ihre Fähigkeiten bei der Herstellung ihrer Produkte einzusetzen.

Im wirklichen Leben jedoch ist der Hase keineswegs so unachtsam; er schläft nicht! Aber wie kann dann die Schildkröte den Hasen besiegen? Die Schildkröte (Matsushita Electric Co., Ltd.) hat großes Einfühlungsvermögen; und mit ihrem Wahrnehmungsvermögen, das sogar die tiefsten Wünsche und Gedanken erkennt, beobachtet Matsushita Electric sehr sorgfältig ihre Kunden. Wir haben ein Gespür dafür, ob unsere Kunden mit unseren Produkten zufrieden sind oder nicht und welche Wünsche sie in der Zukunft haben. Und darauf richten wir unsere weiteren Forschungsarbeiten aus.

Wenngleich der Betrag, den wir in Forschung und Entwicklung investieren, wahrscheinlich innerhalb der japanischen Industrie zu den höchsten zählt, konzentriert sich die Forschung darauf, wie man das Leben der Verbraucher angenehmer und schöner gestalten kann. Unsere Aktivitäten zielen nicht darauf ab, Forschungsarbeit zu betreiben, nur weil dies etwas Neues ist.

Darüber hinaus verspüren wir auch keineswegs den Drang anzukündigen: »Wir haben jetzt ein neues Produkt entwickelt.« Obgleich die Fabrik, die das neue Produkt entwickelt hat, bereits all' die strikten Tests zur Bewertung des Designs, der Leistung und Lebensdauer eines Produktes durchgeführt hat, vertreten wir den Standpunkt, daß diese Bewertungstests nicht ausreichen, um die Verbraucher neue Produkte auch schon benutzen zu lassen. Deshalb nehmen wir uns etwas länger Zeit, die Produktqualität weiter zu verbessern, indem wir ausgewählte Kunden bitten, uns ihre Erfahrung mit dem neuen Produkt mitzuteilen und uns ganz offen ihre Meinung dazu zu sagen. Nur, wenn wir überzeugt sind, daß es in jeder Hinsicht tadellos ist, bringen wir ein Produkt auch auf den Markt.

Wir ziehen es vor, die Schildkröte zu sein.

Im Märchen haben wir Freude an dem possierlichen, voreiligen Hasen. Wenn es aber um Produkte wie Haushaltsgeräte geht, die täglich benutzt werden und über einen längeren Zeitraum halten sollen, sind wir der festen Überzeugung, daß Produkte, die von der zielstrebigen Schildkröte gefertigt wurden, von größerem Nutzen für die Verbraucher sind.«

Diese Geschichte hat auch heute noch Gültigkeit für die Haltung unseres Unternehmens, und ich hoffe, ich konnte Ihnen in kurzen Worten erläutern, wie unsere Unternehmenskultur aussieht.

Arbeitsgruppe 2

»Unternehmenskultur in Großunternehmen«

Impulsreferate:

Professor Dr. Lutz von Rosenstiel
Universität München

Alexander Koch
Grundig AG, Fürth

Professor Dr. Ernst Zander
Reemtsma GmbH, Hamburg

Professor Dr. Lutz von Rosenstiel

Universität München

Unternehmenskultur in Großunternehmen: Bedingung oder Folge unternehmerischen Handelns?

Wer die Chance hat, verschiedene große Unternehmen in Deutschland kennenzulernen, etwa dadurch, daß er mit Führungskräften diskutiert, entspannte Abendgespräche am Kamin verfolgen kann, gern im Unternehmen erzählten Anekdoten oder Witzen lauschen darf, Gast eines Festes ist oder auch Beobachter des Austragens eines unternehmensinternen Konfliktes, der weiß: Die Häuser unterscheiden sich nach Stil und Geist wesentlich voneinander. Die angewandte Sozialforschung ist derartigen Phänomenen selten gerecht geworden, da sie bemüht war, isolierte Ausschnitte des komplexen Ganzen, die man messend erfassen kann, detailliert zu untersuchen; zum Beispiel das Führungsverhalten der Meister, die Arbeitszufriedenheit der Angestellten oder das Image, das die mittlere Führungsebene vom Unternehmen hat. Das Ganze aber ist mehr als die Summe seiner Teile, der »Geist des Hauses« läßt sich durch noch so vielfältige und verdienstvolle Untersuchungen der beispielhaft angedeuteten Art nicht fassen. Das Unwägbare, »Menschliche«, »Irrationale«, häufig nur Erfahrbare prägt ihn wesentlich mit. Man spricht (wieder) von Unternehmenskultur. Schildern, anschaulich machen, läßt sich dies nur im Vergleich mit einem Soll-Modell: Welche Kultur finden wir hier vor und welche hätten wir gern? Oder im Vergleich verschiedener Häuser: Was etwa unterscheidet die Kultur des Hauses Daimler-Benz von BMW? Eine Frage, die einem in beiden Häusern gern gestellt wird, wenn dort gewußt wird, daß man auch das jeweils andere kennt.

Was macht nun eine Unternehmenskultur aus? Bei der Begriffsbestimmung kann der Anspruch eher bescheiden oder umfassend sein. Bescheiden ist er, wenn die Kultur als ein Merkmal des Hauses neben anderen verstanden wird – als zwar komplexes und mehrschichtiges, aber doch abgrenzbares und beschreibbares Gefüge. Dimensionen einer so verstandenen Kultur könnten dann sein, die vorherrschende Einstellung zu Menschen (als gut oder böse), die Zeitorientierung (Vergangenheit – Gegenwart – Zukunft), die Machtausübung (hierarchisch oder partnerschaftlich) und anderes.

Unterschieden werden Unternehmen im Vergleich dann meist danach, welche Werte dominant sind, die Kultur bestimmen. Typolo-

gisch differenzierend wird dann davon gesprochen, daß es sich um eine Kultur handelt, die zum Beispiel an der Macht, an der Aufgabe oder an Personen orientiert ist. So verstandene Kultur ist in Grenzen planbar und gestaltbar – im mittelständischen Unternehmen, etwa beim Wechsel vom Senior- zum Juniorchef, leichter als im Großunternehmen, in dem eine Kultur im Ablauf längerer Zeit in Werthaltungen und Gewohnheiten vieler Menschen, die durch Auswahl und Prägung Teil und Träger des Unternehmens sind, ihre Wurzeln geschlagen hat, korrespondierende »Subkulturen« in spezifischen Abteilungen bildete und somit durch eine Vorstandsentscheidung oder auch den Wechsel des Vorstandssprechers nicht nachhaltig beeinflußbar ist.
Anspruchsvoller ist der Begriff Unternehmenskultur, wenn er alle Beziehungen innerhalb des Systems und über seine Grenzen hinaus umfaßt. Das Unternehmen läßt sich dann ähnlich wie andere menschliche Gesellschaften – Horden, Stämme, Nationen – interpretieren, in denen es Regelungen und Rechte, Sprache und Spiele, Feiern und Feste, Werte und Wissen gibt. Entscheidend: Das Unternehmen der Wirtschaft ist dann weit mehr als jene »zweckrationale Organisation«, als dies häufig beschrieben wird. Es ist Kultur, also ein Ort sowohl instrumentell-funktionaler Regelungen, als auch expressiver, symbolischer Handlungen, der dem einzelnen Sinndeutung und Einbindung in ein Ganzes erlaubt. Kultur gesteht dem Menschen eine andere Position im betrieblichen Ablauf zu als klassische Einführungen in die Betriebswirtschaftslehre, die den Menschen als einen »Produktionsfaktor« neben anderen interpretieren
Nun hat wohl alles, was man mit Unternehmen verbindet, was sich dort abspielt, zu einem Teil instrumentellen, zweckrationalen Charakter; zu einem anderen Teil aber auch expressiven und symbolischen Wert, der besonders hervortritt in den Mythen um den Gründungsvater, in den gepflegten Anekdoten, die um herausragende Vorstandsmitglieder kreisen, in den Festen und Feiern, in den Leitwerten der Unternehmensverfassung und der Führungsgrundsätze, im Ausdrucksgehalt der Architektur zentraler Verwaltungsgebäude.
Der Mitarbeiter gibt seine nicht unmittelbar mit der Aufgabe verbundenen Kompetenzen, Wünsche und Befürchtungen nicht beim Pförtner ab. Er gibt sich selbst Bedeutung, ist stolz auf »sein« Unternehmen, wehrt Bedrohungen und Ängste ab, erlebt Sicherheit und Geborgenheit im Kreise Gleicher oder Verwandter; kurz: Er schafft Kultur im Unternehmen und er bedarf ihrer.
Das neu erwachende Interesse derer, die sich für ein Unternehmen verantwortlich wissen, an der Unternehmenskultur entspringt wohl kaum allein der Enttäuschung an einer als zu »rational« wahrgenom-

menen Wissenschaft vom Betrieb, ist nicht nur Ausdruck einer »Wende« hin zur Historie, zum ganzheitlichen Bezug, auch zur Irrationalität. Es ist wohl auch dem Wunsche entsprungen, Mitarbeiter, die gekennzeichnet sind durch rein »instrumentelle Arbeitsmoral«, durch »freizeitorientierte Schonhaltung« in ihrem ganzen Engagement an das Unternehmen zu binden. Ihre Identifikation mit dem Unternehmen aufzubauen, zu festigen und zu fördern.
Hier ist nicht der Ort, sich mit der durchaus berechtigten Frage auseinanderzusetzen, ob und unter welchen Umständen dies legitim und ethisch gerechtfertigt erscheint. Wohl aber läßt sich vor der Vorstellung warnen, Unternehmenskultur sei nahezu beliebig planbar und gestaltbar. Unternehmenskultur hat ihre Eigendynamik; sie ist aus historischen Wurzeln entstanden, sie wächst und trägt die für sie typischen Früchte. Natürlich läßt sich Wachstum fördern oder bremsen, Früchte lassen sich veredeln. Die Unternehmensspitze, die Führungskräfte, werden jedoch nicht determinieren können, wie die Kultur des Unternehmens morgen aussieht. Diese bildet sich aus Wollen und Handeln, aus Hoffen und Fürchten vieler im Unternehmen, aus Gründen, die häufig nicht sprachfähig sind, sich in Ritualisierungen und Symbolen Ausdruck und Ziele setzen. Eine neue Unternehmenskultur läßt sich in Großunternehmen nicht durch »Tagesbefehl« schaffen – es würde nur eine Phrase daraus. Kultur entsteht aus dem Handeln vieler. Dies ist ein Prozeß, der Zeit braucht, die Beteiligung möglichst aller, glaubhaftes Vorleben zentraler Werte, Wissen um eigene Tradition und um künftige Perspektiven. Fördern läßt sich der Prozeß, indem man ihn sichtbar macht, in exemplarischen Handlungen, in Symbolen. Dies allerdings kann sehr wohl lohnend sein, denn es bestimmt die Identität des Unternehmens mit.

Alexander Koch

Grundig AG, Fürth

Unternehmenskultur ist eine Selbstverständlichkeit! Der Terminus ist zwar falsch, aber die Absicht stimmt! Deshalb und dennoch einige nicht angepaßte Bemerkungen zum Thema der Tagung.
Umberto Eco sagt in seinem wichtigen Buch »Apokalyptiker und Integrierte, Zur kritischen Kritik der Massenkultur«: »Dem apokalyptischen Tugendhaften verdanken wir einige Begriffsfetische. Ein Begriffsfetisch hat die Eigentümlichkeit, das Gespräch zu blockieren,

den Diskurs in einer emotionalen Reaktion zum Stillstand zu bringen. Nehmen wir als Beispiel den Begriffsfetisch ›Kulturindustrie‹ (oder ›Unternehmenskultur‹?). Was ist mehr verpönt als die Kombination des Begriffs Kultur (der eine private und subtile Berührung der Seele andeutet) mit dem Begriff Industrie (der an Fließbänder denken läßt, an serielle Reproduktionen, an die öffentliche Zirkulation und den Tausch von Gegenständen, die zur Ware geworden sind)?«

Kultur als Angelegenheit eines Wirtschaftsunternehmens oder das Unternehmen als Gegenstand der (einer?) Kultur!? Eco würde wahrscheinlich blanken Hohn auf unser Tagungsthema gießen. Denn, so sagt er: »Versteht man unter Kultur eine ›aristokratische‹ Tatsache, die eifersüchtige, beharrliche und einsame Übung einer Innerlichkeit, die sich stetig veredelt und der Vulgarität der Menge entgegenstellt, dann ist allein schon der Gedanke einer von allen geteilten, einer offenen Kultur ein monströser Widersinn. Die ›Massenkultur‹ erscheint dann als die Antikultur.«

»Unternehmenskultur« droht zu einem der zahllosen Begriffsfetische unserer Gegenwart zu werden. Gemeint ist allerdings gar nicht »Kultur«, sondern vielmehr eine bestimmte Haltung oder Verhaltensweise, Reflexion auf das eigene Tun, Neuordnung und Systematisierung dessen, was man tut, zu tun gedenkt und für vorteilhaft hält. Sonst müßte man den Begriff in die Nähe des anthropologischen Definitionstyps etwa der »Bantu-Kultur« oder der »Schnurkeramik-Kultur« rücken.

Wenn wir also nicht von »Kultur« reden sollten, wovon denn dann? Früher einmal – ich erinnere mich genau – sprach man von »der Linie unseres Hauses«, dann kamen die Marketing-Leute und nannten es »Corporate Identity«, und heute greift man ganz hoch und verlangt nach »Unternehmenskultur«. Meist sind die Motive keineswegs so hoch aufgehängt!

Im Management, sehr subjektiv, will man gern zu den ersten Adressen gerechnet werden. Ist die Firma medioker, glaubt man, mit ein wenig Korrektur hier, Politur dort, PR nach außen, Sozialleistung nach innen, Werbung drum herum könne man Bedeutung und Glanz für sich selbst erhaschen. Etwas objektiver und ernsthafter ist dann schon der Versuch, wirklich Marketing zu praktizieren, einen Firmenbegriff zu schaffen, um das Geschäft zu verbessern. Und manchmal ist wahrhaftig die Absicht dabei, den Gedanken zu verwirklichen, daß ein Unternehmen mehr sein könne als nur Zweck-Mittel-Relation.

In der Braun AG, vornehmlich bekannt durch das funktionelle, sorgsame und ästhetisierende Design ihrer Produkte, haben die Söhne des Firmengründers, unterstützt von einigen reflektierenden Managern, versucht, ein Unternehmenskonzept zu verwirklichen, das Verantwortung, Ästhetik, Nachdenklichkeit und Humanität mit der industriellen Arbeitsweise verbinden sollte. (Ich habe 8 Jahre lang im Vorstand dieser Gesellschaft miterlebt, wie schwierig es ist, solche Gedanken und deren Umsetzung vor dem Tagesgeschehen und dem Geschäftsinteresse zu schützen.)

Bei Braun wird heute meist an Produktgestaltung und Stil der Werbung gedacht, wenn man über das unverwechselbare Erscheinungsbild dieses Unternehmens spricht. Es ist wenig bekannt, daß weit mehr hinter der »Braun-Idee« steckte. Maßgeblich war die Vorstellung, daß im Unternehmen nichts, aber auch gar nichts ohne Nachdenken, ohne grundsätzliche Überlegungen getan werden sollte. Nach innen und außen sollte die Firma mehr sein als nur Mittel zum Zweck. Es sollte ständig und vollständig realisiert werden, daß jede Unternehmensaktivität ein Geschehen zwischen Menschen, also Kommunikation, Kooperation, Interaktion sei.

Dies begann bei der Beschaffungsmarktpflege und endete noch lange nicht beim Kundendienst. Zwei Zielpersonen galt hauptsächlich das Bemühen: dem Kunden und dem Mitarbeiter. Das Produkt sollte vom Gebrauchswert, von der Funktionalität, vom Preis-Leistungsverhältnis, von der Qualität, vom Anblick her stets hervorragend sein. Werbung sollte klar, wahr, informativ und immer überdurchschnittlich und charakteristisch gut gestaltet sein. Gleiches galt für die Public Relations. Das Unternehmen ließ die Außenwelt teilhaben am Geschehen, fühlte sich verpflichtet zu informieren. Sorgfältiges Bekümmern um die Kunden, seien es Handel oder Endverbraucher, sollte intensiv, umfassend und selbstverständlich sein. Das Unternehmen hatte die Wechselbeziehungen zu seiner Umgebung in vielfältiger Weise zu berücksichtigen und zu pflegen.

Man kümmerte sich um die Kommunal-, Sozial-, Erwerbs- und Kulturstruktur, in der man arbeitete. Eine Fabrik sollte sich einfügen in die Umwelt, möglichst unauffällig, wenig störend, nicht belastend und schon gar nicht schädigend. Ein Betrieb sollte verbunden werden mit dem Leben drum herum, sollte Bestandteil der Gemeinschaft werden. Nicht nur, um akzeptiert zu werden, sondern auch, um die Verbindung zwischen innerbetrieblicher und außerbetrieblicher Sozialpolitik herzustellen. Auch wenn die »Corporate Identity« oder das Paradoxon »Unternehmenskultur« ganz anderes im Brennpunkt haben: Wichtigstes Ziel aller Überlegungen sollte doch wohl der Mensch im Unternehmen sein.

Das Braun-Konzept sah dies so: Von der Einführung des neuen Mitarbeiters ins Unternehmen, der Gesundheitsbetreuung, der Personal-

entwicklung (Aus-, Fort- und Weiterbildung), der Nachfolge- und Karriereplanung, allen Sozialleistungen, der Arbeitssicherheit bis hin zur überlegten Personalführungsmethodik und zur Mitbestimmung reichen die sehr viel gründlicher als üblich durchdachten und verwirklichten Regeln der internen Personal- und Sozialpolitik.
In Wahrheit geht es also darum, oder besser, es müßte darum gehen, ein Unternehmen in allen Aspekten und Funktionen bewußt und gezielt so zu gestalten und so arbeiten zu lassen, daß Menschen sich darin wohl fühlen, sich richtig behandelt wissen und sich identifizieren können. Und ebenso sollte jeder, der von draußen mit dem Unternehmen zu tun hat, positive Einstellungen und Gedanken damit verbinden. Dennoch darf über all dem eine wichtige Vorbedingung nicht vergessen werden, daß es nämlich die beste Politik ist, ein Unternehmen erfolgreich zu machen, gut zu führen, Qualität zu liefern, vernünftige Grundsätze zu haben und zu praktizieren. Dann ist positives Corporate Image gleichsam ein Abfallprodukt. Statt dessen kommt die Intention, gezielt und als Programm, Corporate Identity, einen Unternehmensstil zu schaffen, meist aus dem Marketing und ist nicht Ergebnis einer konsistenten Unternehmenspolitik.
Ein Unternehmen soll, wie ein Produkt, eine Marke, unverwechselbar, einzigartig, herausragend charakteristisch, eben bekannt nach innen und außen gemacht werden für jeden, der damit zu tun hat oder davon hört. Das ist dann auch nur einer der vielen verschiedenartigen Versuche, aus dem Sozial- und Zweckgebilde »Wirtschaftsunternehmen« alles mögliche zu machen: Eine demokratische Institution (die ein Unternehmen nicht sein kann!) in der Mitbestimmung, einen Markenartikel für die Öffentlichkeit, einen Geheimdienst für jeden, der etwas über seine Zahlen wissen will, ein schnellstens zu vergesellschaftendes Übel für Linke und Grüne, eine Milchkuh für den Staat, ein Ausführungsorgan für Gesetze, Verordnungen, Reglementierungen für die öffentliche Administration, einen Mismanagement-Übungsplatz in den Vorstellungen der Gewerkschaften und so weiter und so weiter. Daß ein Wirtschaftsunternehmen aber zunächst einmal im Interesse seiner Mitarbeiter, der Eigentümer und der Volkswirtschaft nach der nackten Ökonomie, nach dem Zwang, Gewinn erwirtschaften zu müssen, sich richten muß, wird leicht vergessen.
Obwohl in Deutschland nach wie vor und seltsamerweise Gewinn als etwas Makelhaftes gilt, muß festgestellt werden, daß die beste »Unternehmenskultur« darin besteht, Erfolg zu haben, Gewinn zu machen. In diesem Sinne kann eine künstlich geschaffene Corporate Identity niemals ein Surrogat für Erfolg, für unternehmerische Initiative und Entscheidungsfähigkeit sein. Reflexionen über gute, zivili-

sierte, geschmackvolle, »humane« Gestaltung eines Unternehmens nach innen und außen sind richtig und schön, jedoch kann und darf dies nur ein Epiphänomen sein, das keinen Primat vor den eigentlichen Aufgaben und Zielen eines Wirtschaftsbetriebes haben darf. Erst wenn diese Prämissen stimmen, kann man über mehr nachdenken.

Dann soll man darauf hinarbeiten, daß kultivierte, zivilisierte Verhältnisse in einem Unternehmen ganz einfach bedeuten können, ein solches Kooperationssystem »Wirtschaftsunternehmen« bewußt so zu gestalten, daß für die Menschen, die darin arbeiten, vernünftige, gut erträgliche, vielleicht sogar erfreuliche Verhältnisse hergestellt, gestaltet werden. Mitbestimmung, humane Führungsprinzipien würden nach meiner Vorstellung dazugehören. Und für die Menschen draußen, für die das Unternehmen produziert, dienstleistet, sorgt, müßte gelten, daß alle Produkte und Leistungen den bestmöglichen, sorgsam gestalteten Gegenwert für das bezahlte Geld bieten.

Klar ist, daß wir für das hier zur Debatte stehende Problem etwas tun müssen. Denn wir müssen ja nun nachgerade irgendwie daran denken, unserer Zeit ein Gesicht, eine Eigenart, einen Wert zu geben und nicht nur einfach zu produzieren und zu konsumieren und damit und dafür Geld zu verdienen.

Hegel hat formuliert, der Staat sei die Wirklichkeit der sittlichen Idee. Wenn wir über die grundlegenden Aufgaben des Wirtschaftsunternehmens hinaus einen Stand erreichen könnten, wo ein Unternehmen mit seinen Aktivitäten eine Art sittlicher Idee vielleicht auch nur teilweise verwirklichte, dann könnte man wohl sogar den Begriff »Kultur« dafür verwenden.

Professor Dr. Ernst Zander

Reemtsma GmbH, Hamburg

Die Unternehmenskultur in großen Unternehmen setzt sich aus den Normen und Werthaltungen des Unternehmens gegenüber

1. den Mitarbeitern
2. den Leistungen beziehungsweise den Produkten und somit den Kunden sowie
3. der Gesellschaft insgesamt

zusammen.

Der Vortrag beschränkt sich im wesentlichen auf den Bereich der mitarbeiterbezogenen Unternehmenskultur. Hierfür gibt es zwei Gründe: Einmal werden die Leistungen und Produkte durch die Mitarbeiter hervorgebracht und somit auch geprägt; zweitens beeinflußt die Haltung gegenüber den Mitarbeitern in starkem Ausmaß das Verhältnis des Unternehmens gegenüber der Gesellschaft.

Bei der Darstellung wird von einem instrumentalen Ansatz ausgegangen. Unternehmenskultur ist danach ein Mittel der Unternehmens- und Personalführung, das auch in großen Unternehmen eine zielgerichtete Gestaltung erfordert. Ich bin mir hierbei der Gefahren einer solchen Vorgehensweise bewußt:

- Erstens werden von außen Werthaltungen in das Unternehmen hineingetragen, die eine Unternehmensleitung nicht beeinflussen kann.
- Zweitens handelt es sich bei der Unternehmenskultur um ein derart komplexes Phänomen mit vielfältigen Wechselwirkungen zwischen den Elementen der Unternehmensführung, daß nur vorsichtige und durchdachte Eingriffe zum Erfolg führen werden.
- Änderungen der Unternehmenskultur sind drittens nicht kurzfristig und meist auch nicht mittelfristig zu erreichen. Es bedarf vielmehr einer mehrjährigen Phase der Durchführung.

Der wichtigste Bestandteil der Unternehmenskultur ist die Regelung der Führungsbeziehungen im Unternehmen. Dafür gibt es in den meisten großen Unternehmen entsprechende Führungsgrundsätze. Sie geben einen Handlungsrahmen vor, aber sind oftmals kein Rezept für die Lösung von Einzelfällen.

Die Mehrzahl der Führungsgrundsätze fordert einen kooperativen Führungsstil. Aufgrund der Werthaltungen der Mitarbeiter, der Arbeitsteilung und der Integration neuer Techniken ist der kooperative Führungsstil auch heute für den Großteil der Führungssituationen das angemessene Führungsverhalten.

Auch die Zusammenarbeit mit dem Betriebsrat sollte durch einen kooperativen Führungsstil gekennzeichnet sein. Nur ein informierter, selbstbewußter und von der Unternehmensleitung geachteter Betriebsrat wird nicht an alten Rechtspositionen kleben, sondern bemüht sein, die Reaktionsfähigkeit des Unternehmens auf Veränderungen der Umwelt zu sichern.

Neben der Berücksichtigung der Gesamtinteressen der Arbeitnehmer ist die Einstellung des Unternehmens zur Aus- und Weiterbildung sowie Personalentwicklung von großer Bedeutung für den einzelnen Mitarbeiter. Weiterbildung muß möglichst vielen Mitarbeitern bei der Erledigung ihrer Aufgaben helfen. In der Ausbildung junger Menschen drückt sich die Einstellung des Unternehmens gegenüber der Gesellschaft aus. Vorstand und Gesamtbetriebsrat haben im

Jahre des 75jährigen Bestehens unseres Unternehmens vereinbart, keine aufwendigen Jubiläumsfeiern zu veranstalten, sondern 75 zusätzliche Ausbildungsplätze zu finanzieren.
Eine systematische Personalentwicklungsplanung ist ein wichtiges Instrument zur Förderung des Führungskräftenachwuchses und der Mitarbeitermotivation.
Die Motivation der Mitarbeiter ist natürlich auch von der Gestaltung der Entgelte und Sozialleistungen abhängig. Dabei muß neben der Leistungsgerechtigkeit insbesondere in großen Unternehmen auf Transparenz und Vergleichbarkeit geachtet werden.

Arbeitsgruppe 3

»Unternehmenskultur in großen Familienunternehmen«

Impulsreferate:

Professor Dr. Gert von Kortzfleisch
Universität Mannheim

Dr. Christian Dräger
Drägerwerk AG, Lübeck

Karl-August Hopmann
Otto Versand, Hamburg

Professor Dr. Gert von Kortzfleisch
Universität Mannheim

Definitionskonventionen und Thesen

Vorbemerkung

Die Unternehmenskultur in großen Familienunternehmen können Außenstehende in mancherlei Funktionen erfahren, unter anderem als Mitwirkende in Schiedsgerichten. Zur wertenden Beurteilung solcher Erfahrungen ist die eigene Herkunft aus einem großen Familienunternehmen, wenn auch nicht unabdingbar, so doch mindestens nützlich.

1. Definitionskonventionen

Für »Große Familienunternehmen« gibt es keine Legaldefinition. Als Terminus technicus muß dafür eine Konvention nach der Regel vereinbart werden, daß Begriffe Werkzeuge für die Denkarbeit sind. Als solche müssen sie – ebenso wie Handwerkzeuge – für die zu leistende Arbeit zweckmäßig sein.
Die Größe eines Unternehmens kann nicht mit einer Zahl in einer Dimension erfaßt werden, zum Beispiel nur mit dem Umsatz in Geldeinheiten. Dazu sollte mindestens noch die Zahl der Mitarbeiter genannt sein. Unternehmen mit mehr als 500 Beschäftigten und einem Umsatz von über 25 Millionen DM (über 50000 DM pro Kopf) rangieren in den meisten offiziellen und inoffiziellen Statistiken oberhalb der mittelgroßen oder mittelständischen Unternehmen.
Große Familienunternehmen sind in aller Regel mehr oder weniger schnell aus kleinen und mittleren Unternehmen herausgewachsen. Sie wurden als solche von einer Person oder von wenigen, meistens zwei Partnern in der Rechtsform einer Personengesellschaft gegründet. Der oder die Gründer haben dann ihre Kinder und Schwiegerkinder testamentarisch und/oder gesellschaftsvertraglich an dem Unternehmen beteiligt. Daraus folgen mindestens drei Typen von großen Familienunternehmen:
1. Große Unternehmen, die im Besitz eines Familienmitgliedes sind, das im Management maßgebend ist.
2. Große Unternehmen im Besitz mehrerer Mitglieder einer Familie, die teilweise im Management tätig sind.

3. Große Unternehmen im Besitz der Mitglieder von zwei oder mehr Familien, die teilweise als Manager fungieren.

Die gesetzlichen Rechtsformen – Personengesellschaften und Kapitalgesellschaften – entsprechen bei großen Familiengesellschaften nur selten den tatsächlichen Rechtsverhältnissen. Diese sind statt dessen zu kennzeichnen als »Familienbezogene Personengesellschaften« oder »Familienbezogene Kapitalgesellschaften« oder sogar – im Extrem – als »Einpersonbezogene Kapitalgesellschaften«.

2. Thesen

Das von den Massenmedien beeinflußte Image der großen Familienunternehmen, insbesondere das der Mehrfamilien-Unternehmen, und das der dort tradierten Unternehmenskulturen ist in der breiten Öffentlichkeit bedeutend schlechter als das Image der kleinen und mittleren Familienunternehmen. Damit sind nicht nur Fernsehfilmserien aus den USA gemeint, sondern auch Berichterstattungen in Nachrichtenmagazinen über Familienstreite, die zum Verkauf von Großunternehmen an entwickelte Kapitalgesellschaften geführt haben. Offenbar ist es leicht, die Inhaber von großen Familiengesellschaften als Kapitalisten im übelsten Wortsinne zu diffamieren. Das gilt besonders, wenn die Träger bekannter Unternehmerfamiliennamen durch exzentrische oder verschwenderische Lebensführung der Regenbogenpresse Berichtsstoff liefern.

Die Unternehmenskultur in großen Familienunternehmen der Land- und Forstwirtschaft, deren Rechtsformen – oft Familienstiftungen – und deren Besitzverhältnisse zum Teil mehrere Jahrhundert lang unverändert waren, ist offenbar nicht auf Industrie-Familienunternehmen zu übertragen, die in einer übersehbaren Vergangenheit zu ihrer jetzigen Größe gewachsen sind. Dafür gibt es sicher viele Gründe, von denen die Klarheit der Regelungen für die Erbfolge, die überprüfbaren Eignungsnachweise für diejenigen, denen die Unternehmensleitung anvertraut ist, und die Eindeutigkeit der Verpflichtungen gegenüber den anderen Familienangehörigen die wichtigsten sind. Unternehmenskulturen sind in großen Familienunternehmen offenbar dort am stärksten positiv wirksam, wo positive Familienkulturen tradiert worden sind.

Wenn die Unternehmenskultur in großen Familienunternehmen unter anderem eine Resultante der Familienkultur ist, dann kommt der »kulturellen« Erziehung, Bildung und Ausbildung der teilhabenden Familienmitglieder, insbesondere soweit sie im Unternehmen tätig sind, entscheidende Bedeutung zu. Familienkultur im hier zu begrei-

fenden Sinne ist Elitenkultur und kann als solche nur bedingt gelehrt und erlernt werden; Elitenfamilienkultur muß erfahren werden – vom ersten Lebensabschnitt an. Aus der Verpflichtung zur Erhaltung und positiven Weiterentwicklung der Familienkultur als Basis einer positiven Unternehmenskultur erwächst für die exponierten Familienmitglieder eine Verpflichtung zur Wahl von Ehepartnern, die keinen negativen Einfluß auf die Familienkultur ausüben.
Je älter und je größer die Familienunternehmen, desto zahlreicher sind in aller Regel die Familienstämme und deren Angehörige als Unternehmenseigner und im Management des Unternehmens. Das Bewahren und Weiterentwickeln einer positiven Unternehmenskultur bedarf dann starker Persönlichkeiten mit weitgehenden Befugnissen gegenüber den Familienmitgliedern. Die dazu nötige Rechtsgrundlage muß ein Gesellschaftsvertrag sein, dessen Klarheit keine Interpretationsdifferenzen aufkommen läßt, wo Rechte und Pflichten – auch zur Regelung der Erbfolge – für die Familienangehörigen festgelegt sind. In der Präambel dieses Gesellschaftsvertrages sollte zum Ausdruck kommen, daß Auseinandersetzungen zwischen den Familienstämmen oder einzelnen Familienmitgliedern der Unternehmenskultur schaden.
Zur positiven Gestaltung und Weiterentwicklung der Unternehmenskultur von großen Familienunternehmen – im Zuge des Anpassens an Veränderungen in der Gesellschaft, im Bereich der Politik, auf den Märkten und bei den Produktionstechniken – muß allen Beteiligten klar sein, daß Auseinandersetzungen in den Familien und zwischen den Familien keine Nullsummenspiele sind. Es gewinnt hierbei nicht einer oder eine Familie, was ein anderer oder eine andere Familie verliert. Auseinandersetzungen über zeitgemäße Modifikationen von tradierten Unternehmenskulturen sind in Wirklichkeit Positivsummen- oder Negativsummenspiele, das heißt, alle Familien, beziehungsweise alle Familienangehörigen, gewinnen oder verlieren – je nachdem, wie sich die angepaßte Familien- und damit Unternehmenskultur auf das langfristige Unternehmensergebnis auswirkt.
Familienstreite sind der Familienkultur immer abträglich; Streitereien in und zwischen Unternehmerfamilien beeinflussen außerdem die Unternehmenskultur negativ. Andererseits werden die ungeschriebenen Gesetze familienkonformen Verhaltens mit zunehmender Familiengröße – unter anderem durch Einheiraten –, entweder als patriarchalisch-repressiv oder als bürgerlich-undemokratisch oder einfach als unzeitgemäß immer häufiger abgelehnt. Deshalb müssen Unternehmenssatzungen und Gesellschaftsverträge für große Familiengesellschaften ganz besonders sorgfältig ausgestaltet

sein. Die geeignete Grundlage dafür ist die Rechtsform der Aktiengesellschaft in nahezu jedem Einzelfall. Vordergründig als Nachteile für große Familienunternehmen empfundene Bestimmungen des geltenden Aktiengesetzes, zum Beispiel über die Gremien und die Rechnungslegung, wirken eindeutig konfliktreduzierend.

Dr. Christian Dräger

Drägerwerk AG, Lübeck

Unter Unternehmenskultur, meine Damen und Herren, versteht man gemeinhin das System, das Geflecht von Werten, Normen, Verhaltensweisen und Sinngebung, die in einer Unternehmung herrschen oder auch fehlen.
All diese Ausdrücke, das merkt man beim ersten Hinhören, sind durchaus schwer zu fassen. Sinngebung, Werte, Normen, wie soll man darüber konkret berichten, zumal es sich bei den Normen ja durchaus nicht um das handelt, was in einer Normenabteilung nach DIN und ISO fachgerecht mit einer kräftigen Dosis Bürokratie an Leistung für eine Unternehmung erbracht wird.
Am ehesten – so meine ich – läßt sich noch über Verhaltensweisen sprechen, und ich glaube, das ist auch sehr sinnvoll, denn, wenn wir uns – was noch zu zeigen sein wird – über Verhaltensweisen verständigen, dann werden wir als Abfallprodukt gleichsam durchaus auch etwas erfahren über Normen, Sinngebung und Werte.
Ich möchte mich also im folgenden beschränken auf die Betrachtung von Verhaltensweisen im Unternehmen, wir können auch von Beziehung sprechen. Um sich unserem Thema zu nähern, möchte ich deshalb am Anfang die These aufstellen, daß Unternehmenskultur weitgehend aus der Pflege von Beziehungen besteht, und zwar, wie wir auch sehen werden, von einer Vielzahl verschiedener Beziehungen innerhalb des Unternehmens und zwischen dem Unternehmen und seiner Umwelt. Ermutigt zu dieser These werde ich auch dadurch, daß das deutsche Wort Kultur ja aus dem lateinischen cultura stammt, was für Landbau steht, aber auch für Pflege des Körpers und des Geistes, auf jeden Fall geht es um Pflege, fürsorgliche, auf Gedeihen gerichtete Behandlung. Und es ist kein Zufall, daß man im Deutschen ja auch von der Pflege von Beziehungen spricht.
Betrachten wir im folgenden also einmal das Beziehungsgeflecht ei-

nes Unternehmens. Anhand von Beispielen möchte ich ihnen zeigen, was eine Firma wie das Drägerwerk zur Pflege solcher Beziehungen tun kann und wie damit quasi als Ergebnis dann so etwas entsteht wie Firmenkultur.

Das Beziehungsgeflecht eines Unternehmens, meine ich, läßt sich sehr gut darstellen an Hand eines Dreiecks. Auf der Basis dieses Dreiecks haben wir die wichtigste aller Beziehungen, nämlich die zwischen dem Kapital und der Arbeit, Sie können auch sagen zwischen den Mitarbeitern und dem Eigner. Von beiden Punkten dieses Dreiecks, vom Kapital wie von der Arbeit, gibt es Beziehungen zu einem über der Basis liegenden Punkt, das sind nämlich die Kunden des Unternehmens. Dazu kommt ein weiterer Punkt, den Sie sich meinethalben unterhalb der Basis vorstellen können, das ist die Öffentlichkeit. Wenn Sie sich das einmal bildlich vorstellen, dann haben wir es mit fünf unterschiedlichen Beziehungen zu tun:

- Kapital – Mitarbeiter
- Mitarbeiter – Kunden
- Kapital – Kunden
- Mitarbeiter – Öffentlichkeit
- Kapital – Öffentlichkeit.

Diese Beziehungen werden ergänzt durch zwei weitere, nämlich die Beziehungen zwischen den Mitarbeitern selbst und zwischen den Eignern selbst, das letztere ist besonders für große Familienunternehmen von nicht zu unterschätzender Bedeutung. So kommen wir auf insgesamt sieben verschiedene Beziehungen, die zusammen das Beziehungsgeflecht ausmachen, das für ein Unternehmen charakteristisch ist.

Was tut unser Unternehmen, das Drägerwerk in Lübeck, zur Pflege dieser Beziehungen und damit zur Pflege seiner Unternehmenskultur? Das möchte ich Ihnen anhand einiger Beispiele im folgenden darstellen, zunächst die wichtigste Beziehung, die zwischen Eigner und Mitarbeiter. Sie erlauben, daß ich mich hier wie auch im folgenden auf Stichworte beschränke.

Als Beispiel zur Pflege dieser Beziehung sehen wir zum Beispiel an, daß wir im Drägerwerk eine Kapitalbeteiligung unserer Mitarbeiter haben, die zugegebenermaßen noch nicht überwältigend ist, aber eine sehr positive Entwicklung zeigt. Dann praktizieren wir zum Beispiel Gleitzeit, und zwar auch in der Fertigung, auch in der Schichtarbeit; die Praktiker wissen, daß so etwas nicht leicht zu realisieren ist. Wir wissen aber von unseren Mitarbeitern, daß diese Vergrößerung ihres Freizeitspielraums ungeheuer geschätzt wird und daß diese Gleitzeit nicht unwesentlich zur Zufriedenheit der Mitarbeiter mit ihrer Arbeit beiträgt.

Wir haben weiter bei Dräger ein Qualitätssystem eingeführt, das von dem Grundgedanken ausgeht, daß es unmöglich ist, Qualität in ein Produkt hineinzukontrollieren. Konsequenterweise basiert es auf dem Prinzip, daß jeder Mitarbeiter für die Qualität seiner Arbeit verantwortlich ist.

Wir praktizieren bei Dräger weitgehend Mitbestimmung am Arbeitsplatz, weil wir wissen, daß die gesetzliche Mitbestimmung, insbesondere die Mitbestimmung nach dem Gesetz von '76 in den Aufsichtsräten zwar durchaus geschätzt wird, aber die Mitbestimmung am Arbeitsplatz niemals ersetzen kann. Sie können sich vorstellen, meine Damen und Herren, daß die Pflege der Beziehungen zwischen Kapital und Arbeit, zwischen Eigner und Mitarbeitern spielend eines eigenen Referates würdig wäre.

Ich breche hier ab und springe zum nächsten Beziehungsfeld, dem zwischen Mitarbeiter und Kunden. Was soll denn da gepflegt werden, mag manch einer zu Beginn fragen. Bei genauerer Betrachtung jedoch ist dieses Beziehungsfeld genau so wichtig wie alle anderen. Dräger-Mitarbeiter zum Beispiel wissen, daß unsere Kunden ihre eigentlichen Arbeitgeber sind. Sie wissen, daß es wichtiger ist, das Vertrauen der Kunden zu erwerben, als einen Abschluß zu tätigen. Und sie wissen, daß Reklamationen nicht etwas sind, was als lästige Angelegenheit angesehen werden muß, sondern für Dräger-Mitarbeiter eine willkommene Gelegenheit zu zeigen, was wir für eine Firma sind. Die überaus erfolgreiche Arbeit unserer Qualitätszirkel beruht unter anderem darauf, daß alle Dräger-Mitarbeiter wissen, daß Qualität neben ihrem eigenen Engagement, der Innovationskraft des Unternehmens und unserer Kundennähe zu den vier Stärken des Unternehmens zählt.

Bei dem Beziehungsfeld Eigner–Kunde kann man sich ebenfalls fragen, gibt es das? Jeder Praktiker, der weiß, daß es Unternehmen gibt, die eng kunden- und marktorientiert und damit in der Regel erfolgreicher operieren, und daß es Unternehmen gibt, die andere Schwerpunkte haben, die technologieorientiert, kostenorientiert arbeiten, weiß, daß eben auch die Beziehung Kunde und Unternehmen unterschiedlich gut ausgebildet sein kann.

Ein nächstes Beziehungsfeld wäre das zwischen Eigner und Öffentlichkeit. Hier kommt unter anderem auch zum Ausdruck, wie weit ein Unternehmen soziale Verpflichtungen über die gesetzgeberischen hinaus und über die Mitarbeiterschaft hinaus anerkennt. Daß das Drägerwerk diese soziale Verpflichtung anerkennt, mag Ihnen deutlich werden daran, daß wir Programme haben, wie zum Beispiel die Förderung der Mädchen in Männerberufen, Reservierungen von zehn Prozent unserer Ausbildungsplätze für Sorgenkinder, das heißt

für Jugendliche ohne Hauptschulabschluß, daß wir ein Programm entwickelt haben für arbeitslose Akademiker und ähnliches.
Die Beziehungen zwischen Eigner und Öffentlichkeit aber erschöpfen sich durchaus nicht in dem Sozialen, der ganze Bereich der PR-Arbeit ist hier angesprochen. Auch dies wäre ein weites Feld, viele Unternehmer haben erst lernen müssen, daß Öffentlichkeitsarbeit nicht nur notwendig ist sondern sich lohnt, denn die Öffentlichkeit dankt dem Unternehmen für die Informationen, die es über das, was in dem Unternehmen und mit dem Unternehmen geschieht, erhält, mit Vertrauen. Dies Vertrauen aber erleichtert die Arbeit des Unternehmens in seinem gesellschaftlichen Umfeld. Information ist ja eines der wenigen Güter, das durch teilen nicht weniger wird. Warum sind so viele Unternehmer so geizig damit?
Gehen wir weiter zu einem nächsten Beziehungsfeld Mitarbeiter–Öffentlichkeit. Auch hier mag man sich fragen, was es dort zu pflegen gibt, aber wir merken sehr schnell, daß es nicht unwichtig ist, wie die Mitarbeiter eines Unternehmens über ihr Unternehmen in der Öffentlichkeit reden, daß es aber auch nicht gleichgültig ist, wie die Mitarbeiter eines Unternehmens sich überhaupt zu öffentlichen Angelegenheiten stellen. Drägerwerk fördert bewußt die Beziehung zwischen Mitarbeitern und Öffentlichkeit zum Beispiel dadurch, daß alle unsere Lehrlinge während ihrer Ausbildung einmal den Naturschutzpark Eckhorst bei Hamburg besuchen und dort einen ganzen Tag lang eine Einführung bekommen in die Probleme des Natur- und Artenschutzes. Daß so etwas durchaus Wirkung hat, mögen Sie auch zum Beispiel daran sehen, daß im letzten Jahr unsere Lehrlinge als Abschluß der Ausbildung, wo immer mehrere Betriebsbesichtigungen auf dem Programm stehen, sich ausgesucht hatten, daß sie verschiedene Betriebe in Deutschland besuchen wollen, um in ihnen zu erfahren, wie man dort mit dem Problem Alkohol fertig wird. Ich muß gestehen, ich bin stolz auf diese Lehrlinge, die schon in so kurzer Zeit mitbekommen haben, daß wir soziale Verpflichtungen gegenüber unseren Nächsten haben, auch und gerade über die gesetzlichen Verpflichtungen hinaus.
Kommen wir zu einem nächsten Betätigungsfeld, und zwar dem der Mitarbeiter untereinander. Hier ist das gesamte Feld der innerbetrieblichen Zusammenarbeit angesprochen, die Art wie man miteinander umgeht, ja ganz schlicht die in einem Betrieb herrschende Höflichkeit. Daß die Höflichkeit in meinem Unternehmen durchaus kein fernliegendes Gebiet ist, zeigt sich mir unter anderem darin, daß gerade in den vergangenen Wochen in »Blick durch die Wirtschaft« dieser Frage ein Leitartikel gewidmet war, in dem Eduard C. Heinisch unter anderem formuliert, ich darf zitieren: »Die besten Pro-

dukte, ein erstklassiges Marketing und ein hervorragendes Corporate Identity helfen gar nichts ohne Höflichkeit des Unternehmens, die sich in der Höflichkeit seiner Mitarbeiter äußert; in der Identität und Unternehmenskultur sind außerdem die Umgangsformen schon mit enthalten.« Soweit das Zitat.

Was tut unser Unternehmen zur Pflege der innerbetrieblichen Zusammenarbeit? Ich kann hier auch nur stichwortartig einige Beispiele herausstellen. Wir schicken zum Beispiel alle unsere Lehrlinge einmal während ihrer Ausbildung für zwei Wochen zu Outward-Bound-Kursen, in denen sie im Gebirge, beim Skifahren, beim Klettern, beim Wildwasserfahren Kameradschaft lernen, lernen, daß man aufeinander angewiesen ist, und lernen, wie schön es ist, wenn man gemeinsam Probleme bewältigen kann. Wir schicken zum Beispiel regelmäßig Mitarbeiter der verschiedensten Abteilungen, die aber miteinander zu tun haben, wie Fertigung, Materialwirtschaft, Konstruktion, Normung und Verwaltung ganz bunt durcheinandergewürfelt, einmal in eine milde Naturlandschaft, etwa nach Portugal oder Schweden, um dort anderthalb Wochen lang unter anderem in Nachtwanderungen Überlebenstraining zu probieren und unter Anleitung eines erstklassigen Fachmannes Zusammenarbeit zu trainieren. Sie können sich kaum vorstellen, wie erfolgreich dieses Programm ist.

Was die Höflichkeit angeht, gibt es kein Feld, was besser geeignet wäre, die Wichtigkeit von Chefs für eine Unternehmenskultur zu demonstrieren. Es bedarf keiner weiteren Erläuterung. In einem Unternehmen färbt der Chef auf fast allen Gebieten ab, aber am meisten auf dem Gebiet der Umgangsformen.

Kommen wir zu einem letzten Gebiet, das sind die Beziehungen der Eigner untereinander. Ich deutete schon an: Gerade für große Familienbetriebe ist es sehr wichtig, daß die Eigner selbst immer mit einer Stimme auftreten. Nichts ist verderblicher, als wenn die Beziehungen zwischen den Eignern nicht stimmen. Jedes Familienoberhaupt, das für ein Familienunternehmen Sorge zu tragen hat, muß rechtzeitig dafür sorgen, daß diese Unität der Doktrin, diese Einheitlichkeit in der Unternehmensführung für jede denkbare Konstellation in der Familie sichergestellt ist. Das Drägerwerk hat die Umwandlung in eine Aktiengesellschaft als den besten Weg zum Erreichen dieses Zieles angesehen. Das ist sicher nicht der einzige, es mag auch noch andere geben.

Meine Damen und Herren, ich habe versucht, zu Ihnen über Unternehmenskultur in einem großen Familienunternehmen zu sprechen. Ich habe das sehr indirekt getan, indem ich Ihnen berichtet habe, was wir tun zur Pflege der Beziehungen, die sich ergeben aus dem Bezie-

hungsgeflecht, in dem ein Unternehmen steht. Dies Beziehungsgeflecht ist gekennzeichnet durch die Punkte Eigner, Mitarbeiter, Kunde und Öffentlichkeit. Ich hoffe, daß die wenigen Beispiele, die ich Ihnen nennen konnte, Ihnen bereits ein Bild vermittelt haben, das einige Charakteristika unserer Unternehmenskultur deutlich macht.
Ich meine, das Arbeiten an Unternehmenskulturen geht nur auf sehr indirekte Weise. Das hat Unternehmenskultur möglicherweise mit Selbstverwirklichung gemeinsam, die sich ja auch, wie wir wissen, einer direkten Realisierung in den meisten Fällen entzieht. Und insofern hat Unternehmenskultur auch etwas gemeinsam mit dem, was wir Glück nennen.
Auch wenn für manche von Ihnen dieser Vergleich etwas sehr weit hergeholt zu sein scheint, möchte ich ihn doch an den Abschluß dessen stellen, was ich Ihnen über Unternehmenskultur zu sagen versuchte. Lübbe hat einmal definiert: »Glück, das ist nicht direkt intendierbare Befindlichkeitsnebenfolge sinnvollen Tuns.« In Anlehnung an diese Definition möchte ich sagen, Unternehmenskultur ist nicht direkt intendierbare Betriebsklimanebenfolge guter Unternehmensführung.
Ich danke für Ihre Aufmerksamkeit.

Karl-August Hopmann

Otto Versand, Hamburg

I. Vorstellung des OTTO-Handelsbereichs

Der Handelsbereich des OTTO-Konzerns wird 1986 deutlich über 10 Milliarden DM Umsatz erreichen, davon mehr als 50 Prozent im Ausland. Dieser Umsatz wird fast ausschließlich im Versandhandel erzielt. Alle Mitarbeiter, dezentraler Führungsstil sowie die Struktur des Unternehmens sind ausgerichtet auf eine langfristige gesunde Ergebniserzielung. Eine solide Bilanz- und Finanzpolitik ist selbstverständlich. Rund 23 000 Personen arbeiten in diesem Unternehmensteil, davon rund 10 000 in der Bundesrepublik. Der Schwerpunkt der Sortimentsangebote liegt in Mode, Service und Qualität.
Die anderen Aktivitäten der Familie Werner Otto, zum Beispiel in den USA, möchte ich ausdrücklich aus meinem Vortrag ausklammern, da es mir ausschließlich um das Versandgeschäft geht.
Zu meiner Person:

Ich bin Organisations- und Personalvorstand der Handelsgruppe und gehöre dem Unternehmen seit 20 Jahren an, davon 15 Jahre im Vorstand.

2. Die Unternehmenskultur im OTTO VERSAND: Worauf wird bei uns besonderer Wert gelegt?

Auch in einem vergleichsweise jungen Unternehmen wie dem 1949 gegründeten OTTO VERSAND, das zudem sehr schnell gewachsen ist, gibt es so etwas wie eine Unternehmenskultur. Es gibt bestimmte Dinge, die nirgends schriftlich formuliert sind, aber auf die wir besonderen Wert legen. Dazu gehören:

Die Personalpolitik als Schlüssel zum strategischen Unternehmenserfolg

Alle Führungskräfte sind Träger der leistungsorientierten Personalpolitik: Der einfache, flexible, nicht statusbezogene Aufbau und das Primat des Handelns haben Vorrang vor Instanzenzügen, Titelbetonung und Verwaltung von Mißständen.
Gefragt sind bei den Führungskräften aller Ebenen Freiräume für unternehmerisches Handeln und Fördern der Produktivität. Kompetenz und Verantwortung werden soweit wie möglich zur Basis delegiert unter Inkaufnahme von Fehlern. Dezentrale Kontrollen halten die Risiken im angemessenen Rahmen. Fehler dienen zur Verbesserung des Handelns, nicht aber zur Schuldzuweisung. Offene, informelle Kommunikation ohne Tabu halten wir für eine wesentliche Voraussetzung für den Erfolg des Unternehmens.
Durch klare Definition des Stellvertreters und Nachfolgers für alle Führungsebenen des Unternehmens wird für eine zügige Nachwuchspolitik und Personalentwicklung gesorgt. Schulung, Training, Bereichsseminare sowie zahlreiche Kundenkontakte sollen für ein aufgeschlossenes Arbeitsklima im Sinne der Kunden sorgen.

Ein konsequentes Ertragsdenken

Wir machen Umsätze nicht um der Umsätze willen, sondern trennen uns konsequent von langfristig nicht rentablen Aktivitäten, die nicht nur finanzielle Mittel binden, sondern vor allem Managementkapazität.

Ein strenges Kostendenken

Gerade in einem so komplizierten Geschäft wie dem Versandhandel ist es (überlebens-)wichtig, die Kosten genau im Griff zu haben, um konkurrieren zu können. Wir legen daher besonderen Wert auf effiziente Planungs- und Steuerungssysteme und ein rigoroses Kostenmanagement.

Eine konsequente Leistungsorientierung

Rasches Wachstum, das mit vernünftigen Erträgen verbunden sein soll, läßt sich in einem nicht unproblematischen Einzelhandelsmarkt nur noch durch eine konsequente Leistungsorientierung erreichen. Konkret heißt das für uns: Ein stark leistungsabhängiges Entgelt, mit Prämien für Führungskräfte, die 20–30 Prozent des Jahreseinkommens ausmachen. Leistungsorientiert heißt auch, daß die Besetzung von Führungspositionen nicht nach Dienstalter, sondern nach Leistung erfolgt. Sichtbares Resultat ist eine junge Führungsmannschaft. Unser jüngster Vorstand ist 41 Jahre, unser jüngster leitender Mitarbeiter 29 Jahre.

Beförderung aus eigenen Reihen

Motivation entsteht dann, wenn man tatsächliche Chancen hat aufzusteigen. Wir besetzen daher Führungspositionen fast ausschließlich aus den eigenen Reihen. Das liegt natürlich auch daran, daß versandhandelserfahrene Führungskräfte in geeigneter Qualität auf dem Markt nicht zu haben sind. Daher legen wir großen Wert auf die Nachwuchsförderung. Wir nehmen dabei bewußt das Risiko in Kauf, daß auch gelegentlich Mitarbeiter ohne Perspektive zur Konkurrenz abwandern.

»Hemdsärmeliges Vorgehen«

Im OTTO VERSAND zählt das pragmatische Vorgehen mehr als das Analysieren. Wir legen keinen übertriebenen Wert auf umfassende, theoretische Grundlagenstudien. Dies ist der Grund, warum wir in Relation zu unserer Größe wenig Bürokratie haben.

Ausbau von Stärken statt profilloser Risikosteuerung

Zu den Grundsätzen unseres Handelns gehört ferner, daß wir unsere eigenen Stärken im Markt weiter festigen und ausbauen wollen. Diese liegen im Versandhandel. Wir haben eine Bindung an das angestammte Geschäft schon lange praktiziert, bevor das Buch von Peters/Waterman dies empfahl.
Bei uns gibt es daher kaum Stationäraktivitäten. Unternehmensakquisitionen sind zielgerichtet und werden nicht um jeden Preis vorgenommen (Beispiel HEINE, SCHWAB, SPIEGEL, ALBA-MODA).
Die Unternehmensziele sind auf gesundes Wachstum im In- und Ausland ausgerichtet. Dabei werden kurzfristige Ergebnisbeiträge langfristigen Strategien untergeordnet.
Durch einheitliche Ausrichtung aller Führungsmitarbeiter in allen Konkurrenzunternehmen auf diese strategische Langfristpolitik ist ein überwiegend einheitlicher sachlicher Führungsstil möglich, der auf offener Information und Kommunikation aufbaut, ein partnerschaftliches Miteinanderumgehen ermöglicht und das Beurteilen nach Fakten und Ergebnissen in den Vordergrund stellt.
Diese konsequente Ausrichtung auf einige »Grundwerte« ist sicherlich ein ganz entscheidender Erfolgsfaktor des OTTO VERSAND.

3. Familie und Unternehmen

Das Unternehmen wird in der Rechtsform einer GmbH & Co. KG betrieben. Die Familie Otto hat hierbei einen maßgeblichen (65prozentigen) Anteil am Kapital.
Ebenso wie der Gründer Werner Otto, so arbeitet auch der heutige Vorstandsvorsitzende und Sohn des Unternehmensgründers Dr. Michael Otto mit großem eigenen Einsatz und Engagement, aber auch mit Vertrauen auf die starke Führungsmannschaft im Unternehmen. Unternehmensziele, Schwerpunkte und Prioritäten werden nach ausführlicher Diskussion in dem zuständigen Gremium verabschiedet und dann einheitlich von allen durchgetragen. – Durch diese einheitliche Führungspolitik wird eine straffe, schnelle Entscheidungsfindung ermöglicht, die sicherstellt, daß auf Einflüsse des Marktes, der Gesetzgebung oder der inneren Entwicklung rasch und abgestimmt reagiert werden kann.
Dieses Vorgehen wird jedoch nicht nur dann praktiziert, wenn nahezu vollständige Sicherheit über die Richtigkeit der Entscheidung gegeben ist. Auch neue und ungewöhnliche Maßnahmen, die Chancen, aber auch Risiken in sich bergen, werden konsequent umgesetzt,

wenn die Überzeugung vorhanden ist, daß man damit auch erfolgreich sein wird. Hier ist der Geist der Pionierunternehmen zu spüren, der zu Innovation, Wachstum und Erfolg führt.
Durch die enge Bindung zwischen der Familie und dem Unternehmen kommt der sozialen Fürsorge eine besondere Bedeutung zu. Die Betreuung und Beratung der Mitarbeiter bei beruflichen, aber auch bei persönlichen Problemen sind selbstverständlich.
Unbürokratische Hilfsmaßnahmen und ein offenes konstruktives Gespräch sind kennzeichnend für die Unterstützung der Mitarbeiter, die sich in schwierigen Situationen befinden. Außerdem wird der Zusammenarbeit mit dem Betriebsrat ein hoher Stellenwert beigemessen. Die offene und weit über die gesetzlichen Vorschriften hinausgehende Kooperation mit dem Betriebsrat dient den wirklichen Interessen der Mitarbeiter und des Unternehmens und nicht dem Gerangel um Machtinteressen zwischen den Verbänden und Gewerkschaften.
Die Konzentration aller Ressourcen – Personal, Investition und Kooperation von erstklassigen Fachleuten – wird durch das Unternehmen ebenso unterstützt wie durch eine starke Ergebnisbeteiligung aller Führungskräfte an den erwirtschafteten Erfolgen.
Diese schon von Anbeginn praktizierte Führungspolitik wurde nach Einstieg in das Auslandsgeschäft auch auf die ausländischen Unternehmen übertragen und zeigt dort die gleiche gute Wirkung wie im Inland.

4. Die Innovationsfähigkeit eines Familienunternehmens

Die Kultur im Unternehmen und der feste Wille, voranzukommen und erfolgreich zu sein, haben ein Klima geschaffen, das immer wieder entscheidende Innovationen im Versandhandel möglich gemacht hat. So hat der OTTO VERSAND schon 1971 den HERMES VERSAND SERVICE gegründet und ist damit von der Post unabhängig geworden. Hierdurch war es möglich, bei der Zustellung der Ware einen hervorragenden Service zu schaffen, der heute zu unseren Erfolgspositionen zählt. So konnten wir zum Beispiel dadurch die Auslieferung von knitterfreier hängender Konfektion einführen.
Wir haben als erstes Versandunternehmen den Kauf auf Rechnung eingeführt. Bei der Einführung des Kaufs per Telefon waren wir Vorreiter. Der Aufbau eines Netzes von Sammelbestellern und deren Betreuung durch einen Außendienst wurde von uns perfektioniert und auf das ganze Bundesgebiet ausgedehnt. Wir haben als erster Großversender Zielgruppen- und Spezialkataloge erfolgreich auf den Markt gebracht.

Die Unternehmenskultur in Familienunternehmen unterscheidet sich von Kapitalgesellschaften ganz erheblich. Dies kommt zum Beispiel in der unterschiedlichen Innovationsfähigkeit zum Ausdruck.
Es zeigt sich, daß auch in Familienunternehmen die Tendenz besteht, die vorhandene Innovationskraft zu verlieren, wenn das Unternehmen erfolgreich ist und wächst. Bei diesem Wachstum muß nämlich der aufkommenden Bürokratie und einer möglichen Vetternwirtschaft entgegengewirkt werden (Bemühung um Effizienz).
Uns ist es gelungen, zusätzlich effiziente Steuerungssysteme zu schaffen, die uns eine hervorragende Umsatzrendite bescheren, ohne daß die Innovationskraft des Unternehmens darunter gelitten hätte (zum Beispiel HVS, Telekauf, SPIEGEL, BTX-Feldversuch und so weiter).

5. Ausblick

Die Unternehmenskultur in großen Familienunternehmen wird maßgeblich von dem Unternehmer geprägt, der als Person entscheidenden Einfluß auf die Auswahl und Träger der Unternehmenspolitik hat und damit maßgeblichen Einfluß auf Stil, Motivation und Stimmung im Unternehmen. Mit der Qualität des Unternehmers steht und fällt die besondere Unternehmenskultur in großen Familienunternehmen. Sofern die Unternehmerpersönlichkeit diese Prägung nicht mehr aufbringen sollte, ist Gefahr im Verzug: Entweder muß jemand für ihn diese Prägung und Führungsfunktion übernehmen, oder die Entscheidung für die Umwandlung in eine Aktiengesellschaft mit externen Aufsichtsgremien bietet sich als bessere Lösung an. Insofern wird die Zahl der nachhaltig erfolgreichen großen Familienunternehmen einer besonderen Auslese unterworfen.

Arbeitsgruppe 4

»Unternehmenskultur in mittelständischen Unternehmen«

Impulsreferate:

Professor Dr. Rolf Wunderer
Hochschule St. Gallen für Wirtschafts-, Rechts- und Sozialwissenschaften, Schweiz

Wolfgang vom Hagen
Mövenpick, Wuppertal

Steffen Hackh
Taylorix GmbH & Co., Stuttgart

Professor Dr. Rolf Wunderer
Hochschule St. Gallen/Schweiz

Thesen zur Unternehmenskultur in mittelständischen Unternehmen

1. Neues Schlagwort für Altbekanntes, doch Vergessenes

1.1 Firmenwert
Unternehmenskultur ist ein neues Schlagwort für die alte betriebswirtschaftliche Erkenntnis, daß nicht nur bilanzfähige Aktiven den Unternehmenswert bestimmen. Der Firmenwert repräsentiert wesentliche Aspekte der Unternehmenskultur.

1.2 »Stil des Hauses«
Unternehmenskultur ist ein neues Schlagwort für altbekannte Begriffe, wie »Stil« oder »Geist des Hauses«, »Tradition«, »Betriebsklima«. Unternehmenskultur steht neben anderen Modeworten, wie »Corporate Identity«.

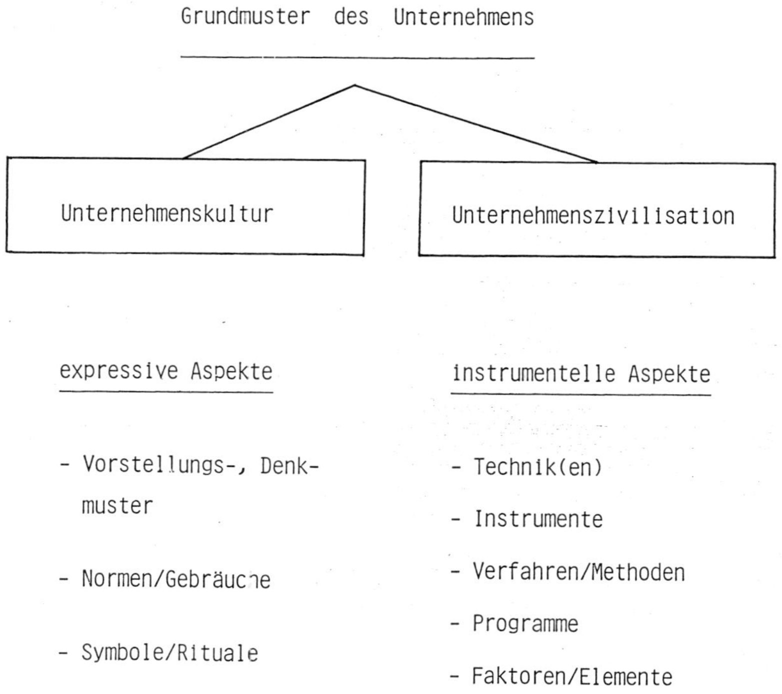

1.3 Begriff

Unternehmenskultur ist die Summe der charakteristischen Werthaltungen und Normen, Denk- und Vorstellungsweisen sowie Verhaltensmuster (inklusive Ritualen, Zeremonien, Gebräuchen). Unternehmenskultur repräsentiert damit die »Persönlichkeit«, den »Charakter«, das »Gedächtnis« der Organisation.

1.4 Unternehmenskultur und Unternehmenszivilisation (s. Abb. 1)

Unternehmen sind und haben differenzierte Kulturen, Kulturebenen und -dimensionen.

Unternehmenskultur könnte von »Unternehmenszivilisation« (Technologie, Bürokratie, Instrumente, Programme) abgegrenzt werden.

FUNKTIONEN DER UNTERNEHMENSKULTUR

- Indirekte, informelle, ganzheitliche Steuerung ("Unsichtbarer Manager")

- Interpretation, Legitimation, Stabilisierung von Entscheidungen ("Unsichtbarer Helfer")

- Undokumentierte strategische Grundorientierung ("Hinterkopfstratege")

- Personalentwicklung, Verhaltensmodifikation ("Unsichtbarer Mentor")

- Selektion von Bezugsgruppen ("Unsichtbarer Kooptateur")

1.5 Funktionen (s. Abb. 2)

Unternehmenskultur erfüllt folgende Funktionen:

- die ganzheitliche, informale, expressive, zum Teil unbewußte Handlungs- und Verhaltensbeeinflussung (der *»unsichtbare Manager«*)

- die überpersönliche, unbürokratische, indirekte und weiche Steuerung als Grundlage einer *Selbststeuerung* (im Sinne eines Autopiloten)
- die *Interpretation*, Legitimation und Stabilisierung von Entscheidungen, Handlungen, Verhaltensweisen
- *Sozialisierung* (»Personalentwicklung«) von Mitarbeitern (der *»unsichtbare Mentor«*)
- *Selektion* von Bezugsgruppen, vor allem bei Beitrittsentscheidungen von Mitarbeitern, Kunden, Lieferanten

Märchenhafte Methaphern zur Unternehmenskultur	Animalische Methaphern bei Unternehmenskulturen
- "Rumpelstilzchen" (Verwandelt Stroh in Gold - aber nur alleine)	- Wild- oder Hausenten (Kreativität der Mitarbeiter - nach Th. Watson Jr.)
- "Der Fischer und sine Fru" (Die Ansprüche der Familie)	- Hechte und Karpfen (Typen bei Unternehmensfusionen)
- "Aschenputtel" (Die nützlichen, aber ungeliebten Familenmitglieder)	- Katzen und Schäferhunde (Verhalten von Führungskräften/ Spezialisten)
- "Hans im Glück" oder "Die Buddenbrocks" (Werthaltungen der 3. Generation)	- Hungrige Wölfe und Pudel (Kooperationstypen)

Abb. 3: Märchenhafte beziehungsweise animalische Metaphern zur Unternehmens- und Führungskultur

1.6 Analyse

Unternehmenskulturen sind einerseits schwerer (vor allem nur begrenzt quantitativ – analytisch – statistisch), andererseits sehr treffend (qualitativ – hermeneutisch) analysierbar und erklärbar. Die Analyse ist für Insider schwerer als für Externe (vor allem Berater und »Neue«).
Die sozialwissenschaftlichen Analyseinstrumente sind für die technisch beziehungsweise ökonomisch ausgebildeten Manager fremd (»rechte Gehirnhälfte«) oder bedrohlich-suspekt. Die Analyse konzentriert sich auf Schlüsselpersonen, Schlüsselereignisse beziehungsweise -entscheidungen, auf Symbole, Anekdoten, Rituale, Metaphern (Abb. 3).

1.7 Beurteilung

Unternehmenskultur ist eine – aber nicht die einzige – wesentliche Dimension für den Unternehmenserfolg, die in jüngster Zeit wieder in wissenschaftlichen (zum Beispiel Bleicher 1983, Deal/Kennedy 1982, Ebers 1985, Frost 1985, Heinen 1986, Neuberger 1985) und praxisorientierten (zum Beispiel Peters/Waterman 1983, Page 1972, Pümpin et. al. 1985) Publikationen stark beachtet wurden. Unternehmenskultur ist zu wichtig, um sie Unternehmensberatern für ihre Marketingaktivitäten zu überlassen (ähnlich wie früher die sogenannten »Management by-Konzepte«).

2. Das mittelständische Unternehmen – ein Typus?

2.1 Bestimmungsfaktoren

Die idealtypischen Merkmale von mittelständischen Unternehmenskulturen sind: Verbindung von Eigentümer- und Leitungsfunktionen, Rechtsform der Personengesellschaft, mittlere Größenordnung.
Unternehmenskultur ist eine Funktion vieler Einflußfaktoren. Neben den für mittelständische Unternehmen typischen gibt es andere wesentliche Faktoren, wie gesellschaftliche Werte, Branche, Region, spezifisches Leistungsprogramm, strukturelle Erfolgschancen. Selbst einer idealtypischen Charakterisierung von Unternehmenskultur und mittelständischem Unternehmen sind damit deutliche Grenzen gesetzt.

2.2 Mittelständisches Unternehmen – eine unbeschriebene Übergangsform

»Mittelbetriebe sind in den Augen der Wissenschaftler vergleichbar mit häßlichen Mädchen und Pickel übersäten Jungen auf einem Hochschulball – sie sind in großer Zahl vorhanden, doch gewöhnlich bleiben sie unbemerkt« (McGuire in Albach/Held, S. 525).
Als *Übergangs- und Zwischenform* bewegt sich das mittelständische Unternehmen zwischen dem Familienkleinbetrieb und dem anonymen Großbetrieb. Die Konturen sind damit weder klar noch eindeutig. Charakteristisch dürfte neben der Finanzierungs- die Führungskultur sein. Auf letztere konzentrieren sich die weiteren Ausführungen.

3. Führungskultur des mittelständischen Unternehmens – Unternehmer- und betriebsgrößenzentriert?

3.1 Unternehmenskultur–Familienkultur

Häufig findet man eine enge Koppelung zwischen der Familienkultur (intern und extern) der geschäftsführenden Eigentümer und der Führungskultur. Ebenso ist eine Koppelung zwischen Entwicklungsphasen geschäftsführender Eigentümer und Entwicklungsphasen der Unternehmung zu erkennen (organisch-biologisch orientierte, zum Teil langwellige Entwicklungsphasen).

3.2 Politik

Rentabilitätsziele haben selten größere Bedeutung als Status- und Sicherheitsziele, professionelle Leistungserstellung, langfristige Unternehmenssicherung, Mitarbeiterfürsorge. Typisch ist eine eigentümerorientierte Legitimation der Unternehmenspolitik (Unternehmensziele als Unternehmerziele).

3.3 Führungsstil

Die Führungsbeziehungen sind tendenziell patriarchalisch. Charakteristisch sind: weiche, offene Entscheidungen mit hoher Änderungstendenz, informelle Kommunikationswege, Entscheidungs- und Handlungsflexibilität, geringer Bürokratisierungs- und Automatisierungsgrad, personelle Organisation, höhere Fach- als Managementorientierung bei überdurchschnittlicher Leistungsmotivation.

3.4 Kader

Von angestellten Managern wird »Familien-« beziehungsweise »Sippenidentifikation« (»Loyalität«) erwartet. Diese ist oft entscheidender als professionelle Eignung. Manager übernehmen zum Teil sehr verschiedene Funktionen: in eigentümernahen Funktionsbereichen zum Beispiel als »getreuer Ekkehard«, Assistent, »Domestik«; in eigentümerfernen Aufgabenbereichen zum Beispiel »graue Eminenz«, »Majordomus«, Berater.

3.5 Unternehmerorientierte Unternehmenskultur
Typisch ist ein hoher Anteil an unternehmer- und familienorientierten Mythen, Zeremonien, Ritualen, Anekdoten (zum Beispiel Eigentümergeburtstage als Betriebsfeste, Idee der Betriebsfamilie, betriebliche Feiern im Privatkreis, Familienkonflikte als Betriebskonflikte, Koppelung von Firmen- und Familien- beziehungweise Produktnamen).

4. Unternehmenskultur – analysierbar und beeinflußbar?

4.1 Analyse des mittelständischen Unternehmens
- Die Dominanz der *Eigentümerführung* fordert besonders Vergleiche der Familien- und Firmengeschichte, von Unternehmerbiographien (Denk- und Handlungsmuster, Anekdoten, Schlüsselentscheidungen, Rituale). Dazu tritt die Unternehmerfamilie und -sippe (Erben, Miteigentümer ohne Führungsfunktionen, Schwiegersöhne und -töchter und so weiter).
- Das *Management* ist besonders bezüglich seiner *Ähnlichkeit* beziehungsweise Unähnlichkeit *zur Eigentümerführung* zu analysieren (Kulturverstärker, -puffer, -vermittler, -opponent).
- Die noch überschaubare Betriebsgröße erlaubt auch eine nichtstatistische Analyse der Mitarbeiter ohne Führungsfunktion. Die *sozialwissenschaftlichen Methoden* erleichtern gerade hier den Zugang.

4.2 Unternehmenskultur – beeinflußbar, aber kaum »machbar«
- Eine gute Analyse ist auch hier schon die halbe *Therapie.*
- *Werthaltungsänderungen* erfolgen wesentlich begrenzter und langfristiger als formale Organisationsänderungen. Kulturänderungen müssen zunächst bei den geschäftsführenden Gesellschaftern beginnen (evolutorischer Ansatz). Der Wechsel geschäftsführender Eigentümer kann revolutorisch wie auch konservierend wirken. Die Beeinflussung über kulturelle Gestaltungsansätze ist im mittelständischen Unternehmen wirkungsvoller als über »zivilisatorische« (Organisation, Technik, Programme).

- Die Rolle des *unteren Managements* in mittelständischen Unternehmen als mögliche Promotoren, aber auch Opponenten (vor allem bei führungsschwachen oder wenig charismatischen Unternehmern) bedarf besonderer Beachtung.
- Die *Vorbildwirkung* ist im mittelständischen Unternehmen von zentraler Bedeutung (der »Fisch stinkt vom Kopf«). Gerade hier werden hohle Appelle und unglaubwürdige Maximen schnell durchschaut. Der Unternehmer ist hier vor allem »Vormacher«, und nicht »Vorsager«, will er nicht als »Versager« in die Geschichte der Firmenkultur eingehen.

Literatur:

Administrative Science Quaterly: Sonderheft »Organizational Culture«, Beverly Hills u. a. 1983

Albach, H./Held, T. (Hrsg.): Betriebswirtschaftslehre mittelständischer Unternehmen, Stuttgart 1984

Ansoff, J.: Strategic Management, London 1979

Bleicher, K.: Organisationskulturen und Führungsphilosophien im Wettbewerb, in: Zeitschrift für Betriebswirtschaft 2/1983, S. 135–146

Deal, T./Kennedy, A.: Corporate Cultures, Reading 1982

Ebers, M.: Organisationskultur: ein neues Forschungsprogramm? Wiesbaden 1985

Frost, P. et. al.: Organization Culture, Beverly Hills u. a. 1985

Heinen, E.: Unternehmenskultur – Überlegungen aus betriebswirtschaftlicher Sicht, in: ZfB, 56 Jg. 1986, S. 202–218

Neuberger, O.: Unternehmenskultur und Führung, hekt. Manuskript, Universität Augsburg 1985

Ouchi, W./Wilkins, A.: Organizational Culture, in: Ann. Rev. Sociol. 1985, II, S. 457–483

Page, M.: Managen wie die Wilden, Düsseldorf 1972

Peters, Th./Waterman R.: Auf der Suche nach Spitzenleistungen, Landsberg 1983

Pfeffer, J.: Management as a Symbolic Action in: Research in Organ. Behavior, Vol. 3, Greenwich, Conn., S. 1–52

Pümpin, C. et. al.: Unternehmenskultur, Bonn 1985

Schein, E.: Organizational Culture and Leadership, San Francisco 1985

Watson, Th. jr.: IBM – Ein Unternehmen und seine Grundsätze, München 1964

Wunderer, R., Grunwald, W.: Führungslehre, Bd. II: Kooperative Führung, Berlin 1980

Wunderer, R. (Hrsg): Führungsgrundsätze in Wirtschaft und öffentlicher Verwaltung, Stuttgart 1983

Wunderer, R./Mittmann, J.: Identifikation, in: Handwörterbuch der Führung, hrsg. v. Kieser, A./Reber,G./Wunderer, R., Stuttgart 1986, Sp. 1086–1097

Zaleznik, A.: Das menschliche Dilemma der Führung, Wiesbaden 1975

Wolfgang vom Hagen

Mövenpick, Wuppertal

Meine sehr verehrten Damen und Herren,
als ich zu dieser Veranstaltung als Referent eingeladen wurde, empfand ich das als eine Ehre. Dann habe ich dennoch gezögert anzunehmen. Schließlich muß man sich auf Referate vorbereiten. Das kostet Zeit und macht Mühe. Dann habe ich aber doch zugesagt, weil dies ein Thema ist, das mich persönlich besonders interessiert und von dem ich überzeugt bin, daß es in Zukunft im immer härter werdenden Wettbewerb für den langfristigen Erfolg von entscheidender Bedeutung wird.

Unternehmenskultur – was ist das eigentlich?

Dieser Begriff ist erst in allerjüngster Zeit in den Sprachschatz der Unternehmen eingeflossen. Und weil er gut klingt, wird er immer stärker gebraucht und – so fürchte ich – auch mißbraucht.
»Man spricht von kultivierten Menschen dann, wenn diese über bestimmte positive Charaktereigenschaften und Persönlichkeitsmerkmale verfügen. Ähnlich ist es in einem Unternehmen.«

Die Charaktereigenschaften eines Unternehmens

Wertvorstellungen eines Unternehmens – das ist gleichbedeutend mit der Firmen- oder Unternehmensphilosophie – müssen eingehen in die Sprache, aber noch mehr in das Verhalten aller Führungskräfte.
Unternehmensphilosophie sind die schriftlich festgehaltenen Wertvorstellungen, das geschriebene Leitbild, die Geschäftspolitik. Auch die Vorstellungen, die die Unternehmensleitung vom Führungsstil, vom Führungsverhalten, von der Personalpolitik hat. Zur Unternehmenskultur wird das aber erst, wenn diese Dinge im Alltag gelebt, von Führungskräften vorgelebt werden.
Die Unternehmenskultur, sehr häufig vom Pionierunternehmer – vom Unternehmer der ersten Generation – geprägt, hat einen sehr wesentlichen Einfluß auf den wirtschaftlichen Erfolg eines Unternehmens. Sie bewirkt nämlich die Identifikation der Mitarbeiter mit dem Unternehmen, sie bewirkt Teamgeist, Stolz auf das Unterneh-

men, für das man sich engagiert, und damit Stolz auf die eigene Leistung. Und das alles sind wichtige Motivationsfaktoren, Faktoren, die den Menschen von innen heraus motivieren. Die einzig wirksame Motivation!
Hinzu kommen weitere: Ich erwähnte bereits die Begriffe Vertrauen, Toleranz, Menschlichkeit, Achtung und Respekt voreinander; werden diese Worte wirklich gelebt, führt dies zu weniger Bürokratie und damit zu mehr Initiative. Eine Eigenschaft, die für den Erfolg eines Unternehmens gar nicht hoch genug eingestuft werden kann.
Hierarchische Strukturen, obwohl sie bestehen und auch respektiert werden, werden dennoch überwunden. Der Umgang der Mitarbeiter untereinander ist unbürokratisch. Offene Gespräche zwischen Mitarbeitern und Management werden dadurch gefördert.
Viele Mitarbeiter werden in Entscheidungsprozesse einbezogen (Teamarbeit). Dadurch wiederum entsteht ein Klima, das Kreativität fördert, Innovationen erleichtert und Leistungsbereitschaft erhöht. In einem solchen Klima wird das vorhandene Potential vieler Mitarbeiter optimal angesprochen und eingesetzt. In diesem Umfeld werden aus *leistungsfähigen* auch *leistungswillige* Mitarbeiter. Dies wiederum ist die absolut notwendige und wichtigste Bedingung für dauerhaften Erfolg.
Unternehmenskultur ist keine Modeerscheinung, keine neue Welle von Management by-Techniken. Das waren und sind notwendige Methoden, Techniken aber, die kommen und gehen, die sich häufig Umwelteinflüssen anpassen und anpassen müssen. Ich behaupte, daß Unternehmer, ob groß oder klein, die schon viele Jahrzehnte, ja 100 oder mehr Jahre bestehen, nur deshalb noch bestehen, weil sie über eine starke Unternehmenskultur verfügen. Ein diesbezügliches, hervorragendes Beispiel, das ich persönlich kennengelernt habe, ist für mich die Firma Haniel. In diesem Hause spürt man als Geschäftspartner auch heute noch den Geist und den Stempel, der ihm vor mehr als 150 Jahren aufgedrückt worden ist.
Auch im Mövenpick ist dies so. Von dem Zürcher Pionier-Unternehmer Ueli Prager 1948 gegründet und auch heute noch als Verwaltungsratspräsident von ihm wesentlich beeinflußt, herrscht eine sehr ausgeprägte Unternehmenskultur. Sie wird vor allem deutlich an der sehr hohen Identifikation der Mitarbeiter mit dem Unternehmen und der ebenso hohen Motivation.
Es ist meine feste Überzeugung, daß neben all unserem Know-how letztlich unsere Unternehmenskultur, verkörpert durch unsere Mitarbeiter, die Basis unseres Unternehmens darstellt. Es glaube aber bitte niemand, daß die schriftliche Niederlegung unserer Grundsätze bereits ausreiche, um eine für den Erfolg wirksame Unternehmenskul-

tur durchzusetzen. Nur das mit Überzeugung vorgelebte Beispiel der obersten Führungskräfte zählt. Nur das, was die Chefs tun, wie sie sich verhalten, wo sie ihre Akzente und Schwerpunkte setzen, ist wichtig, nicht das, was sie sagen, oder was in Hochglanzbroschüren zu lesen ist. Ich habe einen Gastronomen gekannt, der unsere Grundsätze wörtlich übernommen und sie seinen Mitarbeitern als seine Unternehmensphilosophie verkauft hat. Er hätte es besser gelassen, es wäre glaubwürdiger gewesen.
Meine Damen und Herren, ich komme zum Schluß. Unternehmenskultur ist keine Frage der Betriebs- oder Unternehmensgröße. Ob Familienbetrieb, ob mittelständisches Unternehmen oder Konzern – ein Unternehmen mit einer stark ausgeprägten Unternehmenskultur und dementsprechend hochmotivierten Mitarbeitern ist zwangsläufig dem Wettbewerb voraus. Es bleibt deshalb in besonderem Maße und höchstpersönlich in der Verantwortung der Geschäftsleitung, ob und wie sich im Hause ein gewisser positiver Geist entwickeln und manifestieren kann.
Eine der wichtigsten Aufgaben jeder Unternehmensleitung liegt folglich darin, die Bedeutung der Unternehmenskultur zu erkennen, sie zum Wohle des Unternehmens, seiner Mitarbeiter und nicht zuletzt der Gesellschaft zu prägen und weiterzuentwickeln.

Steffen Hackh

Taylorix GmbH & Co., Stuttgart

Das Unternehmen

Die TAYLORIX ORGANISATION wurde 1921 durch Dr. h. c. Julius Paul Stiegler gegründet. Sein Unternehmensziel war die Einführung des damals modernsten Buchhaltungsverfahrens, der kontooriginalen Durchschreibe-Buchhaltung in Deutschland. Nach der Einführung von Buchungs- und Fakturiermaschinen folgten 1965 die Einführung der Datenverarbeitung außer Haus und 1969 der Ausbau der MDT (Mittlere Datentechnik) und der Verbund zwischen den internen und externen Systemen.
Die TAYLORIX ORGANISATION betreibt heute zwei Dienstleistungs-Rechenzentren in Stuttgart und Hannover und verkauft Bürocomputer von der Größe eines Personalcomputers bis hin zu aufwendigen Mehrplatzanlagen für integrierte Organisationslösungen.

Heute beschäftigt das Unternehmen rund 1 500 Mitarbeiter, davon 450 in der Stuttgarter Zentrale, die restlichen Mitarbeiter bieten in 44 Vertriebsstellen einen orts- und kundennahen Service auf allen Gebieten der praxisorientierten Datenverarbeitung.

Unternehmenskultur-Gestaltungsfelder bei TAYLORIX ORGANISATION

Eine konstante Leistung in den durch eine rasante technische Entwicklung geprägten Märkten ist nur durch eine kontinuierlich, im Sinne einer partnerschaftlichen Führung und systematischen Produktentwicklung aufgebaute Unternehmenskultur möglich. Diese Kontinuität wurde unter anderem durch die langjährig gleiche Geschäftsführung von Herrn Dr. Lang (28 Jahre) und durch eine rechtzeitige Übergabe an den Nachfolger, Herrn Dr. Zwiesele, gewährleistet.
Um die zur Verteidigung unseres Lebensstandards nötige Leistung zu sichern und gleichzeitig einer drohenden menschlichen Verarmung entgegenzuwirken, sind wir alle aufgefordert, Betriebsgemeinschaften zu gestalten und zu fördern, die den einzelnen Mitarbeitern eine mit Wert und Sinn erfüllte Arbeit ermöglichen, die zu persönlichen und gemeinsamen Erfolgen führt und dabei die leidvollen Erfahrungen auf das unvermeidliche, natürliche Maß reduziert. Mit dieser unternehmerischen Grundeinstellung wird die TAYLORIX ORGANISATION seit mehr als 20 Jahren bewußt und erfolgreich geführt. Die wesentlichen Grundsätze über Führung und Zusammenarbeit bei der TAYLORIX ORGANISATION hat Herr Dr. Lang wie folgt zum Ausdruck gebracht:
»Ohne Wirtschaftlichkeit schaffen wir es auf die Dauer nicht; ohne Menschlichkeit ertragen wir es auf die Dauer nicht.«
Die Entwicklung der Organisationsstruktur, der Arbeitsgremien und der Regeln zur Zusammenarbeit erfolgte unter dem Ziel einer kompetenten Beteiligung der Mitarbeiter an den Entscheidungsgremien im Unternehmen.
Neben Unternehmensziel und Organisation des Unternehmens sind es vor allem die praktischen Methoden der Führung und Zusammenarbeit, in denen sich am ehesten spiegelt, wie modern ein Unternehmen ist. Hier, in den Methoden der Führung und Zusammenarbeit, muß sich zeigen, wie ernst es der Unternehmensleitung und den Mitarbeitern mit den Prinzipien ist, an deren theoretischer Formulierung es nicht mangelt. Bei der TAYLORIX ORGANISATION sind für die Umsetzung dieser Prinzipien die folgenden Faktoren von entscheidener Bedeutung:

1. Die Willenserklärung und das Vorleben der Unternehmensleitung.
2. Die gleichwertige Berücksichtigung von Menschlichkeit und Wirtschaftlichkeit.
3. Die systematische Durchführung von Maßnahmen der personenbezogenen und sachbezogenen Weiterbildung von oben nach unten.
4. Die Unterstützung durch fundierte externe Berater.
5. Die rechtzeitige Information aller Mitarbeiter und des Betriebsrates und ihre Einbeziehung in die einzelnen Prozesse.
6. Kontinuität, Ausdauer und Vorgehensweise in kleinen, aber konsequenten Schritten.
7. Diese in den Punkten 1–6 zum Ausdruck kommende immaterielle Beteiligung der Mitarbeiter wurde später durch eine materielle Beteiligung am Unternehmen ergänzt.

Das Umsetzen in die Praxis erfolgt durch einen langfristig angelegten Lernprozeß. Dieser betriebliche Lernprozeß hat sich auf drei sich gegenseitig ergänzenden Gebieten vollzogen, die unverzichtbar für eine zeitgemäße Unternehmensführung sind:

1. Eine an menschlichen Werten orientierte Führung und Personalentwicklung.
2. Eine aus den realen Arbeitsanforderungen heraus gestaltete Organisation der Zusammenarbeit.
3. Eine kompetente Einbeziehung der Mitarbeiter an der Gestaltung ihrer Arbeit sowie an Entscheidungen, Planungen und Ergebnissen, die das ganze Unternehmen betreffen.

Beide Seiten, der sachlich methodische sowie der persönlichkeitsbezogene Teil unserer Unternehmenskultur, dienen der gleichen Zielsetzung: Nämlich der Gestaltung eines leistungsfähigen Unternehmens, in dem die Mitarbeiter Raum, Chancen und Hilfen zur Entfaltung ihrer Persönlichkeit haben, in dem sie an Entscheidungen beteiligt werden, in dem sie gefordert, aber nicht überfordert werden, in dem sich jeder einzelne über seine Aufgaben und Leistungen im klaren ist. Nur die Kombination von Leistung und Menschlichkeit, von Ordnung und Flexibilität führt als gesunder Kompromiß zum Ziel.

Arbeitsgruppe 5

»Unternehmenskultur in Kleinunternehmen«

Impulsreferate:

Pater Professor Hermann Josef Wallraff
Hochschule St. Georgen, Frankfurt

Albert Fink
GLS Gemeinschaftsbank eG, Bonn

Werner Then
randstad GmbH, Eschborn

Pater Professor Hermann Josef Wallraff

Hochschule St. Georgen, Frankfurt

Unternehmenskultur im Spiegel von Eliten, Dialogen und Mitbestimmung

Zeitgenossen, die in irgendeinem Sinne des Begriffes arbeiteten, wurden von den Exponenten der Kultur auf Distanz gehalten. Jahrhunderte hindurch geschah dies; sogar noch zu Beginn unserer Epoche. Menschen, die nicht arbeiteten, definierten, was Kultur sei. Durch sich selbst, so hieß es, beweise die Arbeit, daß es einem jeden, der solche ausübe, an Kultur mangele. Schon weil es ihm an Muße mangele, der zeitlichen Basis aller Kultur. Denn Kultur setze voraus, daß man sich einer gewissen Sorglosigkeit erfreue, einer Unbekümmertheit, wie sie zu keinem der gängigen Impulse passe, einer Arbeit nachzugehen.

Die Zurückhaltung verwies auf mehrere ihrer Motive. Unentwegt hoben so die Wortführer der Kultur hervor, es sei diese ein Synonym für Bildung; sie sei identisch mit Einsichten, die, nach ihrem Nutzen zu hinterfragen, stilwidrig wäre. Eine gute Ausbildung, also Fähigkeiten und Fertigkeiten, die einen profanen Beruf, die das Arbeiten, das Wirtschaften effizienter machen, in Ehren. Gewiß! Als Kultur aber galt derartiges nicht. Noch zu Anfang der industriellen Ära, ja bis tief ins 20. Jahrhundert hinein bleibt alle Ausbildung ihrem Niveau nach banal, trivial, weil charakterisiert durch das untere trivium der freien Künste, mithin im Kerne bestenfalls der Grammatik, der Arithmetik, der Geometrie verwandt.

Man schlage bei Wilhelm von Humboldt nach, einem der bekanntesten unter den Preußen. Selbst für diesen betonten Preußen heißt Bildung Ästhetik, Psychologie, Dichtung, Geschichte, Pflege der klassischen Varianten des Griechischen, Studium so originaler Sprachen wie des Baskischen und des javanischen Kawi. Kultur ist eben nur unter Menschen zu Hause, die dem Geschehen lediglich zuschauen.

Auf das deutlichste hat Jakob Burckhardt die Grenzen angesprochen: Es ist ein Zeichen von Dekadenz, wenn Bildung zum Vehikel des Fortkommens entartet, zu einem Instrument des Reichwerdens. Was aus Arbeit und Wirtschaft resultiert, ist Teil der Zivilisation, nicht mehr, ist der Bestand an Nutzwerten, an Gebrauchswerten. Sicherlich dient auch derartiges dem Menschen. In seiner Substanz aber veredelt es ihn nicht.

In den jüngsten Dekaden taucht sogar die negative Idee der Unkultur wieder auf. Unkultur ist nicht fehlende Kultur, sondern zerstörte Kultur; sie ist Hinweis darauf, daß zersetzende Kräfte am Werk sind. Und als destruktive Gewalten, als Antipoden der Kultur gelten nun just Technik, Arbeitsdisziplin, Konkurrenz, Kalkulation und andere Charakteristika des Ökonomischen. Symptome einer verobjektivierten Kultur sind Opern, Akademien, Museen, Bibliotheken. Aber Unternehmen und Betriebe?

Eine contradictio in adiecto!

Freilich haben es die schönen Seelen nicht zu verhindern vermocht, daß längst schon auch jenseits ihrer Grenzen von Kultur die Rede ist, Kultur erstrebt wird; ja sogar eine Integration aus Unternehmen und Kultur.

Zum Trost aller, die erschrecken, sei bemerkt, daß die Vision einer Unternehmenskultur aus der Welt der Yankees stammt. Wie das, was man drüben philosophy nennt, nicht jenes ist, was Europäer in der Linie von Plato, Leibniz, Kant und Hegel fortzuentwickeln suchen, so ist culture jenseits des Atlantik nicht identisch mit dem Bildungsniveau, das Wilhelm von Humboldt vor der Seele schwebte. Doch immerhin. Zudem ist daran zu erinnern, daß sich auch weiland die Kultur im Organisatorischen zum Ausdruck gebracht hat. Die Akademien waren organisierte Gebilde. Und wie alles Gestaltete ließen selbst sie einiges zu wünschen übrig.

Vollends bleiben Betrieb und Unternehmen hinter mancher der normativen Ideen zurück. Nur weist diese Gegebenheit sie nicht als Unkultur aus. Die Kategorie Kultur entstammt dem lateinischen Verb colere, pflegen, entfalten. Und diesem Bemühen sperrt sich das Unternehmen seiner Eigenart nach keineswegs. Daß Zeit ins Land geht, kann auch nicht als Einwand fungieren. Sogar Rom ist nicht an einem Tag entstanden.

Zu allem ist es nicht nur eine Tendenz, die darauf hinausläuft, die Vision der Kultur mit dem ökonomischen Alltag zu integrieren. Mehrere Entwicklungslinien umgreifen denselben Impuls.

Anders als zu Zeiten der Vorfahren tritt das Gros der Mitarbeiter nun mit einer differenzierten Schulbildung und Ausbildung an den Arbeitsplatz heran. Die ökonomische, gesellschaftliche und politische Stellung der breiteren Schichten ist eine stärkere geworden. Arbeitsschutzrecht und Sozialversicherungen haben die Tatsache, daß es sich bei den vielen um Subjekte und nicht um Objekte handelt, konkretisiert. Mitsprachebefugnisse, Tarifverträge und Gewerkschaften tun dar, daß das Gemeinwesen nicht in erster Linie die Funktion irgendwelcher Eliten ist. Heute erfreut sich der gängige Mitarbeiter eines eigenen Wagens, wie er den Herren von früher nicht zur Verfügung stand. Nicht schon seine Kleidung setzt ihn herab. Gewiß ist der Rang des Menschen nicht mit solch äußerlichen Werten identisch; aber er wird nun nicht durch Äußerlichkeiten überdeckt.

Daß die eigene Volkswirtschaft zu den besonders erfolgreichen gehört, buchen auch die Arbeitnehmer sich zu. Haben ihnen doch Adenauer, Erhard und nicht wenige nach ihnen das Recht zu diesem Selbstbewußtsein immer wieder bestätigt. Und bei dem Urlaub im Ausland, auf jedem internationalen Kongreß hören sie, daß sie offenbar mit dem Proletarier und Revolutionär nichts mehr gemeinsam haben. Ja, was die Stabilität des politischen Gemeinwesens betrifft, ist die große Zahl der westdeutschen Arbeitnehmer verläßlicher als viele der Studierenden und der Landwirte und als es die Kavaliere des ancien régime gewesen sind. Namentlich die Stammbelegschaften, die Facharbeiter, die Techniker, die Wendigen unter den Arbeitnehmern kristallisieren sich als tragende Schicht heraus. Im Umgang mit ihnen tun sich die Arbeitgeber nicht sonderlich schwer. Es hat sich vieles geändert.

Dazu kommt, daß sich die Ideen in unserer Ära eher vor Ort entfalten als in platonischen Akademien; just im Kontakt mit dem Alltag fächern sie sich auf. Aus sich selbst heraus, endogen motiviert, sind so die Führungsgremien der Unternehmen in ihren Wertvorstellungen subtiler geworden, als es die Fabrikanten noch der Zwischenkriegszeit waren. Im konkreten Kontakt mit Personalleitern von heute spürt man, daß diese ein Sensorium für das Knistern in der Welt der Ideen und der Wertvorstellungen in ihre Tätigkeit mit einbringen. Vielleicht wird man dereinst die ideengeschichtliche Epoche, die wir durchleben, als alltäglich gewordenen Personalismus charakterisieren, als eine Akzentuierung der Personwürde, die nicht haltmacht, wo die Ebenen der Künstler, der Dichter, der Denker oder die Hofgesellschaften der Alleinherrscher enden.

Um den Grad der Veränderungen zu ermessen, erinnere man sich der Tatsache, daß sich sogar der geniale Hölderlin im Hause des Bankiers Gontard vom Hausherrn den »domestiques« zurechnen lassen mußte, mit denen man nicht »un peu familière« werden durfte. Seit 1798, dem Jahre der Entlassung Hölderlins, ist die Welt unter zahlreichen Aspekten eine andere geworden. So in sich widersprüchlich wie vor 200 Jahren und Generationen hindurch danach ist die Korrelation Dienst – Kultur, Mitarbeit – Kultur jedenfalls heute nicht mehr.

Zumal anthropologisch gesehen mittlerweile nicht zuletzt die Arbeit als das Zeichen des Menschen gilt. Eines der jüngsten päpstlichen Dokumente hat den Menschen direkt als »laborem exercens« definiert, als das Lebewesen, als das einzige Wesen, das zur Arbeit – man nehme diese im strengen Sinne des Begriffes – befähigt ist. Was Wunder, daß zwischen der Arbeit, der Mitarbeit und den Ideen der frühere Abgrund nicht mehr da ist.

Zum Ausdruck kommt die Entwicklung auch darin, daß überall in der modernen Welt von einem Grundrecht auf Arbeit die Rede ist, von dem Recht eines jeden Bürgers darauf, daß sich die Wirtschaftspolitik um die Erschließung von Arbeitsplätzen bemüht.

Auf seine Weise macht das moderne Management, wo immer es den Ton angibt, durch die Erfolge, die vor allem ihm zuzubuchen sind, auf die humane, man möchte sagen: humanistische Qualität eines zielstrebigen Schaffens aufmerksam. Management und Mitarbeiter gelten inzwischen als »human capital«. Diese Kategorie stellt die Arbeit auf die gleiche Stufe wie das Kapital und insofern eine Stufe höher, als das Adjektiv human ausdrücklich nur mit der Arbeit verknüpft wird.

Unter weiteren Aspekten kommt das Unternehmen dem, was man nun als Kultur erstrebt, entgegen.

Für Wilhelm von Humboldt, den freisinnigen Individualisten, war Kultur selbstverständlich gleichbedeutend mit Freiheit, freilich mit einer Freiheit, die bereits in ihren Vorbedingungen garantiert war, was für Humboldt besagte: gleichbedeutend mit Einsamkeit. Individualität, der wahre Besitz des Menschen, war nach der Ansicht des Gelehrten ohne Einsamkeit bald dahin. Auf das Ende des 20. Jahrhunderts zu ist hingegen von Kultur nicht die Rede, ohne daß an ein hohes Niveau der Gemeinsamkeit gedacht ist, nicht zuletzt an gemeinsam getragene Verantwortung.

Konkreter: den Status der Kultur ohne Bezugnahme auf die Entfaltung von Republik und Demokratie bestimmen zu wollen, das käme heute der Willkür gleich. Noch konkreter: Auch der Grad an Mitverantwortung im Betrieb und Unternehmen zählt mittlerweile zu den Kriterien der Kultur. Wenigstens sind es nicht wenige Interpreten, die so urteilen. Sogar Experten der ideengeschichtlichen Entwicklung, nach deren Ansicht das Wichtigste nicht gerade in den Betrieben und Unternehmen geschieht, weisen darauf hin, daß es just in diesen Bereichen zu einer ideell bedeutsamen Variation kommt, nämlich dazu, daß immer weniger an Rangunterschiede und immer mehr an diverse Rollen gedacht wird.

Auf der Ebene der Wirtschaft vollzieht sich die angedeutete Entwicklung elastischer, weil in ihr die Einflußzentren am wenigsten tabuisiert waren, weder hintermalt durch eine halbsakrale Konsekration der Exponenten noch durch eine pathetische Inthronisation, noch durch Krone, Stirnreif, Zepter, Ring oder Pallium. Das Begriffspaar

oben – unten zersetzt sich in Sektoren, in denen es um nüchterne Zahlen geht, rascher als etwa im Offizierscorps, in den Gerichten, in manchen Kirchen. Der Übergang von Hierarchien zu Gefügen unterschiedlicher Funktionen, die so diffizil aufeinander abgestimmt sind wie die Komponenten der modernen, dynamischen Technik, ist in der Nähe solcher Technik wie vorprogrammiert.
Unter einer nächsten Rücksicht kommt man in den Unternehmen unauffälliger voran: Geübt im Umgang mit dem Phänomen der Kosten, wissen die Unternehmensleitungen darum, daß jeder Ertrag Werteinbußen auslöst und daß dies kein erregendes Problem darstellt, solange der Saldo ein positiver ist. Ein Vergleich zwischen Werten, die geopfert, und Werten, die gewonnen werden, ist hier Alltag. Faktisch läuft dieses Vergleichen auf einen repetitiven Vergleich zwischen den beteiligten Personen und Gruppen hinaus. Der Konstellation nach gibt in den Betrieben und Unternehmen der Kompromiß den Ausschlag. Ist der Kompromiß Symptom der Kultur? Weiland hätte man entschieden mit »nein« geantwortet. Nun dürfte die Mehrheit »ja« antworten.
Freilich verlangt der entfaltete Begriff der Kultur durch sich selbst die Bereitschaft, Enttäuschungen hinzunehmen. Und an solchen mangelt es in den wirtschaftlichen Gebilden keineswegs; auch an vermeidbaren Enttäuschungen nicht. Bei aller Kultur nicht.
Veranschaulicht sei dies eingangs an Vorgängen, die sich, man möchte sagen, am oberen Rande der Wirtschaft abspielen. Im Raume des Sachverständigenrates zur Begutachtung der gesamtwirtschaftlichen Entwicklung, der wirtschaftswissenschaftlichen Beiräte, der Wirtschaftsforschungsinstitute gehen die Chiffren Frustration und Resignation um. Es heißt, eine originale Kreativität lohne sich hier nicht. Geschehe das, wozu man anrege, und würden sich die Vorschläge als fruchtbar erweisen, dann buche man in den Institutionen, denen man zugearbeitet habe, den Erfolg für sich; Öffentlichkeit und Kollegen erführen nicht, welche Sorgfalt und welche Mühen in die Beratung eingegangen seien; würden sich hingegen die Dinge anders entwickeln als inauguriert, dann seien es eben die Beiräte gewesen, die Gutachten. In einer seiner Vorlagen hat sich der Sachverständigenrat mit dem Vorwurf auseinandergesetzt, er berate nicht lediglich, er dränge sich auf. Antwortend konstatierte er, von Vorteilen für das Ganze zu reden, das dürfe nicht eine unzulässige Einmischung genannt werden.
Trotz der die kulturelle Entfaltung des Wirtschaftlichen begleitenden Verzögerungen ist eine Gewaltenteilung – das Staatsrecht möge die Usurpation dieser Kategorie erlauben – im Jahre 1986 hier weiter gediehen, als dies vor dem Zweiten und erst recht vor dem Ersten Welt-

krieg generell der Fall war. Und das Neue an Rechten wurzelt keineswegs vorrangig in neuen Gesetzen; es basiert seiner Substanz nach auch nicht auf der Macht von Interessenvertretungen.

So wie der Mensch nun gesehen und interpretiert wird, und zwar nicht aufgrund einer flackernden Mode, sondern ideengeschichtlich tendenziell, sind Mitspracherechte wesentliches Zeichen des Menschen.

Auf der Ebene des Unternehmens wirkt die banale Tatsache mit, daß Facharbeiter zur Zeit marktstärker sind als je zuvor. Nimmt doch die Dringlichkeit der Kräfte, die man weiterhin benötigt, mit der Kapitalintensität zu; und die gemeinten Mitarbeiter sind kaum durch Ausländer oder Arbeitslose zu substituieren. Dem anvisierten Zusammenhang gemäß sind es nicht zuletzt Fachkräfte, die die Effizienz des Unternehmens gewährleisten.

Im Bereich der Leitungsorgane haben die Ideen, die heute den Ton angeben, bildlich gesprochen bereits einen starken Brückenkopf. Für nicht wenige der Kompetenzträger sind nämlich neuerdings Lösungen dialogischer Natur, wie soll man sagen, natürlich, selbstverständlich, unvermeidlich geworden; das Dialogische ist dabei, Symptom des Äons zu werden, im Wirtschaftlichen ebenso wie im Nichtwirtschaftlichen.

Ausdruck der Präferenz für das Dialogische ist auch die vielfach versuchte und noch häufiger erörterte Team-Arbeit. Das Team gilt nun als humaner als die Isolierung und als die Kolonne. Obendrein spricht man ihm eine Steigerung der Produktivität zu. Bilanziert mit zahlreichen Gegenbuchungen, zu denen die Aufgliederung der Belegschaft in Gruppen und die Eingliederung des einzelnen in solche nötigen, resultieren nach dem Befund vieler Analytiker schwarze Zahlen. Und das ist ein push, der in den Unternehmen zählt, solange er andauert.

Merkmal der fortentwickelten Gesprächsbereitschaft ist auch das oft übersehene Faktum, daß die bundesdeutschen Gewerkschaften tiefer und tiefer integriert werden. Trotz der immer wieder aufflammenden Arbeitskämpfe und der hitzigen Debatten um das Arbeitskampfrecht. Zum Ärger ihrer linken Flanken sind und bleiben die Verbände Bein vom Beine des westdeutschen Wirtschaftssystems. Von außen her gesehen zählen sie zu den inoffiziellen Repräsentanten einer Volkswirtschaft, die sich eines hohen Renommees erfreut; in ihrer Art sind sie Zeichen dafür, daß sich sogar harte Spannungen auf ein Niveau bringen lassen, das gewisser kultureller Momente nicht entbehrt. Und die kurz skizzierte volkswirtschaftliche Integration der Gewerkschaften baut sich auf auf eine Mitverantwortung für die Unternehmen seitens der Verbände.

Der Gegensätze, die man weiland als Klassengegensätze zu bezeichnen pflegte, bleiben genug. Nicht zuletzt im Unternehmen. An prinzipieller Schärfe aber haben sie verloren. Sieht man von gelegentlichen Verlautbarungen ab, sind sie taktischer Natur. Nicht selten trägt die Zugehörigkeit zu diesem oder jenem Unternehmen das Ihre zum Selbstbewußtsein der Belegschaftsmitglieder bei. Ein Sachverhalt, der sofort zutage tritt, wenn Verneiner ein Unternehmen durch radikale Forderungen in seinem Bestand gefährden. Gewiß flammt hier die Sorge um den eigenen Arbeitsplatz auf. Im soupçon der Gegenwehr, die seitens der Mitarbeiter geleistet wird, klingt jedoch mehr mit. Ist ein Stolz auf gemeinsam Geleistetes wert, als partielles Kriterium der kulturellen Entfaltung zu gelten? Gemeinsamkeit nicht in exquisiten schönen Stunden, nicht mit persönlich sympathischen Partnern, sondern jahraus – jahrein, in der Nähe von Organisation und Kalkulation, ohne Zweifel Kultur, wenn auch Kultur sui generis.

Im Gespräch mit Zeitgenossen, die allen Varianten von Mitbestimmung nach wie vor skeptisch gegenüberstehen, bleibt es bei der fundamentalen Frage, ob sich sogar hinsichtlich der Mitbestimmung der Erfahrungssatz bestätigt, daß Lösungsversuche, die sich über Dekaden hinweg einer verbreiteten Sympathie erfreuen, nie wieder aus der Aufmerksamkeit vieler verdrängt werden können. Alle, die hier positiv antworten, konkretisieren: Die Idee der Mitbestimmung kann nicht mehr zum Verstummen gebracht werden. Wo immer von einer Unternehmenskultur die Rede sein wird, wird zugleich von Mitbestimmung die Rede sein.

Freilich kann dabei, je größer das relevante Unternehmen ist, nur an eine repräsentative Mitbestimmung gedacht werden, an eine solche, deren Exponenten sich bald nach ihrer Etablierung von ihrer Basis abzuheben beginnen. Nur wirtschaftsfremde, radikale Kommentare buchen dies unter der Rubrik Entfremdung. Die Stammbelegschaften und Facharbeiter nehmen höchstens einen Anstoß süffisanter Natur. Nach ihrem Befund muß zuallererst sichergestellt bleiben, daß der Laden läuft. Eine gelassene, nüchterne Kultur, erheblich alltäglicher als das Pathos, dessen sich die berühmten Namen der Romantik bedienten, so oft sie die Kultur ihres Äons, sie meinten die Kultur unter ihresgleichen, zu feiern bestrebt waren.

Die Korrelation Unternehmen – Kultur befreit die Kultur von spielerischen Komponenten, mit denen sie nicht selten integriert gewesen ist. Die Prise an Trivialität, die der kulturellen Entwicklung heute beigemischt ist, ist nach dem Urteil der meisten Interpreten nicht Ausdruck einer Dekadenz, vielmehr Symptom höherer Humanität.

Gewiß kann zu Triviales einfließen. Dergestalt vor allem, daß die

Kultivierung der Unternehmen medial verstanden wird, in Funktion der Rentabilitätsrechnung, als Leim, wie es neuerdings heißt, der das Unternehmen zusammenhält, wobei der Zusammenhalt so gut wie ausschließlich instrumenteller Wert ist. Kultur als informaler Kontrollmechanismus. Das ist nun doch eine zu yankeehafte Kategorie. Eine Unternehmenskultur, die in Dienst genommen ist, derartiges zwingt alle Skeptiker direkt dazu, von einer contradictio in adiecto zu reden.
Da die angedeutete Problematik nebenan bereits mehrfach gemeistert wurde, nämlich dort, wo es um die Humanisierung der Arbeitswelt geht, die keineswegs vornehmlich der höheren Effizienz wegen erfolgt, dürfte die Unternehmenskultur sogar über die unvorsichtigen Formulierungen mancher ihrer Wortführer hinwegkommen.
In der Regel sind die modernen Unternehmen besser als ihr Ruf. Es ist nicht so, daß sie noch einen ersten Schritt tun müßten, um Ökonomisches und Kulturelles miteinander zu integrieren. Alle Bemühungen um eine Unternehmenskultur führen Entwicklungslinien fort, die schon seit Generationen erkennbar sind.

Albert Fink

GLS Gemeinschaftsbank eG, Bonn

Unternehmenskultur und Freiheit

Hinter dem Begriff »Unternehmenskultur«, der seit einiger Zeit zunehmend in der öffentlichen Diskussion auftaucht, verbirgt sich wachsende Skepsis gegenüber dem technokratischen Machertum, den professionellen Managern, die Unternehmen bloß als komplexes Funktionssystem innerhalb einer Wettbewerbswirtschaft begreifen und Unternehmensführung und -steuerung weitgehend auf die Beherrschung des technisch-betriebswirtschaftlichen Steuerungsinstrumentariums reduzieren (»Paralyse durch Analyse«). Gesucht wird nach neuen Unternehmensstrukturen und Organisationsweisen, die spontane, situative Ordnungen ermöglichen anstelle von gemachten und systematisierten. Ferner nach einer Synthese zwischen dem Unternehmer als dem Repräsentanten des zukunftsorientierten visionären Willensmenschen, die gewohnten Strukturen durchbrechend, Spannung und Ungleichgewicht hervorbringend, und andererseits dem Manager als dem professionellen Handwerker, der sich mit

Sachkenntnis und Können in den komplexen, von exakter Rationalität durchzogenen Betriebsabläufen bewegt.
Zwischen den beiden wird ein drittes Element gesucht, das man mit dem Wort »entrepreneur« charakterisieren kann, als der Qualität, die zwischen den Geschehnissen ausgleicht, vermittelt, koordiniert und ermöglicht, daß Mitarbeiter die Unternehmensziele, Leitgedanken und Wertvorstellungen verinnerlichen (»internalisieren«). Organisation wird in diesem Sinne weniger als Regelungsmechanismus gesehen, der durch Kontrollinstrumente überwacht und von Mißtrauensstrukturen durchzogen ist, sondern als Vertrauenssystem im Wandel, das sich aus der »Verinnerlichung« von Regeln, Normen und Verhaltensweisen trägt. Man spricht von einer freiheitlichen Sozialordnung, in der jeder einzelne Mitarbeiter in einem permanenten Prozeß der Konsensbildung Arbeitsantriebe entwickelt, weil er sich mit den Unternehmenszielen identifiziert (Corporate identity).
Man beruft sich auf die Freiheit und Autonomie des Menschen und die Notwendigkeit freiheitlicher Ordnungen. In Ausführung dieses Gedankens wird jedoch insbesondere von den Vertretern der Hochschulen, der Verbände und Behörden der Gruppenzweck, das Gruppenziel, das Wertsystem, die formulierten Leitgedanken gewissermaßen als Überindividuelles beschworen. Auf dieser Abstraktionsebene wird das Freiheitsprinzip hineingedacht in die freie soziale Marktwirtschaft und ihrem Kräftespiel, in dem sich Wirtschaftssubjekte »frei« bewegen. Der Mensch als Repräsentant einer von höchster Rationalität durchdrungenen Verstandeskultur, der sein Zweck-Nutzen-Denken in einem komplexen kybernetischen System verwirklicht oder als Träger von »internalisierten« Wertvorstellungen, die ihm durch Führungspersönlichkeiten und -methoden vermittelt werden.
Manches, was so im Mantel der Freiheit auftritt, zielt insofern nicht auf den individuellen freien Menschen, sondern auf Gruppenzwecke und -ziele. Anders ausgedrückt, Freiheitsimpulse, die zweifellos in einigen Betriebsgemeinschaften und sozialen Selbsthilfegruppen hervorbrechen, werden in vorgegebenen Gruppenzwecken abgebogen. Auffallend das Unvermögen, den Begriff der Freiheit wirklich zu Ende zu denken und von einer Freiheitswirklichkeit des individuellen Menschen und nicht von einem scheinbar freiheitlichen System auszugehen.
Die praktischen Versuche, Experimente und Modelle können jedoch zu der Frage führen, welche Impulse, geistigen Strömungen und Suchbewegungen sich hinter Begriffen wie Unternehmenskultur, Selbstverwaltung und sozialer Selbsthilfe oder Entkopplung von Arbeit und Einkommen verbergen. Zunehmend tritt an die Stelle des abstrakten, materialistisch orientierten Unternehmenszweckes eine

weitergehende gesamthafte Sinnfrage. Produktionsentwicklung, -gestaltung und -verteilung, Rechts- und Eigentumsfragen werden vermehrt in ihrem Zusammenhang und ihren Folgen für ein gesellschaftliches, ökologisches Ganzes, ja für ein weltwirtschaftliches Geschehen gesehen. Andererseits eine zunehmende Bereitschaft, sich auch konkret auf das Zusammenwirken mit den anderen Individuen einzulassen, nicht nur mit dem Gruppenmitglied, dem Gleichen, sondern mit dem Ungleichen, Nicht-Berechenbaren und Einmaligen.
In kleineren Gruppen und Arbeitszusammenhängen scheint etwas wie eine Sehnsucht nach einer elementaren Auseinandersetzung und Hinwendung zum anderen Ich aufzutauchen. Dabei entwickeln sich oft erstaunliche Tugenden der Leidensfähigkeit, der Geduld und des Beharrungsvermögens unter den Ungleichen. Womit haben wir es hier zu tun?
Rudolf Steiner beschreibt in der verschiedenartigsten Weise, wie sich die Menschheit im Verlauf unseres Jahrhunderts anschickt, über die Schwelle zu gehen. Insbesondere gegen Ende des Jahrhunderts werden bei Menschen erstaunliche neue Fähigkeiten und Neigungen auftreten. Andererseits aber auch machtvolle Gegenreaktionen der Entindividualisierung und Versuche, diese Kräfte und Fähigkeiten in Systemen und sozialen Mechanismen zu paralysieren. In Vorträgen und Aufsätzen zur sozialen Frage beschreibt er, daß die Menschen nach neuen, lebendigeren Begrifflichkeiten und Sozialgestaltungen suchen, als sie unter dem Einfluß einer materialistisch orientierten Wissenschaft und Lebensweise heute im öffentlichen Leben vorherrschen. So schildert er, wie, um den Begriff Ware zu erfassen, imaginative Erkenntnisfähigkeiten erforderlich werden. Um das Recht im sozialen Geschehen begrifflich fassen zu können, wird inspirative und zur Erfassung des Kapitals intuitive Erkenntnisfähigkeit notwendig werden. Es werden Menschen und Menschengruppen auftreten, die den Impuls und die Sehnsucht in sich tragen, die soziale Wirklichkeit auf solchen Grundlagen zu erkennen und zu gestalten.
Versuchen wir tastend und vorurteilslos die innere Geste, die Suchrichtung und -bewegung, die sich in manchen kleinen Arbeits- und Betriebsgruppen ausdrückt, innerlich nachzuvollziehen, entdecken wir durch alle Entstellungen und Verzerrungen hindurch das Tasten nach solchen neuen Begrifflichkeiten, Sinnzusammenhängen und Bildern. Über die Engen gruppen- oder einzelegoistischer Zwecke hinaus werden für die zu erzeugenden und zu verteilenden Produkte und Leistungen und deren Austausch und Bewertung gesamthafte, bildhafte Bezüge gesucht, die das Gebanntsein in das System des Marktes überwinden können.
An die Stelle des anonymen Systems sollen neue Formen der Koope-

ration und konkrete freie Absprachen treten – gemeinsam entwikkelte Bilder anstatt Marktanalysen. Es werden Arbeitsorganisationen gesucht, die eine spontane geistesgegenwärtige Mitwirkung der Mitarbeiter ermöglichen, die die gemachten starren, zwanghaften Funktions- und Prozeßabläufe auflösen zugunsten von situativen Arbeitsorganisationen und -strukturen: inspiratives Handeln aus einem nichtvorgestellten, nicht-bildhaften Element. Die Bewegung richtet sich weg von marktwirtschaftlichen Leistungsbegriffen, der Bewertung des Produktionsfaktors Arbeit, der Einteilung der Mitarbeiter in Arbeitnehmer und Arbeitgeber oder risikotragendem Kapital und geschützter Arbeitskraft.
Auch die Einstellungen zum Eigentum an Kapital und Produktionsmitteln beginnen sich in den selbstverwaltenden und partnerschaftlich geführten Betrieben zu verändern. Die starren Dogmen des Privateigentums an Kapital und Produktionsmitteln lockern sich. Leicht fällt man dabei zurück in alte Formen des Gemein- und Kollektiveigentums. Gesucht wird jedoch nach einer Qualität des Eigentums, für das es noch keine Vorbilder gibt. Es geht in die Richtung des eigentumslosen Betriebes, dessen Kapital in der einen oder anderen Form neutralisiert, das heißt, der Willkür des einzelnen oder von Gruppen entzogen ist. Dem jeweiligen Nutzer von Produktionsmitteln sollen eigentumsähnliche Rechte zuwachsen, jedoch nur, solange sie genutzt werden.
In den kleinen praktischen Versuchen lebt etwas von einem solchen intuitiven Keim, während in den mittleren und größeren Betrieben weitgehend in den Bahnen des privaten Miteigentums gedacht wird, im Sinne der Vermögensbildung in Arbeitnehmerhand und größerer Verteilungsgerechtigkeit. Welche Einrichtungen und Sozialgestaltungen können sich wie Antworten auf die Fragen zubewegen, die sich hinter Begriffen wie Unternehmenskultur, Selbstverwaltung, Subsidiarität und Entkoppelung von Arbeit und Einkommen verbergen?
Aus den technisch-rationalen Zwecken des Marktes, des Betriebsnutzens, des technischen Fortschrittes und des materiellen Wohlstandes kann sich keine neue Unternehmenskultur entwickeln, auch wenn noch so viele Wertsysteme in diese Zwecke hineingedacht werden. Sie wird nur entstehen können durch individuell ergriffene und verarbeitete Ideen und Ideale und gesamthafte, gesellschaftliche Arbeitszusammenhänge, wodurch die Arbeitenden über ihre engere Betriebstätigkeit hinaus auch mit anderen Arbeitsfeldern des sozialen Organismus verbunden werden. Nur dadurch können die einseitigen Betriebszwecke und das enge Unternehmensziel überwunden werden. Die starren betrieblichen Arbeitsformen lockern sich dann auf. Flexible Arbeitszeiten, Teilzeitarbeit, Arbeitsgruppenverträge, Auflö-

sung des Einheitsbetriebes in autonome Arbeitsgruppen sind wie Zeichen am Wege. In den USA bilden sich beispielsweise »Prosumenten«-Bewegungen! (Produzenten und Konsumenten).
Verbraucher und Produzenten organisieren sich, um Produkterzeugung, Verteilung und Verbrauch selbst in die Hand zu nehmen. In landwirtschaftlichen Gewerbebetrieben, die auch anspruchsvolle, technische Güter des täglichen Bedarfs produzieren, wird versucht, bedarfsorientiert für überschaubare Zusammenhänge zu arbeiten. Die Entwicklung der modernen Mikroelektronik, Telematik und Prozeßsteuerung kommt diesen Experimenten entgegen, da sie nicht nur zu Zentralisierungen führt, sondern auch kleine Fertigungsstätten mit rasch umstellbaren, flexiblen Kapazitäten, die wechselseitig kooperieren, ermöglicht.
Solche Arbeitszusammenhänge sind im Grundgesetz der Bundesrepublik Deutschland veranlagt. Art. 9 der Verfassung gewährleistet die Bildung von Vereinigungen zur Wahrung und Förderung der Arbeits- und Wirtschaftsbedingungen für jedermann und alle Berufe. Wir haben uns allerdings weitgehend daran gewöhnt, diese durch Verbände und Staat bestimmen zu lassen, obgleich nach der Verfassung alle Abreden, die diese Rechte einschränken oder zu behindern suchen, nichtig und hierauf gerichtete Maßnahmen rechtswidrig sind. Es soll hier nicht auf alte Genossenschaftsgedanken oder gar Selbstversorgung verwiesen werden, sondern auf Tendenzen zu assoziativen Vereinigungen, die in vielen Bestrebungen erkennbar sind und die durch die modernen arbeitsteiligen Produktionsverfahren nicht behindert, sondern erleichtert werden. Nötig ist, daß sich genügend Menschen finden, die Freiheit zu Ende denken und sich auf den beschwerlichen Weg ihrer Verwirklichung begeben.
Im Bereich der Kultur- und Sozialarbeit wird heute viel gesprochen von Selbstverwaltung und Subsidiarität, weg vom allgegenwärtigen Sozialstaat, hin zur »Hilfe zur Selbsthilfe«. Eine kürzlich angestellte Untersuchung kam zu dem Ergebnis, daß es in der BRD heute schon 40 000 soziale Selbsthilfegruppen gibt, die sich auf den allerverschiedensten Gebieten um die Selbstgestaltung auf Teilgebieten des sozialen Lebens bemühen.
Es wird gesucht nach menschennaher Gestaltung der sozialen Dienstleistungen vor Ort und ihrer Entprofessionalisierung, Entökonomisierung und Ent-Standardisierung, nach Hilfe für den individuellen Menschen, nicht nach Plan und Soll, sondern in spontaner, freiwilliger, unentgeltlicher Tätigkeit. Viele Bereiche des Handwerks werden in diese Selbsthilfebemühungen einbezogen. Auch kulturelle Initiativen wenden sich ab vom staatlich gelenkten Kulturbetrieb zu selbstverwaltenden Kultureinrichtungen.

In der Landwirtschaft haben wir es mit einem Gebiet des sozialen Lebens zu tun, das in einem gigantischen Ausmaß durch eine rein erwerbswirtschaftlich und industriell ausgerichtete Denkungsweise in eine ökologische und soziale Katastrophe treibt. Langsam wird bewußt, daß Landwirtschaft nicht ausschließlich nach marktwirtschaftlichen Kosten-Nutzen-Gesichtspunkten betrieben werden kann. Es geht in allererster Linie um die Herstellung ökologischer Zusammenhänge und landwirtschaftlicher Organismen, wie sie etwa in der biologisch-dynamischen Wirtschaftsweise angestrebt werden.

Der einfache volkswirtschaftliche Sachverhalt, daß die Pflege des Grund und Bodens und das Hervorbringen einer Vielzahl von Produkten auf einem bestimmten Territorium von den dort lebenden Menschen verantwortet wird und sie sich selbst die Grundlagen des wirtschaftlichen Lebens schaffen, geriet in Vergessenheit. Sowohl in Entwicklungsländern, in denen kleinbäuerliche Strukturen zerschlagen werden, als auch in Industrieländern, deren Exportindustrien stagnieren, wird diese Tatsache sichtbar. Industrieanlagen, Maschinen, Investitionsgüter verlieren ihren volkswirtschaftlichen Wert. Sie schaffen nicht Werte, sondern verbrauchen sie. Man entdeckt den für viele Ökonomen schwer faßbaren Satz, daß dann das eigentlich Produktive im Wirtschaftsleben die Landwirtschaft ist, die fortwährend bei rechter Pflege von Boden, Pflanzen und Tieren ihre Produktion selbst hervorbringt. Ungeheuer viel wird davon abhängen, ob wir erkennen, daß in diesem Sinne Landwirtschaft die Grundlage des Lebens und der Wirtschaft ist und daß sie nach dem Prinzip der Selbstversorgung betrieben werden muß. Anders ausgedrückt, die Landwirtschaft verträgt nicht die unüberschaubaren, anonymen erwerbswirtschaftlich ausgerichteten marktwirtschaftlichen Strukturen. Nach den vielen ökologischen Katastrophen wird für immer mehr Menschen deutlich, daß die Landwirtschaft eine Kulturaufgabe hat und gleichzeitig für einen überschaubaren, regionalen Raum die Lebens-, Arbeits-, Wirtschafts- und Nahrungsgrundlage bildet. Auf dieser Grundlage können sich Menschen eines bestimmten Gebietes assoziieren, um die Urproduktion und deren Verteilung und Verarbeitung sicherzustellen.

Die Arbeits- und Lebensfelder des sozialen Lebens sind durch spezialisierte, einseitige Zweckbestimmungen vom Menschen losgelöst. Er ist in abstrakte Gruppenhaftigkeiten eingebunden, die die Entfaltung des freien Menschen und den Zusammenschluß der Freien verhindern. Vieles tritt im Namen der Freiheit auf, was näher betrachtet zu größerer Abhängigkeit des einzelnen führt. Viele treten für Freiheit ein, ohne die Konsequenzen zu kennen, die Freiheit für das soziale Leben und seine Gestaltung mit sich bringt. Daher bestimmt

noch weitgehend das Recht das Leben und nicht das Leben die Rechtsverhältnisse.
Es ist möglich, aus der Anthroposophie eine solche Menschenerkenntnis zu gewinnen, die Freiheitswirklichkeit erschafft und eine lebendige Begrifflichkeit, Gestimmtheit und Willenskräfte entwickeln hilft, die neue soziale Gestaltungen begründen und auf Unfreiheit beruhende Sozialordnungen überwinden. Die Einsicht allein genügt jedoch nicht, um zum Beispiel die Welt der Wirtschaftsunternehmen mit einer neuen Kultur zu durchtränken.
Um auf die geschilderten Impulse und Suchbewegungen anregend antworten zu können, bedarf es einer anthroposophischen Bewegung, deren Mitglieder sich miteinander und mit anderen frei, selbstgestaltend, Recht-schaffend assoziieren, um die dem individuellen Menschen weitgehend vorenthaltene Selbstverwaltung der Arbeits- und Wirtschaftsfelder des sozialen Lebens zu ermöglichen. Diejenigen, die in Bewegung geraten und ihre Impulse durch praktische Versuche realisieren wollen, sind nicht nur mit Ideen, Gedanken und Erkenntnissen zu befriedigen. Sie wollen wahrnehmen, wie diese Ideen und Ideale im täglichen Leben umgesetzt werden. Anthroposophen werden intensiv, mitunter hoffnungsvoll befragt nach ihren freiheitlichen Arbeits- und Wirtschaftsbedingungen und ihrer, neues gesellschaftliches Leben ermöglichenden, Lebenspraxis. Vieles wird davon abhängen, wie sie antworten.

Werner Then
randstad GmbH, Eschborn

Unternehmenskultur ist schöpferischer Prozeß und Haltung

1. Konturen des Wandels

Eine demokratische Unternehmenskultur ist Wettbewerbsbedingung der Zukunft. In zunehmendem Maße werden unsere Mitarbeiter mündig, selbstbewußter und suchen einen neuen Sinn in ihrer Arbeit. Gleichzeitig verändern neue Technologien den Arbeitsprozeß in der Produktion ebenso wie in der Verwaltung. Solche Überlegungen spielten im Sinne Selbstverständnis der Führung und des Unternehmens bei randstad von Anfang an eine Rolle.

Bereits bei der Gründung der deutschen randstad wurde zugrunde gelegt, daß in unserem Unternehmen die ökonomischen Interessen des Unternehmens und die individuellen Interessen unserer Mitarbeiter gleichrangige Bedeutung haben sollen. Es war uns klar, daß das Unternehmen ein gesellschaftliches Subsystem ist – also Teil der Gesellschaft –, das damit dem Anspruch einer Gesellschaft freier Bürger und der sozialen Marktwirtschaft gerecht werden muß.
So versuchten wir von Anfang an, wirtschaftlich effektiv und sozial ausgewogen zu handeln. Wir erkannten sehr schnell, daß hier kein unüberbrückbarer Gegensatz bestand. Im Gegenteil, der Respekt vor der Würde unserer Mitarbeiter förderte die Identifikation mit dem Betrieb, ermöglichte Selbstentfaltung, und damit waren Voraussetzungen für den Erfolg des Unternehmens geschaffen.
Nach sechs Jahren praktischer Erfahrung haben wir 1974 erstmals unsere Firmenphilosophie und ein Statut der Zusammenarbeit schriftlich fixiert. 1980 wurde es gemeinsam mit den Mitarbeitern und dem Betriebsrat überprüft fortgeschrieben und in unserem »Unternehmensstatut« zusammengefaßt. Das Dokument wurde dann zur Handlungsanleitung und Element der Ausbildung in unserem Unternehmen. Es dient den Mitarbeitern und allen, die Führungsverantwortung tragen als Orientierungshilfe. Mit unserem Statut wollten wir uns den Bedingungen und Veränderungen einer freien Gesellschaftsordnung stellen, weil wir uns darüber im klaren waren, daß nachdem die Menschen ihre wirtschaftlichen Bedürfnisse weitgehend befriedigt haben, das Streben nach mehr Selbstverwirklichung, persönlicher Anerkennung und Selbstentfaltung immer mehr an Bedeutung gewinnt.
Dieses emanzipatorische Streben umfaßt auch die Bedingungen und die Verhältnisse im System »Arbeit«. Deshalb fragen die Menschen jetzt verstärkt nach Sinn und Inhalt ihres Tuns und fordern Mitgestaltung sowie menschliche Anerkennung. Wir wollten in dem »Sozialverband« und in der »Leistungsgemeinschaft« unseres Unternehmens eine neue Qualität des Führens erreichen und partnerschaftliche Zusammenarbeit ermöglichen. Dazu waren nach unserer Überzeugung in erster Linie kleine dezentrale Organisationseinheiten entsprechend dem demokratischen Prinzip der Subsidiarität eine wesentliche Voraussetzung. Hier lag auch der Schlüssel für erfolgreiche Arbeit. Parallel hierzu förderten wir Offenheit und Wahrhaftigkeit sowie die permanente Kommunikation, um unsere Führungskräfte anzuregen, »Kümmerer« zu sein und den Mitarbeitern nicht nur in ihrer Funktion, sondern auch in ihrer Person Beachtung zu schenken.
Damit ist es uns gelungen, anstatt der Handlungslinie Angst das

Handlungsmodell Mut zu realisieren. Wir waren uns im klaren, daß Angst blockiert, Mut aber befreit. Wir versuchten verengendes Sicherheitsstreben mit der Fähigkeit, Unsicherheit zu ertragen, zu ersetzen. Gegen Befangenheit und Denkhemmung setzten wir Offenheit und Kreativität, gegen Starrheit und Routine, wie sie in der Handlungslinie Angst vorherrschen, erlaubten wir Flexibilität und förderten Spontaneität in der Hoffnung, daß unsere Mitarbeiter Gestaltungsfähigkeit und Lernfähigkeit zeigten.
Unsere Konfliktlösungen waren dann nicht mehr Durchsetzung beziehungsweiseUnterwerfung sondern der Dialog mit Konfliktregelung ohne Sieger und Besiegte. Damit waren bei uns nicht Vorurteile, Intoleranz und Dogmatismus sondern Neugier, Intellektualität und Verantwortlichkeit Kennzeichen der Zusammenarbeit im Unternehmen. Alle, die neu zu uns kamen, haben sehr schnell erkannt, daß bei randstad grundsätzliche strukturelle und organisatorische Unterschiede gegeben sind:

- Freiräume anstelle von Zwängen
- Führung als Dienstleistung anstelle von Bevormundung
- Partnerschaft und Teamorientierung anstelle von Vorgaben
- Vertrauen statt Mißtrauen
- Toleranz, wenn Fehler gemacht werden, als Chance, die Leistungen zu verbessern.

Gerade weil wir gegenwärtig unter der Herausforderung eines rasanten Wandels stehen und weil wir wissen, daß Unternehmensziel und Unternehmenserfolg nur von Menschen erreicht werden können, bedeutet uns die Qualität und die gelebte Unternehmenskultur, in der mündige und kreative Menschen ihren Platz haben, außerordentlich viel. Nur so entfalten sich kreative und engagierte Mitarbeiter und bestimmen damit den Erfolg des Unternehmens mit.
In allen demokratisch verfaßten Staaten der westlichen Industrienationen werden mehr und mehr mündige und informierte Mitarbeiter Partizipation und Kooperation erwarten und auch erreichen. Dies wiederum bedingt ein neues Selbstverständnis der Führenden, bedingt andere Fähigkeiten der Führung als bisher und vor allem eine demokratische Führungskultur. Die Führenden werden zu Moderatoren und Entwicklern, die den Mitarbeitern Hilfe zur besseren Erledigung ihrer Aufgabe geben. Sie müssen »Macht teilen«, Geduld für den Prozeß des Miteinander aufbringen und letztendlich auch bereit sein, den »Erfolg zu teilen«.
Der Mensch im Betrieb läßt sich nicht länger als Mittel, Personal oder Funktionär qualifizieren. Wir werden ihn künftig eher wie einen »Kunden« des Unternehmens behandeln müssen. Die traditionelle Denkart »was gut ist für das Unternehmen ist gut für die Mitarbei-

ter« wird der neuen Einstellung weichen müssen: »Was gut ist für die Mitarbeiter ist gut für den Erfolg des Unternehmens und sichert die Zukunft«. Also werden sich das Bild und die Funktion des Managers ändern müssen.
In den ersten Jahrzehnten nach dem letzten Weltkrieg hatten wir eine Überbetonung von Rationalität zu verzeichnen. Die neue Anforderung an die Führenden heißt, den Menschen in seiner Ganzheit annehmen. Nicht nur Verstand und Leistung, sondern auch seine Emotionen müssen zur Geltung kommen. Technokratische Führungsinstrumente und -methoden werden untauglich. Wir werden »soziale Kompetenz«, die »Fähigkeit zum Miteinander« entwickeln müssen. Aus diesem neuen Verständnis der Aufgabe der Führungskräfte und der Unternehmer entsteht als erste und wichtigste Voraussetzung die Besinnung auf eine Unternehmensphilosophie, aus der sich die Unternehmensstruktur und der Führungsstil ergeben.
Unter dem Titel »Atala arbeitet bei Citroën« kennzeichnet Jean Fourastié, der Philosoph und Futurologe, die Situation des Menschen in unseren Betrieben. Atala ist die Titelfigur einer Novelle von Chateaubriand, die mit einem jungen Forscher aus der alten Welt zusammentrifft. Es entspannen sich zwischen Atala dem Indianermädchen und dem Gelehrten der Sorbonne Gespräche, in deren Verlauf sich herausstellt, daß sich die beiden kaum verständigen können. Nicht weil sie unterschiedliche Sprachen sprechen, sondern weil hier zwei sehr unterschiedliche Welten aufeinandertreffen.
Die Welt der Atala ist die Welt der Spontaneität, der Sensibilität, der Emotionen, der Träume, der Farben, der Klänge, der Poesie, der Religion. Atala steht hier für die Ursprünglichkeit des Menschen. Von der ersten Stunde seines Lebens an erfährt der Mensch zunächst Gefühle, er lernt weinen, lachen, genießen, er empfindet Geborgenheit und darf sich noch spontan geben. Diese ersten Erfahrungen begleiten ihn unverändert durch sein Leben. Diese ursprünglichen Eindrücke unserer frühesten Kindheit bleiben in uns »gespeichert oder programmiert«.
Dieser Mensch, der von seinen ursprünglichen Gefühlen – von den Melodien des Urwalds – geprägt ist, muß nun in der »Welt der Citroëns« arbeiten. Jeden Tag, an dem sich Atala auf den Weg zu ihrer Arbeit macht, muß sie aus ihrem Sein, aus ihrem ursprünglichen Wesen heraus, dem Wesen, das liebevoll, warm und emotional geprägt ist. Sie geht durch das Fabriktor in eine DIN-A4 genormte Welt, in die Welt der Ingenieure, der Computer, in eine Welt, die rechtwinkelig zu sein scheint. Sie muß also in einer Welt arbeiten, die ihr vom Wesen her zutiefst fremd ist. Selbst wenn sie aus dem Fabriktor wieder heraustritt, gelangt sie in eine Umgebung, die ebenfalls zuneh-

mend von Ingenieuren geprägt ist, die aber kaum den ursprünglichen Vorstellungen, Wünschen und Bedürfnissen des Menschen entspricht. Atala kommt jedenfalls zunehmend zu der Erkenntnis, daß diese andere technische Welt nicht für sie geschaffen ist, im Gegenteil, sie erscheint ihr immer unerträglicher.
Die Frage ist, können und müssen wir nicht mit den neuesten Erkenntnissen unserer Wissenschaften eine Arbeitswelt entwickeln, die menschengerechter ist?

2. Unternehmenskultur ist ein ständiger schöpferischer Prozeß

Unternehmenskultur ist Geistkapital und fördert, wenn sie sich ständig mit den Menschen des Betriebes und mit den gesellschaftlichen Entwicklungen sowie der Umwelt beschäftigt, den Unternehmenszweck und die Chancen auf dem Markt. Die Gründe hierfür sind einleuchtend, denn in einer gelebten demokratischen Unternehmenskultur darf der Mensch »er selbst« sein, er wird nicht nur mit seinen körperlichen Leistungen und geistigen Fähigkeiten rational gefördert, sondern er darf auch mit Herz und Seele, das heißt mit seinen Gefühlen anwesend sein. Der gegenwärtig sichtbare Wertewandel ist ein Ausdruck wachsenden demokratischen Bewußtseins, denn die Werte und Erfahrungen unserer demokratischen Kultur müssen, denke ich, schnell und auch wirksam in die Unternehmenskultur, die eines freien Landes würdig ist, umgesetzt werden. Führungsrichtlinien und Management by-Methoden sind zu wenig.
Die bisherige Unternehmenskultur war in der Mehrzahl der Betriebe eine Kultur der Zwänge, der Organisation, der Bürokratie. Es war eine Kultur der Vorgesetzten, die herrschten und kaum Rückfragen zuließen. Dies führte natürlich zu einem Verlust an Zustimmung, Identifikation und oft zur inneren Kündigung. Deshalb ist es die wichtigste Aufgabe, daß wir unter dem Begriff Unternehmenskultur eine neue Strategie auf den Weg bringen, die auf eine Veränderung des Bewußtseins der Führungskräfte und der Mitarbeiter, aber auch der Unternehmenseigner hinzielt.
Die Menschen möchten nicht länger Funktionäre ihres Arbeitsplatzes oder Rädchen im Getriebe sein, sondern wollen ihre persönlichen Bedürfnisse stärker berücksichtigt wissen. Sie suchen Freiräume und denken auch über Sinn und Zweck, Art und Weise ihrer Arbeit nach. Sie wollen Raum für ihre Ideen, wollen Kompetenzen, die sie zweifellos besitzen, beweisen und sich selbst mit einer gewissen Verantwortungsbereitschaft einbringen, um so am Unternehmensprozeß gestaltend mitwirken zu können.

Wir müssen aufpassen, daß die Wünsche, Bedürfnisse, Fähigkeiten und Talente und die Bereitschaft der Menschen, mitzugestalten, nicht mangels Chancen im Betrieb dann in den Bereich der Freizeitarbeit oder in die Schattenwirtschaft abwandern.
Für mich ist die Entwicklung in der sogenannten »Freizeitarbeit« oder der Schattenwirtschaft ein Ausdruck von Mängeln im »System Arbeit«.
Wir haben bei randstad versucht, in unserem Unternehmensstatut auf diese Fragen und Bedürfnisse Antworten zu geben. Um die geistigen und sozialen Fähigkeiten unserer Mitarbeiter zur Entfaltung zu bringen, wollen wir unsere Organisation wie folgt entwickeln:

- Wir streben ein Betriebsklima an, daß ein offenes und ungezwungenes menschliches Miteinander – ohne traditionell hierarchisch geprägte Strukturen – ermöglichst.
- Unsere Mitarbeiter sollen selbstverantwortlich und problemlösungsorientiert handeln, um unseren Kunden möglichst umfassende und nutzbringende Leistungen anbieten zu können.
- Organisatorische Veränderungen sollen nur nach einem aktiven Mitwirkungs- und Lernprozeß des Managements und der Mitarbeiter vollzogen werden. So sollen unsere Organisationsstrukturen nicht überwiegend formalistisch bedingt sein, sondern von den Mitarbeitern mitgestaltet werden.
- Jedem Mitarbeiter sollen im Sinne von Personalentwicklung, durch systematische Aus- und Weiterbildungsmaßnahmen sowie Betreuung Aufstiegsmöglichkeiten angeboten werden.
- Wir sehen es als unternehmerische Aufgabe, dem Streben des einzelnen nach Entfaltung seiner Persönlichkeit durch Anerkennung und emotionale Geborgenheit auch am Arbeitsplatz zu entsprechen. Daran orientieren sich Form und Stil unseres »Miteinanderumgehens«.
- Jeder Mitarbeiter soll Einfluß auf seinen eigenen Aufgabenbereich haben.
- Den in den einzelnen Betriebsabteilungen und -bereichen verantwortlich tätigen Mitarbeitern wird die Einflußnahme an der Erarbeitung von Unternehmenszielen und der Vorbereitung von Entscheidungen ermöglicht. Die Quartals- und Jahresplanung beispielsweise wird von unten nach oben entwickelt.
- Wir nutzen alle Möglichkeiten, die Leistungsbereitschaft unserer Mitarbeiter sowie die Identifikation mit dem Unternehmen und seinen betrieblichen Aufgaben zu fördern. Beispiele hierfür sind die Weiterentwicklung von Informations- und Kommunikationssystemen sowie die Erweiterung der Selbstverantwortung am Arbeitsplatz. Dies erreichen wir durch kleine überschaubare Einhei-

ten und Abteilungen, in denen die Führungsspanne beispielsweise bei externen Mitarbeitern – also Zeitpersonal – nicht über vierzig bis fünfzig hinausgehen darf.

- Führungsnachwuchs wird weitgehend aus eigenen Reihen hervorgebracht.
- Je nach Ertragssituation und Leistung profitieren unsere Mitarbeiter am Ergebnis des Unternehmens zusätzlich.
- Teile des Gewinns werden auch in der Verbesserung der Arbeitsbedingungen und des Arbeitsumfeldes investiert. Unsere Büros sollen den dort Arbeitenden einen angemessenen Aufenthaltsort und den externen Mitarbeitern eine entsprechende »Heimatbasis« bieten.
- Verbunden mit der Delegation von Entscheidungsbefugnissen gewähren wir den erforderlichen Entscheidungsspielraum, um Eigeninitiative und schöpferisches Handeln zur Entfaltung zu bringen. Wir nehmen dabei in Kauf, daß Fehler gemacht werden.
- Unsere Führungskräfte sind darauf bedacht, daß ihre Mitarbeiter in den Entscheidungsfindungsprozeß einbezogen werden.
- Deshalb streben wir an, den Herrschafts- und Führungsanspruch nicht nur auf traditionelle, organisatorische und gruppenspezifische Macht, sondern vor allem durch persönliche, fachliche Qualifikation und funktionale Autorität der Führungskraft zu legitimieren, was letztendlich »soziale Kompetenz« bedeutet.
- Der Kommunikation und Information ist ein hoher Stellenwert eingeräumt. Die Unternehmensleitung hat sich verpflichtet, neue Ziele rechtzeitig bekanntzugeben und zu begründen. Über alle Entwicklungen des Unternehmens ist bis ins Detail zu berichten; dem dienen turnusmäßige Besprechungen auf allen Ebenen. Zu diesem Zwecke nimmt auch der randstad-Betriebsratsvorsitzende regelmäßig an den Geschäftsleitungssitzungen teil.
- Wir legen Wert darauf, daß der Betriebsrat Informationen erhält, die über den im Betriebsverfassungsgesetz festgelegten Rahmen hinausgehen.

Wenn demokratische Unternehmenskultur menschenwürdige Strukturen verwirklichen will, gilt es den Sinn von Arbeit in dreifacher Hinsicht im Unternehmen ständig zu überprüfen, weil die Mitarbeiter folgende Fragen stellen:

1. Der private Sinn von Arbeit: Kann ich in meiner täglichen Arbeit einen Großteil meiner Kompetenzen, Fähigkeiten und Talente verwirklichen, entwickeln und anwenden?
2. Die Frage nach dem gesellschaftlichen Sinn der Arbeit: Kann ich mich mit den globalen Firmenzielen – auch dem sozialen Mehrwert, welchen das Unternehmen durch seine Leistungen erarbeitet – iden-

tifizieren? Ist es sinnvoll, daß ich in meiner Arbeit gut funktioniere und Leistung erbringe?
3. Der interpersonale Sinn der Arbeit: Macht die Zusammenarbeit in der Gruppe mit den Kollegen, aber auch mit dem Chef Freude? Darf ich so sein, wie ich wirklich bin? Nimmt man mich auch mit meinen Gefühlen ernst, und werde ich in meinen Fähigkeiten gefördert?

3. Die Elemente einer demokratischen Unternehmenskultur

a) Politische Führungsfähigkeit
Ein Unternehmen ist keine Insel in der Gesellschaft, sondern aufs engste mit ihr und den in ihr lebenden Menschen verwoben. Das Lenken und Gestalten des sozialen Systems Unternehmen kann also nicht in einem wertfreien Raum geschehen. Es genügt in Zukunft nicht, nur Gewinne zu erwirtschaften und Wachstum zu sichern. Neben dem täglichen operativen Management und dem strategischen Langfristdenken gilt es das normative Management oder das Wertemanagement als Kompaß und Maßstab für Führungshandeln im Betrieb bewußt zu machen. Dabei ist es wichtig, daß das operative und strategische Management von dieser neuen Denk- und Entscheidungsebene überlagert wird. Wenn es bisher um das Was, Womit und Wie ging, sind beim Wertemanagement die Fragen warum und wozu gestellt. Wertemanagement setzt Maßstäbe, legitimiert Produkte und Dienstleistungen und gibt den Zwecken des Unternehmens ihren Sinn. Hieraus erwächst verantwortetes Management. Die Sicherheit einer eigenen Philosophie wird zur Überlebensbedingung für den Betrieb. Fazit: Nicht länger ist das »was wir können« Maßstab für unser Handeln und Gestalten, sondern das »was wir verantwortlich wollen« ist das »was wir sollen«.

b) Demokratische Unternehmensführung
Es ist Sinn einer demokratischen Gesellschaft und des demokratischen Staates allgemein, Freiheit zu verwirklichen. Daraus ergeben sich jetzt auch Konsequenzen für den wirtschaftlichen Bereich. Es gilt den Geist einer demokratischen Kultur auch im Managementhandeln umzusetzen. Wobei es nicht um Abstimmungstechnik, wie sie in den demokratischen Parlamenten Praxis ist, geht. Die Aufgabe ist gestellt, eine gemeinsame Wertebasis zwischen Gesellschaft und Wirtschaft herzustellen und fortzuentwickeln. Den Führungskräften obliegt es dabei, demokratische Kultur mit ihren Werten wie Individualität, Solidarität, menschliche Würde und Selbstentfaltung, Humanität, soziale Sicherheit und soziale Integration, Toleranz, Infor-

mations- und Kommunikationsbereitschaft, Willen zum Konsens und letztlich fairen Wettbewerb, aber auch Subsidiarität in die Unternehmenskultur umzusetzen. Hier liegt in der Form von verbindlichen Unternehmensgrundsätzen oder einer festgeschriebenen Unternehmensphilosophie die Handlungsmaxime, die damit Leitbildfunktion hat, aber auch Verpflichtungs- und Rechtfertigungscharakter nach innen und außen besitzt.
Das Prinzip der Bevormundung, der militarisierten Regelungen, beispielsweise der Arbeitszeit, ist mit einer freiheitlichen Ordnung und demokratischen Kultur nicht länger vereinbar. Die technischen Voraussetzungen in unserem Unternehmen erlauben es heute, Arbeit und Aufgaben und nicht nur die Arbeitszeit zu flexibilisieren, ja die ganze Arbeitsorganisation und das »System Arbeit« beweglicher zu machen. Dies nicht nur in betriebswirtschaftlichem Interesse, sondern auch im Interesse der Bedürfnisse der Menschen, die je nach Lebenssituation und Berufsphase sehr unterschiedlich sein können.
Demokratische Unternehmenskultur hat auch Konsequenzen im Hinblick auf die Mitwirkungsmöglichkeiten durch Mitbestimmung im Unternehmen. Es sollten Freiräume für eigenes Handeln, für Selbstbestimmung und mehr Autonomie geschaffen werden. Warum soll eine Arbeitsgruppe einer Abteilung nicht selbst die Organisation und den Ablauf der Arbeit sowie die Arbeitszeiten unter sich regeln können, wenn das Abteilungsergebnis zum für den Gesamtablauf richtigen Zeitpunkt zur Verfügung steht.
Demokratische Führungskultur ist geprägt durch Vertrauen, Offenheit, Information, geduldige Kommunikation, Toleranz und den Willen zur Zusammenarbeit. Der Mitarbeiter, der sich von der Führung verstanden fühlt, der trotz eines Fehlers von seinem Vorgesetzten »getragen« wird, fühlt sich wohl und bringt entsprechende Leistung. Die Identifikation mit dem Unternehmen und das damit verbundene Engagement und die freigesetzte Kreativität werden dann zum Wettbewerbsvorteil.

c) »Soziale Kompetenz« als Führungsqualität
Hier ist nicht die traditionelle soziale Einstellung gegenüber den Mitarbeitern gemeint, sondern die Fähigkeit, den ganzen Menschen zu sehen und ihm im Miteinander zur Leistungsgemeinschaft im Sozialverband Unternehmen zu führen. Die Wirklichkeit des ganzen Menschen und die aus seinen Freiheitsrechten abzuleitenden Bedürfnisse, ebenso wie seine Menschenwürde, müssen künftig Maßstab für Organisation und technische Entwicklung sein. Dabei geht es nicht um neue Führungstechniken, sondern darum, Menschen als mündige Wirtschaftsbürger zu behandeln und Arbeit ohne Demütigung zu er-

möglichen. Das Gefühl der Hilflosigkeit und Machtlosigkeit kann nur auf der untersten Ebene des Arbeitsalltags beseitigt werden. Hier kommt es insbesondere auf die Beispiele der Abteilungsleiter und Meister an. Der Führende ist in Zukunft Koordinator und Moderator, der Wissensvermittlung statt Polemik betreibt. Anstelle von Bevormundung tritt Information und Kommunikationsbereitschaft, die die Menschen zum Für- und Miteinander bringt.
Um dies leisten zu können, brauchen die Führungskräfte »soziale Kompetenz«, sie müssen in der Lage sein, soziale Konflikte konstruktiv zu regeln, gruppendynamische Abläufe oder den Prozeß des Miteinander zu beherrschen, Überzeugungen zu vermitteln und Probleme bei der dialogischen und rhetorischen Interaktion zu lösen. Zur »sozialen Kompetenz« gehört auch, sich als Führungskraft in Frage stellen zu lassen, zuhören zu können, mit anderen gemeinsam nach Lösungen zu suchen und Macht sowie Erfolg zu teilen. Wir brauchen den »Experten im Miteinander«, der das notwendige »Wir-Gefühl« erzeugt. Wir brauchen den »Kümmerer«, auf den man sich stützen kann. Die menschlichen Beziehungen in einer Gruppe sind ein Kraftfeld für das Unternehmen. »Soziale Kompetenz« der Führenden wird insbesondere in den künftigen Beschäftigungsstrukturen mit flexibler Arbeit und beweglichen Arbeitszeiten herausgefordert. Unsere Mitarbeiter werden zu unterschiedlichen Zeiten im Betrieb sein, und die Zahl der Teilzeitbeschäftigten wird sich erhöhen. In diesen neuen heterogenen Beschäftigungsstrukturen brauchen wir diese neuen Qualitäten der Führung.
Fazit:
Es geht darum,
- Können, Wissen und Erfahrung der Mitarbeiter einzusetzen, sie mitwirken zu lassen an Entscheidungen. Das Ergebnis ist Mitverantwortung.
- die Mitarbeiter zu informieren, mit ihnen zu kommunizieren und Zeit zu haben für das Mitarbeitergespräch. Das Ergebnis ist Motivation.
- dem Mitarbeiter zu helfen, sich selbst zu entfalten und weiterzuentwickeln. Ihm Weiterbildungsmöglichkeiten anzubieten, um seinen Selbstverwirklichungsprozeß zu unterstützen. Das bedeutet, ihm soziale Begleitung geben, ihn ernst und mündig nehmen. Das Ergebnis ist Engagement.

Wir sollten in Zukunft auf den Verstand des Herzens bauen, der den Menschen Sicherheit und Geborgenheit im Betrieb gibt.

4. Demokratische Unternehmenskultur erfordert soziale und organisatorische Innovationen im Betrieb

Wir sehen bei randstad eine wesentliche Aufgabe der Führung darin, für soziale und organisatorische Neuerungen im Betrieb offen zu sein. Gefragt ist das neue Konzept oder die Vision, in der der Mensch zumindest so wichtig ist wie die Technik und die Systeme im Betrieb. Es gilt folgendes zu fördern und zu entfalten:

1. Die Subsidiarität kleiner, überschaubarer Einheiten, denn der Dezentralisierung gehört die Zukunft. Diesen kleinen Einheiten sollte ein großer Verantwortungsspielraum gegeben werden. Solche Subsysteme im Unternehmen regulieren sich selbst und tragen auf ihre Weise zum Funktionieren des Gesamtsystems Unternehmen bei.
2. Die Arbeitsorganisation, nicht nur die Arbeitszeit, kann und muß flexibler werden, wobei es nicht nur um flexible Arbeitszeiten sondern auch um flexible Strukturen und Abläufe geht. Hier liegen Vorteile im Hinblick auf Wettbewerb und betriebswirtschaftlichen Erfolg ebenso wie in der Chance, den eigenen Mitarbeitern Auswahlmöglichkeiten für Formen und Zeiten der Arbeit zu bieten.
3. Das Maß an Information und Kommunikation ist im Zusammenhang mit permanenter Weiterbildungsmöglichkeit Schlüssel für positive Einstellung und Leistung der Mitarbeiter und damit für den Erfolg des Unternehmens. Erfolg hat, wer am besten informiert, und wer viel informiert, erringt das größere Vertrauen. Wir brauchen Management »by Schwätze«, wie das ein schwäbischer Unternehmer ausdrückte.
4. Die Mitarbeiter sollten in ihrem Arbeitsbereich soweit wie möglich in den Entscheidungsprozeß einbezogen werden. Das gilt sowohl für die Planung und Entwicklung in den Abteilungen als auch der Produkte und Dienstleistungen, vor allem aber der Arbeitsorganisation und -abläufe.
5. Kooperation muß gewünscht, aber auch honoriert werden.
6. Wenn Mitdenken, Partizipation und Delegation ermöglicht werden sollen, müssen wir eine Veränderung der Entscheidungsbefugnisse akzeptieren und das Informationsverhalten entsprechend anpassen. Die modernen Kommunikationssysteme im Betrieb bis hin zum Personal Computer bieten hierfür längst die technischen Voraussetzungen.
7. Wenn die Verantwortung künftig dorthin verlagert wird, wo Sach- und Fachkenntnis bis ins Detail vorhanden sind, kann auch die Kontrolle der Arbeit nicht in bisherigen Formen praktiziert wer-

den. Kontrolle sollte künftig in den Arbeitsablauf als eine Art Selbstkontrolle eingebaut sein.

8. Unsere Organisationsfachleute müssen lernen, daß sie nicht allein dem technischen Ablauf der Arbeit sondern den Mitarbeitern zu dienen haben. Je mehr Verantwortung wir übertragen, desto mehr sollten die Mitarbeiter und die Abteilungen auch darüber bestimmen, wie sie ihre Arbeit erledigen. Organisationsrichtlinien bekommen deshalb eine neue Qualität und werden von dem Betroffenen selbst erarbeitet und realisiert.
9. Last not least, und ich halte dies für eine ganz entscheidende Voraussetzung des künftigen Erfolgs unseres Wirtschaftssystems und der einzelnen Betriebe, muß die Kapital- und Ertragsbeteiligung als Konsequenz sowohl der sozialen Marktwirtschaft als auch einer demokratischen Unternehmenskultur ernst genommen und eingeführt werden. Ohnehin ist nach meiner Überzeugung die Beteiligung am Produktivvermögen eine wesentliche Voraussetzung für die Zukunft der Arbeit und die Sicherung des Lebenseinkommens der Menschen.

Schlußbemerkungen

Eine demokratische Unternehmenskultur kann weder geplant noch konstruiert werden. Es handelt sich hier um einen Prozeß, um eine kontinuierliche Entwicklungsaufgabe. Entscheidend geprägt wird die Unternehmenskultur von der obersten Ebene der Hierarchie, die hier Vorbildfunktion übernehmen muß. Unternehmenskultur ist die Summe der Selbstverständlichkeiten, aber ein Evolutionsprozeß, der Reifezeit braucht, wobei Verhaltensweisen ständig überprüft und verbessert werden sollten.
Wir müssen in Zukunft fähig sein, Neues zu riskieren und einzuüben und Rückschläge zu ertragen. Vor allem aber dürfen wir die Zukunft nicht länger allein von bisherigen Erfahrungen ableiten. Wir dürfen nicht länger in Strukturen, sondern müssen lernen, in Prozessen zu denken. Es ist weiter wichtig zu erkennen, daß die Epoche des kollektiven Gleichschritts der allumfassenden Regelungen des lebenslänglichen »Arbeitsdrehbuchs« vorbei ist. Wir kommen in eine Phase der Individualität, des Autonomiebedürfnisses, der Subsidiarität, in der mündige Wirtschaftsbürger sich selbst einbringen, verantworten und leisten.
Nach achtzehn Jahren Geschäftsführung der deutschen randstad hatte ich gerade in den letzten Wochen einige für mich eindrucksvolle Erlebnisse, die die von mir 1968 grundgelegte Politik im Unter-

nehmen bestätigten. Lassen Sie mich einige Beispiele hiervon anfügen. Als ich vor kurzem in einem Personalleiterkreis die randstadt-Unternehmensgruppe darstellen durfte, sagte plötzlich ein Personalleiter: »Das, was Sie hier vorgetragen haben, kann ich bestätigen, denn wie Ihre Mitarbeiter ihren Kunden entgegentreten, nämlich positiv, locker und fröhlich, kann nur auf einer solchen Kultur beruhen.« Ein anderer aus der gleichen Gruppe, der sich einmal bei randstad beworben hatte, bestätigte seinen Kollegen im Zuhörerkreis, daß er diese Kultur sogar im Rahmen einer Bewerbung bei randstad, die übrigens abgelehnt wurde, gespürt habe, weil sie so menschlich und persönlich gewesen sei.

Wir haben vor wenigen Wochen eine neue Werbeagentur ausgewählt, die sich inzwischen damit beschäftigt hat, herauszufinden, wie randstad sich von seinen Mitbewerbern unterscheiden könnte. Das Ergebnis nach wochenlangen Recherchen war nach Aussage der Agentur: »Sie unterscheiden sich in erster Linie durch Ihre Unternehmenskultur.« Die schönste Bestätigung für meine jahrelangen Bemühungen, eine demokratische Kultur im Unternehmen zu leben, erfuhr ich jüngst in einer randstad-internen Führungsbesprechung, als einer unserer Gebietsleiter – er ist jetzt rund fünfzehn Jahre im Hause – seine Überzeugung in dem Satz zum Ausdruck brachte: »randstad ist eine Haltung.«

Genau dies ist auch meine Überzeugung, denn Unternehmenskultur ist eine Haltung. Insbesondere die Haltung der verantwortlichen Führungskräfte.

Arbeitsgruppe 6

»Unternehmenskultur in Mitarbeiterunternehmen«

Impulsreferate:

Josef Rottmayr
Gruppe Ingenieurbau GmbH, München

Karl Bergmann
ASH Krebsmühle, Oberursel

Josef Rottmayr

Gruppe Ingenieurbau GmbH, München

Dieser Beitrag beruht auf meiner nunmehr 17jährigen Erfahrung in drei verschiedenen Partnerschaftsunternehmen »Gruppe Ingenieurbau Bünde«, »Gruppe Ingenieurbau Bielefeld« und »Gruppe Ingenieurbau München«.
In der historischen Tabakstadt Bünde entstand 1969 das erste Partnerschaftsmodell der Gruppe Ingenieurbau, initiiert durch Harald Jordan und mich. Gruppe Ingenieurbau ist ein Synonym für ein unabhängiges, interdisziplinäres und partnerschaftliches Ingenieurbüro, wobei mindestens drei fachlich verschiedene Gruppen beziehungsweise Büros organisatorisch und räumlich zusammengeschlossen sind.
Die Gruppe Ingenieurbau Bielefeld entwickelte sich 1971 aus Bünde heraus, gleichzeitig die Gruppe Ingenieurbau Oldenburg. Die Gruppe Ingenieurbau München enstand durch meine Initiative im Jahre 1976.
Die Gruppen in Oldenburg, Bielefeld und München umfassen zwischen vier und sieben Fachbüros. Jede der drei Gruppen beschäftigt etwa 30 Personen.
Die Gruppe Ingenieurbau München ist seines Anspruchs der allgemeinen Übersetzbarkeit halber und der Konsequenz seiner Demokratie besonders interessant. Deshalb muß ich zum Verständnis ihre Struktur und ihre wesentlichen Regelungen anhand einer Übersicht über ihr Betriebsmodell erläutern (vgl. S. 163).
Daraus wird klar, daß dieses Unternehmensgefüge eine Gemeinschaft darstellt, in der jeder Partner eine Stimme hat und Eigentümer ist. Durchschnittlich verbringen unsere Partner 50–60 Stunden je Woche im Unternehmen. Die Formung, die also davon ausgeht, soll im folgenden deutlich werden.
Ich will zunächst positive Wirkungen anführen, die bei Mitarbeiterunternehmen allgemein relevant sind.

1. Die demokratische Prägung

Geht es bei uns um die Gestaltung der Organisation, um das Betriebsmodell, um die Geschäftspolitik eines Fachbüros, um die Aufnahme oder den Ausschluß eines Partners oder um die Leistungsbewertung, immer gibt es den Konservativen, der bewahren möchte, den Unsicheren, der Angst vor Veränderungen hat, den Vordenker, der die Utopie bereits den Entscheidungen der Gegenwart unterlegt, oder

Gruppe Ingenieurbau München, Kurzinformation Betriebsmodell 2

DAS DEMOKRATISCHE BETRIEBSMODELL

ist eine Betriebsform bei der jedes Mitglied, unabhängig von Ausbildung und Qualifikation gleichberechtigt, selbstständig bzw. Mitinhaber des Unternehmens ist. Jedes Mitglied hat eine Stimme; die Verteilung der Einkünfte erfolgt nach Arbeit (= Leistung × Zeit), die Verteilung der Kosten nach Leistung (= Qualifikation). Dadurch trägt jedes Mitglied nach seiner Tätigkeit Verantwortung. Der Begriff „Modell" soll ausdrücken, daß diese Form der Zusammenarbeit sich nicht auf bestimmte Berufe, z. B. Techn. Planer, beschränkt, sondern in allen marktabhängigen Wirtschaftsbereichen denkbar ist.

DAS BETRIEBSMODELL DER GRUPPE INGENIEURBAU MÜNCHEN
ist gekennzeichnet durch:

- Leistungsprinzip
  Die Einnahmen wurden nach geleisteter Arbeit verteilt (Leistung × Zeit), die Kosten nach Leistung (Qualifikation); jedes Mitglied trägt dabei nach seinem Vermögen Gewinn oder Verlust mit.
- Selbstbestimmtheit
  Die Produktionsmittel sind Eigentum der Partner, die sie gegen Miete allen zur Verfügung stellen.
- Anstellungsverhältnisse
  sind vorübergehend und sollen zur Vollmitgliedschaft (Gesellschafter) führen.
- Partnerbewertung
  Jeder bewertet jährlich jeden; der Durchschnitt dieser Bewertung ergibt den Verteilungsschlüssel für die Kosten und, multipliziert mit der Arbeitszeit, den Verteilungsschlüssel für die Einnahmen.
- Informationsoffenheit
  Jedem Partner sind alle Unterlagen (außer privaten) zugänglich.
- Stundenliste
  Die Stundenliste liegt offen aus, jeder kann die aufgeschriebene Zeit des Partners einsehen und ggfls. anfechten.
- Vollversammlungen
  Am ersten Freitag des Monats ist Vollversammlung.
  Dies ist das Forum, bei dem über Projekte und Akquisition berichtet wird, bei dem die Verwaltungsangelegenheiten der Bürogemeinschaft entschieden werden, bei dem Partnerkritik geübt wird und bei dem Entwicklungen und Veränderungen diskutiert werden.
- Größenbeschränkung der Primärgruppe
  Die Größe eines Büros oder eines Teams soll 7–8 Personen nicht überschreiten. Hierdurch ist innere Demokratie gewährleistet und Macht geteilt.

RECHTSSTRUKTUR DER GRUPPE INGENIEURBAU MÜNCHEN

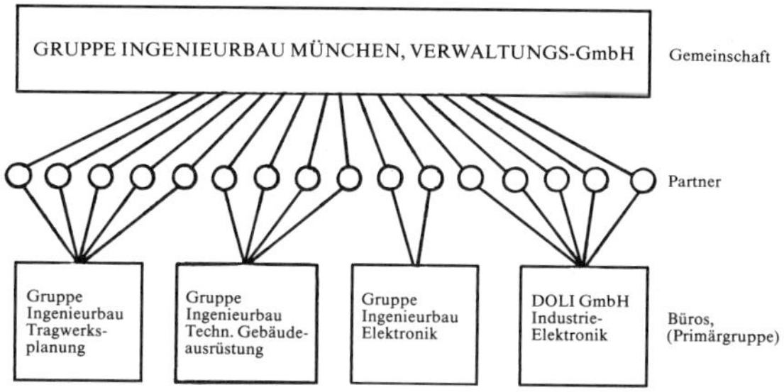

UMSATZENTWICKLUNG UND ARBEITSSTUNDEN

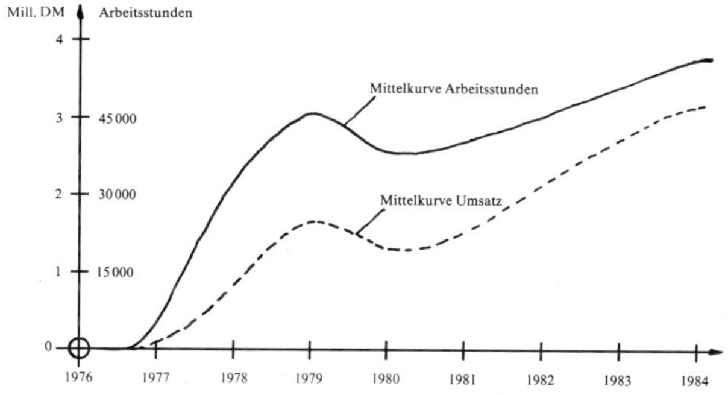

Durchschnittliche Wochenarbeitszeit je Partner = 60 Std./Woche

den Überzeugten, der meint, so wie er es für richtig empfindet, müsse es sein.
Dieser Prozeß, der knetet und schleift, ist aber eine notwendige Stufe auf dem Weg zur demokratischen Persönlichkeit.
Eine weitere Stufe ist, sich der gegenseitigen Leistungsbewertung zu unterziehen. Ich habe dazu schon manchen überheblichen Kommentar gehört wie: Wirkliche Kreativität sei doch gar nicht bewertbar und schon gar nicht durch Menschen niedrigeren Bildungsstandes, oder eine solche Bewertung überschreite eigentlich die Intimsphäre des Menschen und so weiter.
Nun, jegliche Gehaltseinstufung, jegliche Gebührenordnung, jeglicher Vertrag ist nichts anderes als eine Leistungsbewertung des einen durch den anderen. Nur solches geschieht mehr unbewußt. Bei uns ist die Bewertung Bestandteil des Betriebsmodells und damit in das Bewußtsein gehoben. Nach einer Bewertung ist allen bekannt, wie die persönliche Leistung vom Durchschnitt der Mitpartner gesehen wird.
Ergänzt werden solche Wirkungen durch die Erfahrungen, daß die auf Mehrheit beruhenden Entscheidungen alles in allem die richtigere ist, nicht nur weil »Für und Wider« besser abgewogen werden muß, sondern weil nur das »Dafür« der Mehrheit Garant der Realisierung ist. Wir können sicher sein, daß das, wofür am Besprechungstisch eine Mehrheit erzielt wird, auch durchgeführt wird, wogegen das, was von der Mehrheit abgelehnt wird, ohnehin im Sande verlaufen würde.
Solche Regelungen weisen den bejahenden Partner auf ein demokratisches Persönlichkeitsideal hin. Da dies nun schon mehrmals genannt worden ist, soll eine kurze Charakterisierung versucht werden. Die demokratische Persönlichkeit ist nicht autoritär, nicht dünkelhaft und arrogant, nicht macho-mäßig, nicht egoistisch und kaum konsumbetont. Sie schätzt jedoch Zuverlässigkeit, Vertragstreue, Verantwortungsbewußtsein, Großzügigkeit, Toleranz, moderate Führung und Demokratiewertgefühl. Sie ist eher sanft, bescheiden, selbstkritisch, konsensbetont, mehr auf das Sein gerichtet; beileibe aber nicht weltfremd, verträumt oder der Leistung abhold. Bei Leistung steht jedoch nicht Gewinn im Vordergrund, sondern Qualität. Gewinn hat eher Mittelcharakter, nicht Zielcharakter.

2. Die Erfahrung der gesamten Unternehmenswirklichkeit
Dem angestellten Mitarbeiter fehlt in der Regel das Erfahrenkönnen des maßgebenden Teiles unternehmerischer Wirklichkeit. Es ist all das, was unter Unternehmensführung verstanden werden kann, und unter die Verantwortung, die damit zusammenhängt. Durch die klei-

ne Primärgruppe (Kleingruppe) und die Selbstverwaltung auch in der Gesamtgruppe ist jeder Partner mit der vollen Unternehmenswirklichkeit konfrontiert.
Jede Entscheidung berührt den Partner, er hat die Folgen zu tragen. Somit wird sie existentiell erfahren. Die Aneignung von Wissen über das Fachliche weit hinaus ist deshalb unumgänglich. Juristisches Grundwissen, Gesellschaftsrecht, Haftung, Gewährleistung, Mithaftung, Vertragswissen, steuerrechtliches Wissen, Mehrwertsteuer, Vorsteuer, Betriebsausgaben, Abschreibungen, betriebswirtschaftliches Wissen, Buchhaltung, Finanzierung, Kredite, Bürgschaften, Markt und unternehmerisches Wissen, Akquisition, Kontaktbedeutung, Investition, Konkurrenzkenntnis, Führen, Gruppenverhalten sind Beispiele.
Solche Dinge machen den, dem sie vorgehalten werden, allzuleicht zum Fachidioten und führen zu Klassenideologie. Jenen, die sich damit existentiell auseinandersetzen müssen, gleichzeitig aber den Kontakt zur Basis nicht verlieren, wächst Erfahrung zu, und ihr Urteil wird reif.

3. Das Einüben von Verantwortlichkeit

»Verantwortlichkeit entwickelt sich durch Übernahme von Verantwortung«. Dazu zwei Aspekte: Eine Weisungsbindung oder Weisungsbefugnis existiert bei uns nicht. Die gegebene ausdrückliche oder stillschweigende Zustimmung zur möglichst guten Erledigung einer Arbeit innerhalb eines bestimmten Termins ist Vereinbarung. Ihre Einhaltung erzeugt positive Gefühle, ihre Nichteinhaltung negative. Jeder überschätzt sich anfangs und übernimmt mehr, als er erfüllen kann. Um seinen Zusagen nachzukommen, wird mehr, konzentrierter und länger gearbeitet. Das Phänomen des pünktlichen Feierabends, auch wenn eine Terminsache noch unerledigt ist, ist die Ausnahme. Das ist der eine Aspekt. Der andere Aspekt ist etwas, was man mit »Produktverantwortung« bezeichnen könnte.
Nicht nur um das »Wie« geht es sondern auch um das »Was«. Mehrheitlich abgelehnt werden Rüstungsprojekte. Bei Kernkraftanlagen ist die Meinung nicht so klar, jedenfalls haben wir schon bei der statischen Bearbeitung mitgearbeitet. Die beiden Aspekte sollen zeigen, daß Verantwortlichkeit in unserem Unternehmen sowohl das »Wie« als auch das »Was« umgreift. Dies kann bekanntlich nicht überall so sein.
Diese drei Beispiele, demokratische Prägung, Erfahren der gesamten Unternehmenswirklichkeit und Einüben von Verantwortlichsein, mögen zeigen, daß durch das Mitarbeiterunternehmen Bildung vermittelt wird, und zwar nicht unverbindlich sondern existentiell.

Durch die partnerschaftlichen Gruppierungen innerhalb der Gruppe Ingenieurbau haben seit 1969 etwa 40–50 Personen ihren Lebensweg geändert. Ich darf sagen, sie sind im Rahmen ihrer Möglichkeiten alle Persönlichkeiten geworden, denen gegenüber andere, die Risiko und umfassende Verantwortung gescheut haben, etwas inkompetent wirken.
Nun möchte ich darauf hinweisen, daß es in einem Mitarbeiterunternehmen einige herkömmliche Probleme nicht gibt.
Auch hier nenne ich drei Beispiele:

1. Schwarzarbeit
An den Geschäftskosten ist jeder Partner gemäß seiner Leistung beteiligt, am Einkommen gemäß seiner Arbeit. Das heißt, die Geschäftskosten hat ein Partner zu übernehmen, auch wenn er keine Arbeit leistet. Es ist also nicht so, daß er »schwarz« mit geringeren Kosten arbeiten könnte, denn diese sind fix. Das Ergebnis ist, daß jeder seine Arbeit, die er vielleicht privat angeboten bekommt, im Unternehmen leisten kann, er bringt sie ein.

2. Arbeitszeitregelung, wann und wieviel arbeiten
Die Zwänge, um bestimmte Arbeitszeiten einzuhalten, kommen von außen oder werden vom Partner selbst gesetzt. Es gibt keine Arbeitszeitregelung. Es ist klar, daß es schwierig ist, am Markt teilzunehmen, wenn man nur nachts arbeitet. Dabei sind Geschäftspartner nicht erreichbar, und es können keine Besprechungstermine eingehalten werden.
Die Einkommensaufteilung proportional zur geleisteten Arbeit garantiert, daß nicht zu extensiv gearbeitet wird und die Investitionen genutzt werden. Eine Arbeitszeitbegrenzung nach unten erübrigt sich also. Die Arbeitszeit nach oben zu begrenzen wäre sinnlos, weil gerade dann, wenn wenig Arbeit vorhanden ist, mehr gearbeitet werden muß, um solche zu beschaffen.

3. Untermotivation
Ein großer Teil der Managementforschung beschäftigt sich mit dem Problem der Mitarbeitermotivation. Tatsächlich ist der Unternehmenserfolg weitgehend davon abhängig. Auch gelingt es, Motivation in einem bestimmten Grad zu fördern. Neuere Begriffe dafür sind Organisationsentwicklung und Qualitätszirkel.
Doch aller Versuch stößt immer wieder an Grenzen. Der Grund liegt darin, daß die Identifikation mit einem Unternehmen, das nicht Eigentum ist, letztlich nicht hoch sein wird. Auch die Unternehmensgröße spielt dabei eine bedeutende Rolle. Ein Unternehmen, das

1000 Personen umfaßt und das demzufolge über eine mehrstufige Hierarchie verfügen muß, kann praktisch nicht mehr als Eigentum empfunden werden; auch die Demokratie im Unternehmen verändert dadurch ihre Qualität: Aus der unmittelbaren wird die mittelbare Demokratie.
Deshalb legen wir Wert darauf, daß die Primärgruppe mit maximal acht Partnern wirtschaftlich autark ist, das heißt, die Kosten selber trägt und ihre Einnahmen behält. Das Unternehmen ist dann nur der Rahmen, der dem Partner und seiner Gruppe und deren Zusammenarbeit die größte Freiheit läßt. Das Unternehmen als Ganzes sollte bei uns sieben bis acht Gruppen mit je sieben Partnern, also rund 50 Personen nicht überschreiten.
Das Produktionsziel mag unterschiedliche Unternehmensgrößen erfordern. Jedenfalls scheint es richtig zu sein, daß Unternehmen, die mehr als 200 bis 300 Personen umfassen, weder effizient noch nötig sind. Somit sind es die Eigentumsverhältnisse und die Größe, die letztlich eine grundsätzliche Identifikation möglich oder unmöglich machen.
Motivation ist also für uns kein Problem, allenfalls dort, wo es sich um Angestellte handelt. Aber auch da tritt es nicht so scharf zutage, solange die Zahl der Partner überwiegt. Hierbei kommen wir schließlich zu den echten Problemen unseres Betriebes, von denen ich zwei – da sie wohl allgemein interessant sind – beschreiben möchte.

1. Die Nichtpartnerschaft

Grundsätzlich ist das Unternehmen für die Partnerschaft offen. Wer wirklich Partner werden will, der wird es, wenn keine Hindernisse in seiner Person entgegenstehen. Unser Problem ist genau andersherum, daß es Angestellte und auch freie Mitarbeiter gibt, die ihren Status nicht ändern wollen. Sie partizipieren infolge des Betriebsmodells hinsichtlich Auftragslage und freiheitlichem Betriebsklima. Sie beteiligen sich jedoch nicht an der Verantwortung.
Dies ist für eine Unternehmensdemokratie wie unsere eine nicht zu unterschätzende Gefahr. Es bilden sich die alten Gewohnheiten, ja Notwendigkeiten nahezu unmerklich heraus: Die Partner werden durch Angestellte und nicht voll integrierte freie Mitarbeiter zu weisungsbefugten Chefs wider Willen und werden in dieser Rolle durch Übernahme von Verantwortung für andere bestätigt. Dazu kommt, daß es gerade der Idealismus ist, mit dem die Partner angetreten sind, der ihnen verbietet, Mitarbeiter zu entlassen, deren freie Entscheidung das Angestelltsein ist.
Auf diese Weise scheint dem Betriebsmodell eine Automatik innezuwohnen, die das Unternehmen stillschweigend und faktisch den her-

kömmlichen Unternehmen angleicht und die Demokratie transformiert.

2. Selbstausbeutung

Man stelle sich 15 Unternehmer vor, die in einem Büro gemeinschaftlich arbeiten. Hier wird wohl intensiver und länger gearbeitet; nicht zuletzt der Terminzwänge halber, in die sich der einzelne mehr oder weniger freiwillig hat hineinmanövrieren lassen. Eine solche Arbeitshaltung wünscht sich für seine Mitarbeiter jeder Unternehmer. Sie hat aber den Nachteil, daß wir füreinander zu wenig Zeit haben. Alle bedauern es, keiner kennt die Lösung.

Ist Selbstausbeutung nur ein Schlagwort? Ich glaube nein. Es gibt sie, die Vergehen wider die eigene Natur. Die Mechanismen, die dieses Problem erzeugen, sind uns noch zuwenig bekannt, einiges ist jedoch erkennbar: Beim Angestellten ist es Arbeitsfreude, Ehrgeiz, die Arbeitszeitregelung und die Verantwortungspflicht gegenüber dem Weisungsbefugten, was ihn seine zugewiesene Arbeit tun läßt.

Beim Selbständigen fallen solche Hilfen weitgehend weg, und er muß sich jeden Tag neu überwinden. Weil dies schwer ist, nimmt er sich selbst in die Pflicht, indem er Verträge mit dem Kunden oder mit den Mitpartnern abschließt. Je gewissenhafter und verantwortungsbewußter er ist, desto mehr setzt er sich dabei selbst unter Druck. Auch der Reiz einer Aufgabe oder die Einsicht, daß halt dies und jenes getan werden müsse, verführen zur Überlastung. Auch Ungeduld, ein gestecktes Ziel schnell zu erreichen, spielt mit. Jene benediktinische Gepflogenheit des »Übertreibe nichts« müssen wir erst lernen.

Zusammenfassung

Im vorangegangenen Text habe ich in Kürze versucht, Unternehmenskultur im demokratischen Betrieb deutlich zu machen. Dabei sollten ausgewählte Beispiele zeigen, wohin das demokratische Unternehmen zielt, welche der Probleme herkömmlicher Unternehmensstruktur für uns eigentlich keine Probleme sind und welcher Art die neuen Schwierigkeiten sind, mit denen wir es zu tun haben.

Die Frage liegt auf der Hand, ob Erfahrungen in einem relativ kleinen Dienstleistungsunternehmen allgemeinere Schlüsse zulassen. Als Antwort eine Hypothese: Das demokratische, gemeinschaftsbewußte, klassenfreie Unternehmen der Zukunft wird ein kleines oder mittleres Unternehmen sein, mit weitgehend autonomen Primärgruppen von nicht mehr als acht Personen, und es wird 200 bis 300 Personen nicht überschreiten. Jedes größere effiziente Unternehmen wird in seiner eigenen Struktur erkennen, daß es ohnehin aus mehreren unternehmerischen Einheiten besteht mit maximal sieben[3] Personen (sieben = Größe der Primärgruppe, drei = Anzal der Hierarchiestufen.) Was darüber hinausgeht, hat wenig mit Notwendigkeit und Effizienz zu tun, jedoch viel mit verbrämter Macht. Die Pannen der Großen bezahlt die Allgemeinheit.

Karl Bergmann

ASH Krebsmühle, Oberursel

Sehr geehrte Damen und Herren!
Diese Arbeitsgruppe hat das Thema »Unternehmenskultur in Mitarbeiterunternehmen«. Damit ich mich in dem, was ich dazu sagen will, Ihnen verständlich machen kann, ist es notwendig, Sie darauf hinzuweisen, daß es sich bei dem Unternehmen beziehungsweise dem Verbund von Unternehmen, für den ich spreche, um einen speziellen Fall von Mitarbeiterunternehmen handelt.
Die Krebsmühle ist ein *selbstverwalteter Betrieb* beziehungsweise der Rahmen für die Kooperation einer ganzen Reihe solcher selbstverwalteter Betriebe. Es handelt sich um Betriebe, die sämtlich in den letzten zehn Jahren neu gegründet und aufgebaut wurden, im Rahmen der Bewegung, von der Sie vermutlich – wenn überhaupt – als *»Alternativbewegung«* gehört haben werden. »Alternativbetriebe« also und doch wieder nicht: Wir finden diesen Begriff so verwaschen, daß wir uns seit Jahren davon distanzieren, und um dies zu tun, benutzen wir eben den Begriff »Selbstverwaltung«.
Was kennzeichnet nun aber die Krebsmühle und alle anderen Betriebe, die sich »selbstverwaltet« nennen im Vergleich etwa zu den Mitarbeiterunternehmen, die innerhalb der AGP die Regel sind?
Da ist zunächst mal die wichtige Tatsache, daß unsere Unternehmen in Opposition zu und als Antwort auf die Verhältnisse gegründet worden sind, die wir in konventionellen Unternehmen vorgefunden haben. Was wir hauptsächlich kritisiert haben, war die Reduzierung des einzelnen rein auf seine Funktion als Arbeitskraft, und dies im wahrsten Sinne des Wortes. Denken – so unsere und meine persönliche Erfahrung – war nicht gefragt, war im Gegenteil störend, störend nämlich für die reibungslose Funktion der Hände und Füße als Verlängerung der Maschine.
Ich habe mich damals oft darüber gewundert, daß vorhandene Fähigkeiten, also in der Person und der Persönlichkeit der einzelnen Mitar-

beiter vorhandene Produktivkraft, von den Unternehmen, in denen ich gearbeitet habe, nicht nur nicht gefragt, sondern im Gegenteil regelrecht unterdrückt worden ist. Das, was da dann für den einzelnen Mitarbeiter übrigbleibt, ist die totale Funktionalisierung beziehungsweise – um es konkreter und direkter auszudrücken – die totale Entfremdung. Wo der Sinn und Inhalt der Arbeit verlorengeht, gibt es keinen Anlaß und keinen Ansatz mehr zur Motivation des Mitarbeiters, es sei denn der Leistungsanreiz über mehr Lohn für mehr Produkt.
Ich habe mich lange genug in solchen Betrieben – sozusagen an der »Basis« – aufgehalten, um genau zu wissen, daß sehr viel Effektivität den Unternehmen durch Schludrigkeit und Nachlässigkeit bis hin zur bewußten Sabotage verlorengeht. Ich habe gesehen, wie in der Kontrolle der »o.k.«-Stempel aufgedrückt wurde, ohne daß überhaupt geprüft worden wäre, und ich habe auch gelernt, wo man sinnvollerweise den Schraubenschlüssel am Fließband »verliert«, um einen halben Tag Zeit zum Spazierengehen und zum Schwätzen zu gewinnen.
So, in dieser ständigen Gegnerschaft zum Unternehmen und zum Unternehmer, die man über die oben geschilderten Strukturen aber auch gar nicht anders wahrnehmen kann – in dieser Haltung ist es ein Hohn, von Freude an der Arbeit zu reden. Die aber – so unser Denken – ist die Sehnsucht aller Menschen, die ja nicht nur arbeiten müssen, sondern eigentlich auch arbeiten wollen, sinnvoll nämlich. Denn sinnvolle Arbeit hat sehr viel mit Selbstbewußtsein und Selbstwertgefühl, hat sehr viel mit der Entwicklung der eigenen Persönlichkeit zu tun.
So war also unser Ansatz, Betriebe aufzubauen, in denen es den Mitarbeitern möglich sein sollte, selbstbestimmt zu arbeiten. Selbstverantwortung statt Kontrolle, Einsicht in die Notwendigkeit der Einhaltung von Arbeitszeiten statt der Stechuhr, Motivation der Mitarbeiter nicht über Lohn, sondern über die Möglichkeit, das Schicksal des Betriebes und damit das eigene Leben selbst zu gestalten.
Die ursprüngliche und bis heute noch nicht endgültig gelöste Situation des nicht vorhandenen Kapitals und der in der Sicht der Banken nicht vorhandenen Kreditwürdigkeit mit der daraus resultierenden Notwendigkeit, die ursprüngliche Kapitalakkumulation auf der Grundlage der eigenen Arbeitskraft durchzuführen (das bekannte Stichwort an dieser Stelle heißt »Selbstausbeutung«) – diese oft beklagte Situation erscheint mir im Rückblick nicht nur nicht beklagenswert, sondern umgekehrt als eine wichtige Bedingung für die Entwicklung unserer Betriebe. Wir hatten sozusagen keine Wahl: entweder es gelang uns, den Schlüssel zu finden für die Motivation,

den Durchhaltewillen und die Einsatz- und Verzichtbereitschaft unserer Mitarbeiter ... oder wir mußten aufgeben.
Ich denke, daß sich viel von unserer Unternehmenskultur aus diesem Druck heraus entwickelt hat. Kern unserer Arbeit sind solche Motivationsfragen, so weit, daß wir manchmal nicht genau wissen, was wir mehr sind: ein Betrieb oder ein Experimentier- und soziales Forschungszentrum. Die Tatsache aber, daß die Betriebe der Krebsmühle schon seit mehr als zehn Jahren recht erfolgreich existieren, deutet darauf hin, daß wir beides doch scheinbar sinnvoll zusammenzubringen gewußt haben und daß wir in den von uns verwendeten Methoden, Mitarbeitermotivation zu wecken beziehungsweise zu erhalten, einigermaßen richtig liegen.
Ich gerate öfter in die Situation, auf Seminaren und Kongressen wie diesem unseren Ansatz darzustellen. Auf der Suche nach einer Formel, die knapp und präzise diesen Ansatz beschreibt, bin ich bei Opa Marx gelandet, für den sich kommunistische Verhältnisse wie folgt beschreiben lassen: *»Jeder nach seinen Fähigkeiten, jedem nach seinen Bedürfnissen«*. Nun verstehe ich ja nicht viel vom Kommunismus und bin weit entfernt davon zu denken, die zu beobachtenden realsozialistischen Verhältnisse wären ein Weg dorthin oder böten auch nur ansatzweise einen Ausweg aus den Problemen unserer Zeit. Tatsache aber ist, daß das »jeder nach seinen Fähigkeiten – jedem nach seinen Bedürfnissen« ganz ausgezeichnet das beschreibt, was ich die Leitlinie unseres unternehmerischen Handelns, unserer Unternehmenspolitik und -kultur nennen möchte.
»Jeder nach seinen Fähigkeiten« – das bedeutet für uns ganz konkret, daß der Wert des einzelnen Mitarbeiters für den Betrieb sich nicht nach irgendwelchen objektiven Produktionsdaten bemißt, sondern nach dem Einsatz, den er seinen Fähigkeiten entsprechend für seinen Betrieb bringt. Konkret ist uns ein Mitarbeiter, der sich nach Kräften bemüht und möglicherweise trotzdem in seiner objektiven Leistung nichts Besonderes zuwege bringt, lieber als jener andere, der das alles »mit links« macht, mehr produziert, aber dies mit einem Bruchteil des Einsatzes macht, der ihm möglich wäre. Dies klingt widersinnig – wer sich aber klarmacht, wie verheerend sich ausbreitende Arbeitnehmermentalität auf die gesamte Betriebsmoral auswirken kann, wird die Überlegung hinter dieser Haltung verstehen können.
»Jeder nach seinen Fähigkeiten« hat aber nicht nur diese subjektive Seite. Wer weiß schon so genau von sich selbst, welche Tätigkeit seinen Fähigkeiten entspricht beziehungsweise welche Fähigkeiten noch unentdeckt in einem selbst schlummern? Es passiert oft, daß einer sich in einem Arbeitsbereich redlich abmüht, trotzdem nichts Ge-

scheites zuwege bringt und darüber natürlich unglücklich ist – und daß in solchen Situationen dann die anderen Mitglieder des Arbeitsbereichs oder auch das Gesamtplenum der Betriebe gefordert sind, mit dem Betreffenden darüber nachzudenken, welches andere vorhandene oder neu aufzunehmende Arbeitsfeld seinen Fähigkeiten und Wünschen eher entgegenkommen könnte.
Es passiert gerade den Aktivsten und Geschicktesten, daß sie nach mehrjähriger Aufbauarbeit irgendwann mal immer lustloser werden, sich schlapp und krank fühlen, über »Aussteigen« nachdenken. Der Grund liegt meistens darin, daß die derzeitige Arbeit nicht mehr genügend Anforderungen stellt, daß subjektiv der Eindruck entsteht, »nichts mehr dazulernen« zu können. In allen diesen Fällen ist es die Frage des Umgangs miteinander und entsprechender betrieblicher Organisation, Lösungen zu finden. Solche Lösungen können in der sogenannten »Rotation«, das heißt dem Wechsel in andere Arbeitsbereiche mit jeweils neuen Lernanforderungen bestehen oder aber in der Ausweitung des Gesamtbetriebs auf neue Arbeitsgebiete.
Ein dritter, sehr wesentlicher Punkt im Umfeld der »Fähigkeiten«-Diskussion hat zu tun mit dem Begriff »Toleranz«. Gemeint ist gegenseitige Toleranz, und der Kern des Problems besteht im Umgang der »alten« oder erfahrenen Betriebsmitglieder mit den »neuen«, noch nicht erfahrenen.
Wir hatten zu Beginn unserer betrieblichen Entwicklung keine andere Chance, als auf das Prinzip des »learning by doing« zu setzen. Wir hatten deshalb keine Chance, weil uns in allen Arbeitsbereichen, von denen heute 60 Menschen leben, die Fachleute gefehlt haben. »Learning by doing« ist eine sehr nachhaltige und effektive Lernmethode, wenn die so Lernenden den Erfolg oder Mißerfolg ihres Lernens unmittelbar spüren: als Plus oder Minus im eigenen Lohnniveau und Lebensstandard. Viele haben auf diese Weise Fähigkeiten bei sich entdeckt und entwickelt, von denen sie selbst und kein anderer vorher geglaubt hätten, daß sie überhaupt vorhanden wären. Die Möglichkeit aber, Fehler zu machen, gehört prinzipiell zu dieser Methode.
Wir haben zwar heute nicht mehr die Situation, zu wenig Fachleute in unseren Arbeitsbereichen zu haben. Erfreulicherweise ist die Tendenz eher so, daß die Mehrheit unserer neuen Mitglieder nicht aus materieller Not (etwa weil sie arbeitslos wären) zu uns kommt, sondern dies die bewußte Entscheidung von gut ausgebildeten und in konventionellen Betrieben angemessen Beschäftigten ist, die eben *anders* arbeiten wollen und dafür auf eine Portion Sicherheit und eine Portion Einkommen bereit sind zu verzichten.
Trotzdem gibt es immer wieder die Notwendigkeit, Neues über prak-

tische Versuche und Erfahrungen zu lernen. Für das Verhältnis von »alten« und »neuen« Betriebsmitgliedern bedeutet dies, daß einerseits die »alten« den »neuen« die Chance lassen müssen, eigene Erfahrungen und also eigene Fehler selbst zu machen (und das bedeutet konkret, daß man nicht alles besser wissen darf, selbst wenn man es besser weiß; daß es also unter Umständen besser ist, sehenden Auges einen Fehler zuzulassen statt ihn autoritär zu verhindern, selbst wenn dieser Fehler dem Betrieb und damit allen Geld kostet). Umgekehrt dürfen »neue« die »alten« nicht daran hindern, in neuen Gebieten neue oder erweiterte Erfahrungen zu machen, selbst wenn darüber der Erfahrungsvorsprung zwischen »alten« und »neuen« auch auf lange Sicht erhalten bleibt.

Dies sich gegenseitig zuzugestehen, dazu gehört schon ein großes Maß an Toleranz und Bereitschaft. Und es gehören gewisse organisatorische Vorkehrungen dazu: Unsere Betriebe sind unter anderem deshalb auf ständige Expansion und vor allem auf Diversifikation angelegt, um einerseits ständig neue Erfahrungs- und Lernfelder zu eröffnen und andererseits durch den Wechsel der »Alten« in solche neuen Bereiche den »Neuen« die Möglichkeit zu geben, in Verantwortungs- und Entscheidungspositionen nachzurücken.

Ich will an dieser Stelle ausdrücklich darauf hinweisen, daß sich diese Erweiterung nicht allein auf ökonomische Felder bezieht. Kern unserer Unternehmensphilosophie ist die Ansicht, daß die Bindung der Mitarbeiter an ihren Betrieb um so stärker wird, je mehr der Betrieb in der Lage ist, die individuellen Sorgen und Probleme oder auch die Wünsche und Bedürfnisse seiner Mitarbeiter zu Problemstellungen des Betriebs zu machen und sozusagen kollektive Lösungen für diese individuellen Wünsche und Probleme zu finden. Oder anders ausgedrückt: je weiter der Betrieb Lebensbedürfnisse seiner Mitarbeiter in der Lage ist abzudecken, je mehr er aufhört, ein bloßer Arbeitszusammenhang zu sein.

Ursprünglich hieß unser Ansatz »zusammen leben – zusammen arbeiten«. Wir haben gelernt, daß das ein sehr weitgehender Anspruch ist und viele potentielle Mitarbeiter mit Blick auf ihre familiären und freundschaftlichen Beziehungen außerhalb des Betriebes davor zurückschrecken. Wir sehen aber auch, daß es dort, wo die Beziehungen der Kollegen zueinander auf der reinen Arbeitsebene stehenbleiben, nicht zu dem Verhältnis untereinander und damit zum Betrieb kommen kann, das wir anstreben und im Sinne unserer Unternehmensphilosophie für unabdingbar halten.

Sorgen, Probleme, Bedürfnisse der Mitarbeiter, die kollektiv gelöst werden können: das ist zum Beispiel die betrieblich geregelte Versorgung der Kinder, das ist das Café-Restaurant als Gegenstück zu lieb-

losen Kantinen, das ist ein breites Kulturangebot bis hin zum regelmäßigen Theaterbetrieb an allen drei Tagen des Wochenendes, das ist die Teilnahmemöglichkeit an Seminaren, das ist die Organisation der Autofrage, das ist die Beschaffung von Wohnraum oder die Übernahme der Verhandlungen und Auseinandersetzungen des einzelnen mit Behörden als betriebliche Aufgabenstellung.
Damit bin ich schon beim zweiten Teil der betrieblichen Aufgabenstellung: *jedem nach seinen Bedürfnissen* habe ich das vorhin genannt. Und da die Hauptfrage in diesem Zusammenhang immer die ist, wie es denn bei uns mit der Lohnregelung stehe, soll die auch beantwortet werden: Was wir wollen, ist der Lohn nach Bedürfnis, was wir haben (weil die Möglichkeit zur Lohnentnahme nach wie vor beschränkt ist), ist der Bedarfslohn. Beide Lohnsysteme folgen derselben Grundlage: In unserem jetzigen gehen wir davon aus, daß das zur Verfügung stehende freie Einkommen, also das, was zu reinen Konsumzwecken verwandt werden kann, für alle gleich sein soll. Das bedingt, daß der real gezahlte Lohn bei vielen sehr unterschiedlich ausfällt. Die Wohnung mit vier Zimmern – weil mit zwei Kindern – in Frankfurt ist nun mal teurer als die Zweizimmerwohnung in einem der Vororte. Und die kann außerdem noch mit dem Fahrrad erreichbar sein, während die andere außer mit dem Auto zwei Stunden An- und Abreise täglich fordert. Der eine hat einen gewaltigen Schuldenberg am Hals, die andere kriegt vielleicht noch Unterstützung vom Papa und so weiter.
Die Lohnfestsetzung orientiert sich immer an der Frage: Was brauchst du, um einigermaßen sorgenfrei über die Runden zu kommen? Und summiert dann die monatlichen fixen Kosten des Mitarbeiters zu einer Art Basislohn (oder auch zu einem Bestandteil der Betriebsausgaben), zu dem dann das kommt, was zur freien Verwendung zur Verfügung steht. Ich gebe zu: Das ist nach wie vor eher der solidarische Umgang mit einer Mangelsituation, wenn auch das Lohnniveau bei uns alles in allem bei rund 1800 DM netto liegt. Was wir anstreben, ist – wie gesagt – der Bedürfnislohn, das heißt die Verschiebung der Möglichkeiten nach hinten oder oben.
Die Organisation des Betriebes: Der Gesamtbetrieb gliedert sich in sechs Teilbetriebe, die teilweise als rechtlich selbständige Firmen, teilweise als Abteilungen einer Firma operieren. Die Einzelfirmen und Abteilungen arbeiten weitgehend autonom, wobei weitgehend so weit gehend wie irgend möglich meint. Personalentscheidungen und Entscheidungen über die individuelle Lohnhöhe werden auf dieser einzelbetrieblichen Ebene entschieden. Das gleiche gilt für Investitionen im Bereich unterhalb von etwa 50000 DM, das heißt bei Entscheidungen, die nicht möglicherweise andere Betriebsteile oder

alles belasten oder gefährden. In diesem Falle berät das Plenum, das heißt die Vollversammlung aller interessierten Mitarbeiter. Dieses Plenum – andere würden das vielleicht Betriebsversammlung nennen – tagt jede Woche einmal abends nach dem Abendessen, also außerhalb der Arbeitszeit und unbezahlt. Niemand wird gezwungen, teilzunehmen, jedoch ist die hier getroffene Entscheidung im Zweifelsfall verbindlich auch für die, die nicht anwesend waren. Teilnehmen können alle Betriebsmitglieder unabhängig davon, wie lange sie schon Mitarbeiter des Betriebs sind.

Das Plenum muß sich auch mit den Belangen der Einzelbetriebe beschäftigen als eine Art Schlichtungsinstanz in Fällen, in denen sich die Mitarbeiter des Einzelbetriebs nicht einigen konnten, und immer dann, wenn ein Einzelbetrieb »in die roten Zahlen gerät«, das heißt die Eigenkosten und den Anteil an den Gemeinkosten nicht mehr erwirtschaften kann. In diesem Fall wird im Plenum nach Lösungen und Auswegen gesucht. Bis die beschlossenen Maßnahmen greifen, müssen die anderen Betriebe das Defizit decken. Das Maximum an Subventionsleistung ist allerdings begrenzt auf die Dauer eines Jahres. Ein Betrieb, der es trotz aller Diskussion und Unterstützung nicht geschafft hat, sich in dieser Zeit zu berappeln, muß damit rechnen, »dichtgemacht« zu werden. Von einem Betrieb, der sich als solcher begreift, verlangen wir, daß er sich trägt.

Anders ist das bei solchen Aktivitäten, die von vornherein als kulturelle oder politische Initiative unter dem Aspekt der Subventionsbedürftigkeit begonnen wurden. Entsprechend unserer Unternehmensphilosophie dienen die Erträge der Betriebe nur zum Teil der Steigerung des Lebensstandards der Beschäftigten. Soweit sie nicht in Investitionen und Baumaßnahmen verwandt werden, sollen sie neuen Betrieben und vor allem Initiativen auf sozialem, kulturellem und politischem Gebiet auf die Beine helfen. Subventioniert werden derzeit bei uns der Theaterbetrieb *ARENA,* die Zeitschrift *CONTRASTE,* das Umweltlabor *ARGUK* und das Projekt *Ökobank.*

Der Beitrag der Arbeitgeberverbände zur Unternehmenskultur

Dr. Arendt Oetker
Schwartauer Werke GmbH & Co.,
Bad Schwartau

Seit etwa zwei Jahren gewinnt hier in Deutschland der Begriff der Unternehmenskultur an Bedeutung. Entstanden ist diese Entwicklung in den USA, wo man auf der Suche nach den Gründen des unternehmerischen Erfolges (in search of excellence) war. Die dahinterliegende Absicht war, ein Unternehmen im ganzen zu sehen und nicht nur aus wirtschaftlichen Aspekten heraus zu führen. Diese Unternehmenskultur sollte aus der Wertskala einer freien demokratischen Gesellschaft auf die Unternehmen übertragen werden.
Der Begriff Unternehmenskultur ist sicher nicht nur eine Modeerscheinung, sondern eine Reaktion auf Fragen einer bestimmten Zeit. Dazu gehört sicherlich die Fortschrittsskepsis und eine hierzulande häufige pessimistische Grundstimmung. Unternehmenskultur ist darauf aus, das Bewußtsein von Management, Mitarbeitern, Aktionären, Kunden und der Öffentlichkeit zu verändern. Es kann eben nicht einfach ignoriert werden, daß sich die Einstellung zur Arbeit ändert. Wo materielle Sorgen schwinden, die meisten Bedürfnisse befriedigt sind und die Freizeit – die Jahresarbeitszeit hat sich beispielsweise in den letzten 30 Jahren von 3000 auf 1700 Stunden reduziert – ständig wächst, tun sich neue Anforderungen auf. Materiellem Wachstum und neuer Technologie muß ein entsprechender ideeller und menschlicher Bezug gegeben werden.
Die Mitarbeiter sollen Ideen, Kompetenz, Verantwortung und möglicherweise auch Vermögen einbringen, um so am Unternehmen teilzuhaben. So kann Partnerschaft entstehen und die Leistung der Mitarbeiter erheblich vergrößert werden – zum Vorteil des Unterneh-

mens und zur Entwicklung ihrer selbst. Und so erwächst aus dem Begriff Kultur durchaus eine betriebswirtschaftliche Komponente, da ganz erhebliche Reserven des häufig größten Kostenfaktors eines Unternehmens mobilisiert werden können. So kommt es zur Wiederentdeckung des Humankapitals. Beispiele gibt es dafür in Japan, wo eine exemplarische Loyalität der Mitarbeiter zum Unternehmen die Regel ist. Mit einer solchen Unternehmensidentifikation lassen sich Reibungsverluste vermeiden und die Kräfte auf den Markt konzentrieren. Und nur solange der Unternehmer mit dem ihm anvertrauten Humankapital, der Umwelt und Kapital sorgfältig umgeht, wird dies ihm auch künftig anvertraut werden.

Wenn Unternehmen wie BMW oder Bertelsmann, um ein Beispiel zu nennen, sich hiermit eingehend beschäftigen, dann muß das einen Nutzen haben. Praktizierte Unternehmenskultur hat verschiedene Auswirkungen. Kultur hat einen normativen Charakter. In Zweifelsfällen entscheidet der durch die Unternehmskultur manifestierte Unternehmensgeist. Unternehmenskultur läßt Zugehörigkeit erkennen und integriert. Zur Unternehmenskultur gehören natürlich bereits auch regelmäßige Bräuche wie Ausflüge, jährliche Essen oder Jubiläumsfeiern.

Jeder Betrieb hat mehrere Dimensionen, und neben der wirtschaftlichen ist er ein wesentlicher Lebensraum der Menschen und muß entsprechend ausgestaltet werden.

Auch unsere Rechtsordnung geht von dieser Erkenntnis aus. Diese findet ihren Niederschlag in der Neufassung des Betriebsverfassungsgesetzes von 1972 und dem Mitbestimmungsgesetz von 1976. Nach § 2 Betriebsverfassungsgesetz soll eine vertrauensvolle Zusammenarbeit zwischen Arbeitgeber und Betriebsrat das Wohl von Klima und Betrieb gewährleisten. Der direkte Einfluß der Arbeitgeberverbände auf diese Unternehmenskultur ist aus der Natur der Sache heraus schon schwierig. Doch durch Publikationen der Arbeitgeberverbände, durch die Mitwirkungen im Vorfeld von neuen Gesetzesvorhaben und durch die Mitarbeit vieler Unternehmer ist den Gremien der Arbeitgeberverbände indirekter Einfluß bei allen wichtigen Themen dieserzeit gegeben, wie zum Beispiel Technisierung am Arbeitsplatz, Flexibilisierung der Arbeitszeit und Vermögensbildung der Arbeitnehmer, um nur einen kleinen Ausschnitt zu nennen.

Die neuen Informationstechniken und die Mikroelektronik haben die Arbeitswelt so verändert, daß der Einfluß des Menschen auf das Arbeitsergebnis in manchen Bereichen begrenzt und auf anderen Gebieten erheblich erweitert ist. Je mehr es um die Herstellung hochwertiger Güter geht, und je schärfer der Wettbewerb wird, desto größer ist der Bedarf an schöpferischer Leistung und Fachwissen, und

um so nötiger ist es, daß der Mensch seine Fähigkeiten in der Arbeit einsetzt und die eigenen Ziele sich den Unternehmenszielen nähern. Da der Fortschritt unaufhaltbar ist, ist es ebenso unsinnig, dagegen Maschienensteuern und Modernisierungsverbote einzuführen. Statt dessen müßten die Bildungsanstrengungen verstärkt werden, damit der Fortschritt beherrschbar bleibt oder wird.
Die Computer sind in ihrer Anwendbarkeit durch ein starres Arbeitsprinzip gekennzeichnet. Routinearbeiten können so schneller und mit weniger Fehlern erledigt werden. Jedoch wandelnde Anpassung erfordernde Strukturen benötigen mobile, kreative Menschen; dynamische und schöpferische Menschen. Auf Grund dieser Entwicklung wird künftig die Vorstellungs- und Innovationskraft der Mitarbeiter stärker als bisher gefordert werden, gepaart mit Kooperationsbereitschaft sowie der Bereitschaft, sein Wissen ständig zu erweitern.
Da die Entwicklung der Mikroelektronik noch nicht stillsteht, sind auch die Anforderungen an die Mitarbeiter im Fluß und einer ständigen Wandlung unterworfen. Damit die Innovationskraft der Mitarbeiter wächst, ist es von ausschlaggebender Bedeutung, daß ihnen die Angst vor neuen Technologien genommen wird, wofür eine Grundvoraussetzung die möglichst lückenlose und umfangreiche Information ist. Meistens zeigen sich die Mitarbeiter von den neuen Techniken überzeugt, da vieles erleichtert wird und sich Anwendungsvariationen bieten.
Es müssen aber auch beide Tarifpartner den technischen Fortschritt nachdrücklich bejahen, da dies der Kernpunkt für Wachstum und internationale Wettbewerbsfähigkeit unserer Wirtschaft ist. Man kann nicht den technischen Fortschritt per se bejahen und dann aber mit der Forderung verbinden, den Mitarbeiter vor den Folgen eben dieses Fortschrittes zu schützen.
Diese Anwendungsmöglichkeiten der neuen Technik bieten zunehmenden Entfaltungsspielraum, der der Arbeitsbereitschaft zugute kommt und solche Sekundärbedürfnisse befriedigt. Der Mitarbeiter muß die wirtschaftlichen, technischen Rationalisierungen akzeptieren und seine Entwicklungen daran orientieren. Die Arbeit erhält dann einen anderen Stellenwert dadurch und gerät von der Pflichterfüllung für andere zur Befriedigung eigener Bedürfnisse, die zum Beispiel im Rahmen eines persönlichen Aufstieges liegen kann.
Die breite Schicht der Bevölkerung muß einsehen, daß wir dringend neue Entwicklungs- und damit Wachstumsmöglichkeiten brauchen, um auszugleichen, was durch den Untergang alter Arbeitsmöglichkeiten verlorengeht. Ein riesiges Reservoir besteht auch in der ökologischen Modernisierung der Wirtschaft. Biotechnologie, Umweltschutztechnologie, Energiespartechnologie, Solar- Laser- und Licht-

technik sind nur Stichworte hierzu. Qualitatives Wachstum heißt mit weniger genausoviel noch besser zu machen.
Zur Unternehmenskultur gehört auch die Flexibilisierung der Arbeitszeit. Sicherlich kann man für die Zukunft mit mehr Zeit und genügend Geld rechnen; man muß sich nur von der Vorstellung trennen, daß der Gewinn an zusätzlicher freier Zeit mit der Zahlung uneingeschränkter Bezüge einhergeht. Sehr frei ist zum Beispiel die Arbeitszeitregelung bei der norwegischen Firma Norsk Data. Dort wird der Mitarbeiter nicht nach physischer Präsenz bezahlt, sondern es werden Resultate gemessen, die sich im Jahresgehalt, dem Preis der offerierten Firmenaktien und dem Bonus niederschlagen.
Der Begriff Flexibilisierung steht für einen Umdenkungsprozeß. Die tariflichen wie die gesetzlichen Rahmenbedingungen müssen der veränderten Arbeitsmarktlage angepaßt werden mit dem Ziel eines Interessenausgleiches zwischen Arbeitnehmern, Arbeitgebern und denen, die einen Arbeitsplatz suchen.
Tarifpolitisch gesehen ist dies natürlich Neuland, da es eine Trennung der persönlichen Arbeitszeit vom tariflich festgeschriebenen Rahmen bedeutet. Aber immerhin gilt diese flexible Arbeitszeit mittlerweile für 87 Prozent der Beschäftigten der Metallindustrie.
Dabei kann die flexible Wochenarbeitszeit mit anderen Variationen der Arbeitszeitgestaltung wie Gleitzeit, gleitender Ruhestand, Jobsharing, Teilzeitarbeit oder neuen Schichtsystemen kombiniert werden. Die Einführung der Gleitzeit Ende der 60er Jahre war der Ausgangspunkt für die Auseinandersetzung mit der Arbeitszeitflexibilisierung. Diese Entwicklung wird sich fortsetzen zum Vorteil von Arbeitnehmern wie auch der Arbeitgeber. Die einen profitieren von größerer persönlicher Freiheit der Arbeitszeitgestaltung, die anderen können damit auf sich ändernde Wettbewerbs- beziehungsweise Beschäftigungslage reagieren. Überbetrieblich muß hier aber auch die Produktivitätsentwicklung und Wettbewerbslage einer ganzen Branche berücksichtigt werden.
Die Identifikation mit dem Unternehmen findet seine ganz besondere Ausprägung in der Beteiligung des Mitarbeiters am Unternehmen selbst, was nach jetzigem Stand der Dinge natürlich bei den Aktiengesellschaften in Form von Belegschaftsaktien am unproblematischsten ist. Es muß aber auch eine Form gefunden werden, die Mittel der gesetzlichen Vermögensbildung dem Risikokapital, das heißt einer wie auch immer gearteten Unternehmensbeteiligung der Mitarbeiter zuzuführen. Bislang fließen 98 Prozent dieser Mittel am Risikokapital vorbei. Diese vom Steuerzahler finanzierte Vermögensbildung darf nicht den Unternehmen vorenthalten werden. Hier müssen weiterhin Anstrengungen unternommen werden, Wege zu finden,

die zum einen die Verstärkung der Kapitalbasis der Unternehmen zur Folge haben und zum anderen eine stärkere Beteiligung der Mitarbeiter am wirtschaftlichen Erfolg des Betriebes gewährleisten. Hier sind neben dem Gesetzgeber auch die Tarifpartner verpflichtet, im Rahmen der Kompetenzen unser politisches und wirtschaftliches System mitzugestalten. Dies muß ein Ausfluß der Sozialpartnerschaft sein, da niemand nur an dem Unternehmerstaat oder nur an dem Gewerkschaftsstaat gelegen sein kann.

Die Hauptaufgabe der nächsten Zeit wird sein, eine vertiefte Bildung des einzelnen zu erreichen, damit die differenzierten Möglichkeiten der Beteiligung – sowohl Verantwortungs- wie auch Vermögensbeteiligung – verwirklicht werden können. Produktive Beteiligung an Unternehmen, Kultur und gemeinsamem Leben zu erreichen, wird die vor uns liegende Aufgabe sein.

Arbeitsgruppe 1

»Unternehmenskultur im internationalen Unternehmen«

Impulsreferate:

Professor Dr. Rolf Bullinger
Lehrstuhl für Arbeitswissenschaft, Universität Stuttgart

Dr. Ihno Schneevoigt
IBM Deutschland GmbH, Stuttgart

Dr. Ernst-Georg Lotz
Tandem-Computers GmbH, Frankfurt

Professor Dr. Rolf Bullinger
Lehrstuhl für Arbeitswissenschaft, Universität Stuttgart

Größe macht noch keine Kultur. Zur Verbesserung der Unternehmenskultur in internationalen Unternehmen.

These 1:
Indikatoren für Unternehmenskultur wie Mitbeteiligung, Mitbestimmung, Mitverantwortung stoßen nach landläufiger Ansicht an Grenzen, und zwar durch diejenigen Randbedingungen, die für internationale Unternehmen typisch sind:
Verschiedene Währungen und Gesetze, verschiedene Sprachen, Entfernungen, Hierarchien. Diese Grenzen sind mit herkömmlichen Mitteln nicht zu überwinden.

Man sieht an den von Michael Lezius zusammengestellten Möglichkeiten der Mitarbeiterbeteiligung (vgl. Tabelle 1), daß gerade die Mitwirkung an Gruppenentscheidungen etwa oder an Bildungsmaßnahmen in den verschiedenen nationalen Firmen internationaler Unternehmen auf Sprachschwierigkeiten, Koordinationsprobleme, örtlich verschiedene Mentalitäten und anderes stößt. Auch die materielle Beteiligung gerät bei internationalen Unternehmen an Grenzen des Kapitaltransfers, der unterschiedlichen gesetzlichen Regelungen, so daß es in internationalen Unternehmen sicher kein unternehmenseinheitliches Modell einer Beteiligung oder einer Mitbestimmung geben wird.
Die Frage ist nun, inwiefern die verschiedenen Stufen der Mitbestimmung, die unterschiedliche Zeit zur Durchführung, unterschiedliche Kompetenzen und Engagement der Beteiligten verlangen, in internationalen Unternehmen verbessert werden könnten. Die Stufen der Mitbestimmung sind in Bild 1 skizziert.
Um diese Frage zu beantworten, sei eine zweite These, sozusagen als eine Hilfsthese aufgestellt.

These 2:
Die gewählte Kommunikationstechnologie und die dazugehörigen Organisationsformen werden in Zukunft die Unternehmenskultur in großen *und* in kleinen Unternehmen prägen.

MITARBEITERBETEILIGUNG

Immaterielle Beteiligung			Materielle Beteiligung
Verhaltensänderung		Strukturveränderung	
Mitbestimmung	Organisations-entwicklung	Arbeitsstrukturierung	Erfolgsbeteiligung Kapitalbeteiligung Vermögensbeteiligung
Individualrechte Gruppen-mitbestimmung Betriebsratsrechte Unternehmens-mitbestimmung	Information gemeinsame Ziel-formulierung Mitwirkung an Gruppenentscheidung (Prinzip der Einstimmigkeit) Arbeitszufriedenheit differenzierter Führungsstil Bildungsarbeit Sozialbilanz (Umweltbezogenheit)	Einzelarbeitsplatz Gruppenarbeit Arbeitsplatzgestaltung Arbeitsinhalt Arbeitsplatzwechsel Arbeitsvergrößerung Arbeitsbereicherung teilautonome Gruppen Ergonomie Sozialmedizin Unfallschutz	1. Mitarbeiter-unternehmen 2. Stiftungs-unternehmen 3. Beteiligungs-unternehmen - Erfolgsbeteiligung - reine Kapital-beteiligung - laboristische-kapitalistische Beteiligung
Mitbestimmung	Humanisierung der Arbeitswelt		Vermögensbildung

Quelle: Lezius, M.: Das Konzept der betrieblichen Partnerschaft.
In: Schneider, H.J. (Hrsg.): Handbuch der Mitarbeiterbeteiligung, Köln 1977, S.41

IAO

Stufen der Mitbestimmung

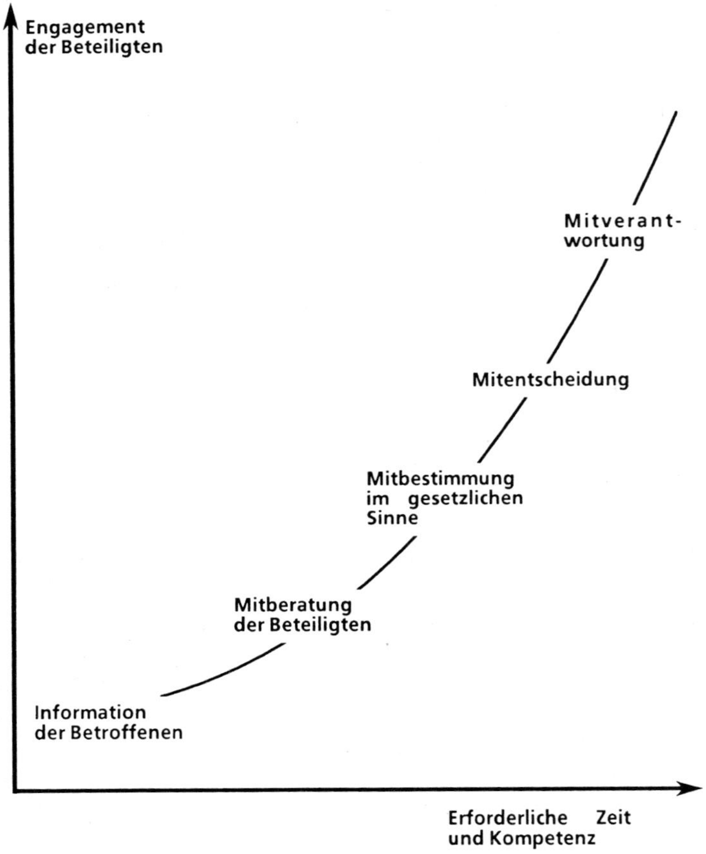

IAO

Diese Kommunikationstechnologie macht sich nicht nur im medialen, sondern im tertiären Bereich, also im Dienstleistungsbereich als Bürotechnologie bemerkbar. Die vernetzten Systeme im Büro der Zukunft erlauben:

- sachgerechte Information aller Beteiligten und Betroffenen am Arbeitsplatz
- vermöge intelligenter Schnittstellen die sachgerechte Information auf den entsprechenden Bereich anzupassen (Währungsumrechnung, Sprachenübersetzung und anderes)
- die Entfernung zwischen einzelnen Bereichen eines internationalen Unternehmens informationstechnisch bedeutungslos werden zu lassen

schließlich:

- durch rechtzeitige Information eine erhöhte Qualität des Mitbestimmungsprozesses.

Diese Möglichkeiten führen unmittelbar zur nächsten These.

These 3:
Dezentrale Kommunikationsstrukturen und Organisationsentwicklungen, unterstützt durch eine flexibel handhabbare Technologie, können – müssen nicht – zu einer Verbesserung der Unternehmenskultur führen.

Zu diesen Möglichkeiten, die zur dritten These geführt haben, sind noch einige Erklärungen notwendig:

1. Dezentrale Strukturen bedeuten, daß alle notwendigen Informationen an allen Stellen verfügbar sind. Dies bedeutet einen großen Aufwand und verlangt ein sorgfältiges Umgehen mit dem Produktionsfaktor Information.
2. Flexibel handhabbare Technologie bedeutet, daß die Technologie dem Menschen das Mittel gibt, das zu tun, was er sich als Ziel gesetzt hat, und nicht das tun zu müssen, was die Technik vorschreibt.
3. Jede Organisationsform wird, wenn in ihr gearbeitet wird, zu einer Lebensform unserer Arbeitswelt. Organisationsformen sollen daher Diener und keine Herren sein.

Gerade der Umstand, daß Arbeiten, Mitbestimmen und Leben einer einmal vorhandenen Organisationsform diese ständig ändert und weiter gestaltet, macht alle Betroffenen – man denke an das Wort Benutzerpartizipation im Bereich der EDV – auch mitverantwortlich, in welche Richtung sich »ihre« Organisation entwickelt.
Hierzu sei eine abschließende These 4 formuliert.

These 4:
Offenheit erzeugt Offenheit, das heißt: Ohne Bereitschaft zu gegenseitigem Vertrauen führt die Einführung neuer Technologien lediglich zur Verhärtung der Fronten und kann zur Fehlinvestition werden.

Man sollte davon abgehen, und dies gilt gerade für internationale Unternehmen, die unternehmensweit eine einheitliche Technologie einführen wollen, sich zuerst die Technik anzuschaffen und *dann* sich um die Organisation zu kümmern. Gerade wegen der lokalen Verschiedenheit dieser Organisationen wachsen dann die Akzeptanz- und Anpassungsprobleme ins Gigantische.
Wie kann man neue Technologien einführen? Es gilt auch hier ein Grundsatz: Die Regeln des Umgangs miteinander sind in nationalen wie internationalen kleinen, mittleren und großen Unternehmen gleich gültig. Im folgenden Beispiel wollen wir die sogenannten zehn Gebote der Bürorationalisierung als Regeln interpretieren, wie man auch im internationalen, weit gefächerten Unternehmen einen Beitrag zur besseren Mitverantwortung und damit zur besseren Unternehmenskultur leisten kann:

1. Gebot: Informieren Sie Ihre Mitarbeiter rechtzeitig und umfassend über die geplante Veränderung. Vergessen Sie auch den Betriebsrat nicht. Dies gilt auch für die Betriebsräte der Firmen desselben Unternehmens in anderen Ländern.
2. Gebot: Beteiligen Sie ihre Mitarbeiter an den Planungen, Sie vermeiden damit schon viele Akzeptanzprobleme. Dies bedeutet in internationalen Unternehmungen konsequente Mehrsprachlichkeit.
3. Gebot: Achten Sie bei der Systemauswahl und Systemaufstellung auf gute ergonomische Gestaltung. Das ist um so wichtiger, je länger der Mitarbeiter an den Geräten arbeitet. Beachten Sie auch Mentalitätsunterschiede in den verschiedenen Ländern.
4. Gebot: Planen Sie die notwendigen organisatorischen Veränderungen systematisch und gründlich, denn die Organisation ist oftmals wichtiger als die Technik. Berücksichtigen Sie die jeweiligen gesetzlichen Gegebenheiten in den jeweiligen nationalen Firmen – nicht jede organisatorische Veränderung ist übertragbar.
5. Gebot: Entwickeln Sie angepaßte Lösungen für Ihr Unternehmen, die Maximallösung ist meist nicht die optimale Lö-

sung. Das heißt auch, daß man Lösungen, die in einer Firma eines internationalen Unternehmens Gültigkeit haben, nicht ohne weiteres auf andere Firmen übertragen kann.

6. Gebot: Gestalten Sie die Arbeitsinhalte so, daß die Arbeit auch Freude macht. Denn die Mitarbeiter stellen heute höhere Ansprüche an die Qualität des Arbeitsplatzes. Dieser Trend ist international.

7. Gebot: Nutzen Sie das gesamte Erfahrungspotential Ihrer Mitarbeiter, denn diese wissen oft mehr als Sie denken. Dazu ist der Mitarbeiteraustausch zwischen den verschiedenen nationalen Firmen des gleichen internationalen Unternehmens unabdingbar.

8. Gebot: Erwarten Sie kurzfristig keine unrealistischen (Rationalisierungs-)Erfolge, denn überhöhte Erwartungen sind der Keim des Mißerfolgs. Es ist nicht ratsam, mit voreiligen Bestrebungen zur Vereinheitlichung gewachsener Strukturen den einzelnen Firmen neue Organisationsstrukturen aufzwingen zu wollen.

9. Gebot: Qualifizieren Sie Ihre Mitarbeiter rechtzeitig für die neuen Aufgaben, um so reibungsloser wird die Einführung verlaufen.

10. Gebot: Eröffnen Sie dem Mitarbeiter Möglichkeiten zur beruflichen Weiterentwicklung, das kommt auch den nationalen Firmen wie dem internationalen Unternehmen als Ganzen zugute.

Dr. Ihno Schneevoigt

IBM Deutschland GmbH, Stuttgart

Unternehmenskulturen sind umfassende Beschreibungen von unternehmerischen Zielsetzungen, Werteformierungen, Einstellungen und Verhaltensweisen der »Beteiligten«. Einerseits drücken sich in ihnen Abgrenzungen gegenüber anderen, gegebenenfalls auch in Wettbewerb stehenden Institutionen aus, andererseits sind sie Teilkulturen eines übergeordneten Wirtschafts- und Gesellschaftssystems. Die Menschen in Unternehmungen üben deshalb verschiedene Rollen aus, identifizierende mit der Unternehmens-Eigenart und übergeordnet – gemeinsame im Sinne der Werte des Systems. Hinzu kommen bekannterweise »Systemgegner«. Ich möchte zunächst auf einige Aspekte der identifizierenden oder »abgrenzenden« Unternehmenskultur eingehen.

1. Zu den Besonderheiten von Unternehmenskultur in einem internationalen Unternehmen möchte ich etwas aus der praktischen Erfahrung sagen in dem Unternehmen, das ich am besten kenne, das heißt aus meinen *Erfahrungen in der IBM.*
   Bevor ich zu den internationalen Fragen komme, lassen Sie mich zunächst die Grundzüge der IBM-Unternehmenskultur skizzieren. Dabei möchte ich unter Unternehmenskultur verstehen die Eigenständigkeit eines Unternehmens, das heißt seiner Mitarbeiterschaft im weitesten Sinne, in seinen WERTEN UND VERHALTENSWEISEN, und dies im Spannungsfeld zwischen den drei Polen
   - Öffentlichkeit oder Gesellschaft
   - Kunden oder Konsumenten
   - und nicht zuletzt den Kapitalgebern.
2. Am einfachsten läßt sich die *geschriebene* Unternehmenskultur der IBM definieren, wie wir sie in den *Unternehmens-Grundsätzen* finden.
   Diese lauten in bezug auf die genannten drei Pole:
   - den Kunden qualitativ hochwertige Produkte und exzellenten Service zu bieten
   - den Kapitalgebern eine angemessene Rendite zu zahlen
   - als Unternehmen ein guter Staatsbürger zu sein.

   Auf den Kern der Unternehmenskultur, die Menschen im Unternehmen, bezieht sich unser wichtigster Grundsatz:
   - Achtung vor der Persönlichkeit des einzelnen Mitarbeiters.
3. Das Wichtigste und das eigentlich Lebendige an einer Unternehmenskultur sind aber nicht geschriebene Grundsätze, sondern ihre *praktische Durchführung,* das heißt, ob sich diese Grundsätze, besonders die sich auf die Mitarbeiterschaft beziehenden, als Determination in der konkreten Unternehmensplanung wiederfinden. Lassen Sie mich auch dazu einige Beispiele bringen.
   So entwickelt sich aus dem Grundsatz: Achtung vor der Persönlichkeit des einzelnen Mitarbeiters ein ganzes System von *Personalpolitik.* Dazu gehört beispielsweise:
   - eine Vollbeschäftigungspolitik statt »Hire and fire«-Verhalten sowie eine ausgeprägte Altersvorsorge und Sorge für in Not geratene Mitarbeiter
   - vor allem ein kooperativer Führungsstil, fest installierte Kommunikations- und Beschwerdekanäle von unten nach oben, das Bemühen um interessante und selbstverantwortliche Ar-

beitsplätze, das mit den Schlagworten »Führen nach Zielen« und »Arbeitsanreicherung« gekennzeichnet werden kann
- ein ständiges Mitarbeiterbeteiligungsprogramm (Aktienkaufprogramm), das auf Eigenverantwortung des einzelnen aufbaut, seine Mitverantwortung für das Ganze fördern soll, aber »systemgerecht« (Kapitalgeber) ausgelegt ist
- eine Praktizierung unserer deutschen Tarifpartnerschaft und Mitbestimmungsgesetze im Sinne partnerschaftlicher Zusammenarbeit, wie sie sich unter anderem im »Stuttgarter Modell« zeigt.

4. Unser Grundatz, dem Kunden hochwertige Produkte und bestmöglichen Service zu bieten, führt zu einer ausgeprägten *Leistungsorientierung.*
   Diese schlägt sich in der Praxis nieder
   - in dem Grundsatz »effektive Führung« im Gegensatz zu Administration
   - in einer Personalpolitik, welche die individuelle Leistung höher veranschlagt als Seniorität oder das Gleichheitsprinzip
   - sowie in einer starken Ausrichtung auf gute Ausbildung und permanente Weiterbildung.
5. Der Grundsatz, »als Unternehmen ein *guter Staatsbürger* zu sein«, schlägt sich nieder in Prinzipien wie
   - Steuerehrlichkeit und strenger Beachtung der örtlichen Gesetze im jeweiligen Gastland
   - parteipolitischer Neutralität und Enthaltung von politischer Einflußnahme (dies schließt eine sachkundige und faire Vertretung von Interessen unserer Technologie, unserer Kunden, unseres Unternehmens nicht aus)
   - sowie Orientierung an den jeweiligen nationalen Bedürfnissen, wie zum Beispiel Umweltschutz und Energiesparen, Förderung von Bildung und Wissenschaft, Schaffen von zukunftsorientierten Ausbildungs- und Arbeitsplätzen.
6. Die Orientierung am dritten Pol im Spannungsfeld der Unternehmenskultur, dem *Faktor Kapital,* geht über das Erwirtschaften einer angemessenen Rendite weit hinaus in Richtung auf Prinzipien vernünftigen Wirtschaftens allgemein, so zum Beispiel:
   - die Regel finanziell ausgewogenen Wachstums, das heißt eines Gleichgewichts zwischen Ausgaben für zukünftiges Wachstum mit den wachsenden Einnahmen
   - und die Politik einer starken Eigenkapitalbasis,

beides Prinzipien, die in einer so rasch wachsenden und so risikoreichen Branche wie der Informationstechnik lebenswichtig sind.

7. Jetzt habe ich ziemlich viel von meinem eigenen Unternehmen gesprochen. Selbstverständlich gibt es auch eine Menge *anderer ausgeprägter Unternehmenskulturen,* die anderswo ihre Stärken haben, weil eine andere Branche, eine andere Technologie, eine andere Unternehmensgröße anderes erfordern.
8. Der Erfolg von Unternehmenskultur liegt in der Ausgeglichenheit von Beharrung in den Grundprinzipien und ihrer Anpassung an die Entwicklungen des Marktes, der Technologie, der gesellschaftlichen Werte, wie sie sich auch in der Mitarbeiterschaft widerspiegeln. Die *Anpassung einer Unternehmenskultur* an veränderte Anforderungen ist schwierig, vielleicht besonders schwierig, wenn sie erfolgreich war und wenn man gern am Bewährten festhalten möchte. Wir haben immer wieder unsere Denkweise und Arbeitsweise an veränderte Marktverhältnisse oder neue technische Bedingungen anpassen müssen.
   Lassen Sie mich nur zwei Beispiele für solche tiefgreifenden Veränderungen geben: Wir haben unseren *Vertrieb,* der traditionell größere Computersysteme an überwiegend größere Kunden im direkten Kundenkontakt verkauft hat, ergänzt um kleine Produkte in großer Stückzahl für eine große Zahl uns unbekannter Kunden, die wir durch Händler, Berater und Versand erreichen. Dies verlangt nicht nur eine ganz andere Art von Organisation und Disposition, sondern auch eine andere Mentalität und andere Fähigkeiten im Vertrieb, in der Verwaltung, in der geschäftlichen Führung.
   Wir haben zweitens unsere Philosophie, technologisch strikt unsere Unabhängigkeit zu bewahren, geändert zugunsten verschiedener Formen der *Kooperation* – mit nationalen und internationalen Forschungsprojekten sowie mit anderen Unternehmen. Wir haben einsehen müssen, daß wir in dem immer größeren und komplexeren Feld der Informationstechnik selbst auf größeren Teilgebieten nicht mehr alles allein machen können.
   Wir haben auch lernen müssen, daß es nicht darauf ankommt, wer welche Komponenten für neue Produkte entwickelt und herstellt, wenn man kundengerechte Produkte auf den Markt bringen will, sondern darauf, wer besser und billiger beitragen kann zu einem Produktkonzept, das wir nach Kundenbedürfnissen entwickeln. Beides waren einschneidende Veränderungen in Werten und Verhaltensweise, aber auf der bleibenden Basis unserer bewährten Unternehmensgrundsätze.
9. Aber was ist an dieser Unternehmenskultur eigentlich international oder durch seine *Internationalität* erwähnenswert? Wir führen unsere nationalen Gesellschaften mit nationalen Mitarbei-

tern und nationalen Führungskräften. Dennoch kann man weltweit eine Geschäftspolitik beobachten, die sich an den erwähnten Prinzipien orientiert, und unsere nationalen Tochtergesellschaften haben alle einen gewissen »IBM-Stil«. Sie sind in ihrem jeweiligen nationalen Umfeld auch alle mehr oder weniger erfolgreich, und das heißt, daß ihre Unternehmenskultur sich in ihrem Markt und in ihrer Gesellschaft überall mehr oder weniger bewährt.

Meines Erachtens sind dafür vor allem die folgenden *Voraussetzungen* erforderlich:

- Die Kultur eines internationalen Unternehmens muß zu den jeweiligen nationalen Wertsystemen im wesentlichen passen.
- Sie muß tolerant sein gegenüber nationalen Besonderheiten.
- Sie braucht einen engen internationalen Ausbildungs- und Kommunikationszusammenhang.

So haben wir derzeit etwa 800 deutsche Mitarbeiter auf Auslandsabordnungen zu verschiedenen Schwestergesellschaften und eine entsprechende Anzahl ausländischer Mitarbeiter auf Zeit bei der IBM in Deutschland. Aber auch im Alltagsgeschäft ist die internationale Kommunikation mit Hilfe von Telefon, von Computernetzen, Schulungsveranstaltungen und persönlichen Gesprächen sehr dicht.

10. Unabdingbare Voraussetzung ist selbstverständlich auch ein Minimum an *Gemeinsamkeiten zwischen den Kulturen* der verschiedenen Länder, in denen ein internationales Unternehmen arbeitet, zumindest was den Arbeitsbereich eines Unternehmens angeht: Wirtschaft, Technik und Arbeitswelt. Daß internationale Unternehmen überhaupt in großer Zahl entstanden sind und florieren, ist ein Zeichen für ein weitgehendes Zusammenwachsen der nationalen Kulturen, für Fortschritte auf dem Weg der Verständigung und der Zusammenarbeit zwischen verschiedenen Völkern.

Dr. Ernst-Georg Lotz

Tandem Computers GmbH, Frankfurt

Sehr geehrte Damen und Herren,

das Thema, über das ich zu Ihnen sprechen darf, ist in kurzer Zeit sehr populär geworden. Damit scheint erwiesen, daß dafür ein Bedarf besteht. »Unternehmenskultur« ist ein Begriff, der uns heute immer häufiger begegnet: Es gibt Seminare über Unternehmenskultur, Interessierte können sich von speziellen Beratern unterstützen lassen und auch in den Medien hat dieser Begriff inzwischen einen festen Platz gefunden.
Nach der kritischen Betrachtung der multinationalen Unternehmen in den letzten Jahren gewinnt man nun den Eindruck, daß das Pendel umschlägt, wieder hin zu einer mehr sachlichen und positiven Bewertung dieser Gesellschaften. Eine solche nüchterne und emotionsfreie Betrachtung erscheint angebracht, angesichts des Beitrags, den diese Unternehmen auch für die nationalen Volkswirtschaften leisten.
Als deutscher Geschäftsführer der Tochtergesellschaft eines weltweit tätigen Unternehmens im High-Tech-Bereich bin ich deshalb dankbar für die Gelegenheit, Ihnen hier einige Gedanken über den Begriff der Unternehmenskultur und wie er in unserem Hause gesehen wird, vorstellen zu können.
Erlauben Sie mir, Ihnen vorher einige Informationen über das Unternehmen zu geben, das ich hier vertrete: Tandem Computers Inc. wurde im Jahre 1974 in Kalifornien in der Stadt Cupertino gegründet. Federführend war dabei James G. Treybig, heute 44, der seitdem President und Chief Executive Officer des Unternehmens ist. Im Jahre 1985 erzielte Tandem Computers weltweit einen Umsatz von 625 Millionen US $ und beschäftigte über 5500 Mitarbeiter. Die deutsche Tochter wurde schon 1975 gegründet. Hier betrug der Umsatz im Geschäftsjahr 1985 286 Millionen DM und die Zahl der Mitarbeiter 225 Personen.
Der Gegenstand des Unternehmens ist die Entwicklung, Fertigung und der Vertrieb von ausfallgeschützten Rechnersystemen für ein breites Leistungsspektrum der On-line-Transaktions-Verarbeitung. Darunter verstehen wir die vollständige Echtzeit-Verarbeitung der Geschäftsvorfälle im Rahmen der Informationslogistik. Tandem-Kunden sind Klein-, Mittel- und Großunternehmen in allen Branchen, die auf zeitkritische »heiße« Dialoganwendungen angewiesen sind.

Unternehmenskultur bei Tandem besteht zusammengefaßt aus sechs Grundsätzen, die nicht als trockenes Regelwerk zu verstehen sind, sondern alle Mitarbeiter verpflichten und echt gelebt werden. Daß dies dauerndes Bemühen verlangt, ist nur natürlich.

Erster Grundsatz:

Konsequente Beachtung menschlicher Grundwerte.

Für unser Haus bedeutet das im einzelnen die strikte Respektierung der Privatsphäre. Damit wird eine eindeutige Trennung zwischen Dienstlichem und Privatem gezogen. Gespräche über Privates sollen nur auf Wunsch des Mitarbeiters mit den Vorgesetzten stattfinden. Dazu gehört aber auch die Anerkennung des Bedürfnisses nach Eingliederung in die betriebliche Gemeinschaft. Dies wird durch klare Definition von Aufgaben und Verantwortlichkeiten erleichtert. Firmenveranstaltungen, zum Beispiel Informationstage fördern das Bestreben um Integration. Ein weiterer wesentlicher Aspekt ist die soziale Sicherung des Mitarbeiters. Hier zählt die leistungsstarke Versorgung im Risikofall und im Alter, ohne Rücksicht auf Wartezeiten.
Unternehmen, die es mit der konsequenten Beachtung menschlicher Grundwerte ernst meinen, zeichnen sich auch durch die Bereitschaft aus, Mitarbeitern in Notfällen spontan zu helfen. Möglichkeiten hierzu können in Vorschüssen und Darlehen bestehen; es können finanzielle Zuwendungen gewährt werden und für bestimmte Fälle, auch im sozial engagierten Bereich, kann eine bezahlte Freistellung erfolgen. Der Anteil der Leistungen, den die Familien unserer Mitarbeiter erbringen, ist gerade in unserer Branche sehr hoch. Überstunden und unregelmäßige Arbeitszeit, häufiges Reisen und längere Einsätze an entfernten Orten belasten das normale Familienleben. Diese Belastung anzuerkennen und zu honorieren ist von großer Wichtigkeit. Deshalb werden bei Tandem die Partner bei Incentive-Reisen zum Beispiel ebenfalls eingeladen, sie werden auch immer wieder über das Unternehmen, seine Ziele und Prioritäten informiert, um damit Verständnis zu wecken.
Das Verhalten entsprechend diesem ersten Grundsatz führt in der Regel zu einer »Balance der Loyalitäts-Bilanz«. Der Angestellte sieht seine Mitarbeit als Partnerschaftsverhältnis und identifiziert sich persönlich mit seiner Aufgabe. Er ist außerdem in der Lage, selbständig die beiderseitigen Rechte und Pflichten abzuwägen.

Zweiter Grundsatz:

Bewußtsein und Begeisterung, an der Spitze des technischen Fortschritts zu stehen, neue Lösungen zu bieten und neue Märkte zu erschließen.

Tandem war und ist der Computer-Hersteller, der innovative Verfahren und Produkte entwickelt. Dazu gehören die Einführung und die Marktführerschaft im Bereich ausfallgeschützter Systeme, insbesondere für die Transaktionsverarbeitung; die Entwicklung und Fertigung des ersten Systems mit nachweislich linearer Ausbaubarkeit von 2 bis 700 MIPS (Millionen Instruktionen pro Sekunde) ohne Betriebssystemwechsel, damit der schnellste On-line-Rechner. Weiter die Informationslogistik als Antwort auf betriebswirtschaftliche Forderungen nach rationeller Behandlung des Produktionsfaktors Information. Tandem verfügt schließlich über eine eigene VLSI-Entwicklung zum Erreichen schnellster Innovationszyklen. Wir sind außerdem in allen Umfragen seit Jahren die Nummer Eins in bezug auf Kundenzufriedenheit unter allen Computerherstellern.

Dritter Grundsatz:

Das Bewußtsein einer konservativen, gesicherten Unternehmensfinanzierung und eines den Einnahmen entsprechenden kostenbewußten Verhaltens.

Hierbei spielt die Einbindung des Mitarbeiters als Aktionär des Unternehmens eine wichtige Rolle. Er identifiziert sich mit dem wirtschaftlichen Wohlergehen des Unternehmens, diese Identifikation wird durch verschiedene Maßnahmen gefördert, zum Beispiel durch den Aktiensparplan, durch Bezugsrechte bei der Einstellung, regelmäßige ergebnisabhängige Aktienbezugsrechte für alle Mitarbeiter und leistungsabhängige Bezugsrechte. Zur gesicherten Finanzierung zählt die Eigenfinanzierung des Unternehmens durch Aktienausgabe statt über Bankschulden, weiter das »Pay-as-you-go«-Verfahren, die hohe Liquidität durch Minimierung der Lagerbestände (Modulproduktion), und schließlich die Funktion der einzelnen Länder als Profit Center. Diese Einstellung zu Eigenverantwortung umfaßt auch die Geschäftsstellen, die ihre Ergebnisse mit dem E/R-Measurement bewerten.

Vierter Grundsatz:

Das Bewußtsein, nur Spitzenkollegen zur Seite zu haben, denn nur Durchschnitt kann in unserem Markt nicht bestehen.

Damit wird der Begriff der »Elite« angesprochen. Elite ist Anspruch und Förderung zugleich. Nämlich die Förderung der eigenen Spitzenleistung durch das Mitreißen der Kollegen, dazu kommt der Führungsanspruch der Unternehmung auf dem Gebiet der Hochtechnologie. Der Mitarbeiter erwartet von den Kollegen Kreativität, Professionalität und Fleiß, ebenso erwarten das auch die Kollegen von ihm selbst. Das Bewußtsein der Verantwortung vor sich selbst muß entwickelt und verstärkt werden, nicht nur die Verantwortung vor dem Vorgesetzten; und es gibt keine Delegation nach oben, Verantwortung muß übernommen werden. Schließlich bewirken Lob und konstruktive Kritik, auch durch Kollegen, eine ständige Leistungsverbesserung und die permanente positive Veränderung.

Fünfter Grundsatz:

Allseits offene, demokratische Kommunikation.

Für ein Unternehmen der Kommunikationsindustrie ist dies ein absolut wichtiger Grundsatz. Hier wird mehr verlangt als nur eine »open-door-policy«, im Unternehmen muß freie und informelle Kommunikation herrschen, »open-walls«. Dazu stellt das Unternehmen die Werkzeuge zur Verfügung; mehr als 6000 Terminals werden bei Tandem zur Kommunikation von Arbeitsplatz zu Arbeitsplatz genutzt, sowohl für den dienstlichen wie für den privaten Gebrauch. Der Kommunikation dienen auch die weltweiten Telekonferenzen bei Produkteinführungen, Jahreshauptversammlungen und anderen bedeutenden Anlässen. Die auf unterschiedlichen Ebenen angesiedelten Entscheidungsgremien fördern eine offene Kommunikation in besonderem Maße. Bei Tandem gilt ein wichtiger Führungsgrundsatz: Zuhören! Ohne Zuhören ist keine Kommunikation möglich, deshalb wird auf diese Eigenschaft eines guten Managers und Mitarbeiters größter Wert gelegt.

Sechster Grundsatz:

Praktizieren einer menschlichen Atmosphäre mit durchgängigen Hierarchien und gelegentlichem zwanglosen Zusammensein.

In der Befolgung dieses Grundsatzes hat sich ein eigener »Tandem-Stil« herausgebildet. Wichtigster Punkt dabei ist das Prinzip der Gleichbehandlung, zu dem das Haus verpflichtet ist.
Weitere wesentliche Eigenheiten bestehen in der Gepflogenheit, sich untereinander mit Vornamen, aber mit »Sie« anzureden. Zum Tandem-Stil der Unternehmenskultur gehört die Einbeziehung der Partner bei Betriebsveranstaltungen, die Herausgabe von Mitarbeiterzeitungen und der regelmäßige gemeinsame Wochenausklang am Freitagnachmittag.
Daß in einem erfolgreichen Unternehmen der Gründer und Präsident die Leitfigur ist und seinem Beispiel nachgeeifert wird, ist selbstverständlich.

Schlußbemerkung:

Es ist sicher nicht ganz einfach, diese sechs Grundsätze für eine spezifische Unternehmenskultur immer und überall strikt zu befolgen. Einen Erfolg haben die Bemühungen aber nur, wenn gerade dies angestrebt wird. Unser Unternehmen hat in dem Bereich Unternehmens-Kultur bisher viel erreicht, vieles bleibt trotzdem noch zu tun. Da aber alle Mitarbeiter von der Gültigkeit dieser sechs Grundsätze und von ihrem positiven Einfluß auf den persönlichen Erfolg und auf den des Unternehmens überzeugt sind, machen wir gute Fortschritte.
Ich bedanke mich für Ihr Zuhören.

Arbeitsgruppe 2

»Unternehmenskultur in Großunternehmen«

Impulsreferate:

Dr. Artur Wollert
Hertie Waren- und Kaufhaus GmbH, Frankfurt

Klaus Lurse
Nixdorf AG, Paderborn

Dr. Artur Wollert

Hertie Waren- und Kaufhaus GmbH, Frankfurt

1. Einleitung

Als ich vor Jahren das erste Mal über Unternehmenskultur sprach, dachten meine Zuhörer zunächst: Typisch, diese Sozialheinis, jetzt wollen sie wahrscheinlich auch noch, daß unsere Mitarbeiter zweimal die Woche ins Theater gehen – möglichst auf Firmenkosten. Mittlerweile und sensibilisiert durch die Diskussion um den Wertewandel gehören Begriffe wie eben Unternehmenskultur, Organisationskultur, Unternehmens- und Führungsphilosophie, oder alles was sich Corporate ... nennt, zu den publizistischen Rennern der letzten Monate.
Handfeste Beispiele aus dem Leben vergleichbarer und nicht vergleichbarer Unternehmen veranlassen Wissenschaft, Unternehmensberater und Praktiker konzentriert und systematisch den Fragen nachzugehen: Was macht den Erfolg eines Unternehmens aus? Warum sind manche Unternehmen oder Organisationsteile krank oder machen krank? Warum sind bestimmte Unternehmen über Jahre hinweg erfolgreicher als ihre Konkurrenz? Die Unternehmen, in denen ich mitwirken durfte, hatten alle eine typische Eigenart, eine eigene Persönlichkeit, eine eigene Identität. Ich brauche nur an meine zwölf Jahre bei Siemens oder an die elf Jahre bei BMW zu denken. Aber auch die zum Beispiel zwei bei der Deutschen Babcock genügten, um Einblick in die originären Verhaltensweisen dieses Unternehmens zu erhalten. Ich will sagen: Aus eigener Erfahrung behaupte ich, daß die Beschäftigung mit dem Thema Unternehmenskultur von großer praktischer Bedeutung ist. In meinem jetzigen Unternehmen sogar von ausschlaggebender Bedeutung.

2. Was ist nun Unternehmenskultur?

In jedem Unternehmen entstehen – in der Regel ursprünglich ausgehend von der Unternehmensspitze – im Laufe seiner Entwicklung eine gewisse Grundhaltung, Werte, Prioritäten, die von den Führungskräften und Mitarbeitern wahrgenommen, aufgenommen und weitergereicht werden. Es entstehen typische Verfahrensweisen, eine ganz bestimmte Sicht der Dinge, man hat genaue Vorstellungen, was zu geschehen hat und was nicht, was erlaubt ist, was man nicht tut.

Über den »Wert« der sich so langsam herauskristallisierenden Kultur ist damit noch nichts ausgesagt. Entscheidend ist, man fühlt sich wohl, versteht sich; man gehört sozusagen dem gleichen Kulturkreis an.
Problematisch wird die Situation, wenn durch Wechsel, unter Umständen sogar durch oftmaligen Wechsel in der Unternehmensspitze und/oder durch Akquisition eines größeren Prozentsatzes von Führungskräften von außen plötzlich andere Wertvorstellungen Platz greifen sollen als bisher. Ähnliches gilt bei Diversifikationen sowohl hinsichtlich der übernehmenden wie der übernommenen Firma. Es besteht die Gefahr, daß der Bezug der Führung und ihrer Ziele zur Kultur des Unternehmens verlorengeht. Die Folge ist oft: Ziele und Strategien erschöpfen sich im Wollen und lassen sich nicht im täglichen Arbeitsvollzug verankern. Die »Neuen« scheitern. Die Diversifikation ist mißlungen.
Zusammenfassend: Unternehmenskultur beinhaltet also die Gesamtheit von Normen und Maximen, die das Denken und Verhalten von Führungskräften und Mitarbeitern prägt. Je stärker diese Kultur ist, desto beharrlicher wendet sie sich auch gegen Veränderungen.

3. Unternehmenskultur und Großunternehmen

Die Gesamtheit von Normen und Maximen ist das Resultat eines langjährigen Entwicklungs- und Auseinandersetzungsprozesses. Wie bei einem Ozeandampfer muß ein Kurswechsel langfristig vorbereitet werden. Ein anhaltender Richtungswechsel ist wohl nur über eine Bewußtseinsänderung möglich. Diese ist in jedem Fall notwendig, wenn die Binnenkultur mit der Außenkultur – zum Beispiel dem Tun und Wollen der Kunden – nicht mehr übereinstimmt.
Will man die Kultur in einem Kleinunternehmen ändern, genügt es oft, einen, zwei oder drei Vorbilder neu »auszurichten«, notfalls hilft sogar auch Gewalt. In Großunternehmen müssen sich Hunderte neu formieren, tradierte Überzeugungen über Bord werfen, lang gepredigten und verinnerlichten Glaubenssätzen untreu werden. Es kann sogar zu einem Kulturschock kommen – vergleichbar Besetzungen im politischen Bereich –, verbunden mit der Gefahr, daß alles verlorengeht.
Andererseits benötigen gerade Großunternehmen bei zunehmender regionaler, funktionaler und fachlicher Dezentralisierung ein einheitliches und allen geläufiges »Weltbild«, soll das gesamte Unternehmen nicht heillos in unzusammenhängende Glieder zerfallen. Auch hinsichtlich der Menschen ist im Großunternehmen das Thema Ori-

entierung von besonderer Bedeutung. Das so entstehende Gemeinschaftsgefühl stellt hier das Gegengewicht zu Anonymität und dem damit einhergehenden Leistungsverfall dar.
Schließlich: Das Marktgeschehen wird immer turbulenter. Nur das Unternehmen wird überleben, das sich durch seine Produkte oder Dienste aus der Sicht des Kunden gegenüber dem Wettbewerb zu profilieren versteht. Und gerade heute, in der die hardwarebezogene Profilierung eines Unternehmens – also die Wettbewerbsvorteile zum Beispiel durch seine Produkte, seine Verfahrenssysteme – sehr viel schneller kopiert werden kann und sich der rechtliche Schutz davor zunehmend als ungenügend erweist, ist die softwarebezogene Profilierung entscheidend; bei ihr beruhen die Wettbewerbsvorteile auf kulturellen, in den Mitarbeitern eines Unternehmens verankerten Voraussetzungen wie im Qualitätsdenken, in einer ausgeprägten Kunden- und Dienstleistungsmentalität, einer Leistungsorientierung.
Derartige Verhaltensweisen aufzubauen dauert besonders in Großunternehmen Jahre. Verhaltensprägende Wirkungen, die aus einer starken Unternehmenskultur resultieren, lassen sich von der Konkurrenz kurzfristig weder durch den Großeinsatz finanzieller Mittel noch durch wissenschaftliche Systeme und Methoden erzwingen. Erst recht lassen sie sich nicht anbefehlen. Aus einem bürokratischen Unternehmen wird nicht per Rundschreiben oder einem Führungsseminar ein innovatives.
Großunternehmen mit der richtigen, starken Unternehmenskultur haben langfristig abschirmbare Wettbewerbsvorteile. Damit lassen sich strategische Erfolgspositionen aufbauen und Chancen realisieren.

4. Unternehmenskultur und Leitbild

Strategisches Zielsystem und Unternehmenskultur müssen kompatibel sein. Ein gut gestaltetes Leitbild hilft sowohl bei der Willensbildung im Unternehmen wie beim täglichen Arbeitsvollzug. Ein solches Leitbild
- verringert Entscheidungsunsicherheit in komplexen Organisationen
- lenkt die verfügbaren Ressourcen gezielt auf das verfolgte Ziel
- definiert eigenverantwortliche Handlungsspielräume
- gibt der Organisationsentwicklung eine koordinierte Richtung
- rationalisiert Planungsprozesse und
- fördert Engagement und Identifikation von Führungskräften und Mitarbeitern.

»Ein klar und verbindlich konzipiertes Unternehmenskulturleitbild beschreibt, welche Systemziele erreicht, welche Systempotentiale aufgebaut und welche Systemfähigkeiten durch strategisch konzentrierte Ressourenzuteilung entwickelt werden müssen.« (Hochreutener, Peter E.).
Gerade für Großunternehmen mit vielen Entscheidungsträgern eine besonders wichtige Forderung.
Ein Unternehmensleitbild als komprimierter Ausdruck der Unternehmenskultur wird der Personalarbeit wertvolle Dienste leisten. Wir sprechen heute oft von der mangelnden Leistungsbereitschaft unserer Mitarbeiter. Wir müssen uns aber in der Tat fragen: Bieten wir unseren Mitarbeitern Leitbilder, zeigen wir ihnen den Sinn ihres Tuns? »Wer Leistung will, muß Sinn bieten« ist ein Buchtitel von Böckmann, der sich mit Motivationsfragen beschäftigt. Ich behaupte, wenn in einem Unternehmen ein Grundkonsens über die zu verwirklichenden Werte besteht und die Marschrichtung klar ist, so identifiziert sich der einzelne mit seiner Organisation, in der er tätig ist, und erbringt subjektive Höchstleistungen. Ohne Identifikation keine Übernahme von Verantwortung, keine Begeisterung, manches Mal sogar totale Ablehnung.

5. Unternehmenskultur und Führungsethik

Der Aufbau und die Weiterentwicklung der Kultur eines Unternehmens ist Sache des ganzen Führungsteams. Insbesondere dann, wenn der »große« Unternehmensführer abgedankt hat. Ob er wirklich langfristig positiv fürs Unternehmen war, zeigt sich sowieso erst ab diesem Zeitpunkt. Zerfällt die Kultur, weil sie nur durch einen zusammengehalten wurde, oder hat sie sich unabhängig von Personen verselbständigt, ist zum Wesen des Unternehmens geworden. Das Unternehmen sollte aus sich selbst heraus Kontinuität schaffen. Das ist eine Grundvoraussetzung für eine starke Unternehmenskultur. Allerdings muß hinzukommen, daß die Kultur eine zeitgemäße ist. Ich muß nochmals unterstreichen: Der Begriff Unternehmenskultur ist an sich wertneutral. Eine starke Kultur verfolgt ihre Ziele konsequenter, weil geschlossener. Ob die Ziele richtig sind, ist eine andere Frage.
Unternehmenskultur ist auf Dauer Sache der Führungskräfte. Letztlich liegt langfristig einer Unternehmenskultur immer das normative Handlungskonzept der Führungskräfte zugrunde. Ich spreche in diesem Zusammenhang ungeschützt von Führungsethik; das sind für mich die Normen und Maximen, die das Denken und Handeln der

Führungskräfte aus ihrer Verantwortung für Unternehmen und Mitarbeiter bestimmen.
Eine Führungsethik in Großunternehmen soll die innere Ungewißheit, der insbesondere Führungskräfte unterliegen, beseitigen helfen. Positive Unternehmenskultur kann nur von selbstsicheren, gelassenen, berechenbaren Führungskräften getragen werden. Führungsethik gibt Antwort auf die Fragen: Was wollen wir? Warum wollen wir dies? Was soll sein? Wie verhalte ich mich als Führer? Nicht als Fach- sondern als Führungskraft? Sie nennt das Verhalten und die Qualität, die innerhalb des Unternehmens gewünscht wird.
Führungsethik ermöglicht, Führungshandeln ethisch zu bestimmen. Sie soll operabel und verständlich sein, ein offenes System, das weder der Dynamik eines Unternehmens entgegenstehen darf noch dem Prinzip der persönlichen Freiheit. Führung heißt, nicht nur Vorgegebenes nachzuvollziehen, sondern selbst Werte zu setzen. Diese müssen sich jedoch in einen allgemeinen Grundkonsens über das, was ein Wert in einem Großunternehmen sein kann, einfügen. Das heißt, Führungsethik ist sowohl Ausdruck als auch Bestandteil einer spezifischen Unternehmenskultur.
Besonders wenn wir an die Zerstörungsfaktoren einer Kultur denken, sehen wir den Stellenwert der Führungsethik. Die Feinde jeglicher Kultur sind Erschöpfung, Verlust an Zuversicht, Zweifel an die Zukunft. Ethisch gebundene Führungskräfte sind die Stützen einer zukunftsorientierten Gemeinschaft.

6. Fazit

Jedes Unternehmen hat, ob bewußt oder unbewußt, schriftlich formuliert oder einfach gelebt, eine Unternehmenskultur. Bei aller Vielfalt eines Großunternehmens stellt es eine Einheit dar und besitzt seine eigene Identität. Das Ganze ist mehr als die Summe seiner Teile. Gerade angesichts der bestehenden Komplexität allen Geschehens innerhalb und außerhalb eines Großunternehmens ist ein Wertesystem wichtig, das innere Ruhe und Gelassenheit für den einzelnen und für das Ganze gewährleistet. Nur diese Ruhe und Selbstsicherheit geben dem Unternehmen die Möglichkeit, nach allen Himmelsrichtungen offen zu sein, gegenüber Markt, Politik, Mitarbeitern, Konkurrenz und anderem, und zwischen den einzelnen, sehr verschiedenartigen Anforderungen auszubalancieren, ohne die eigene Unverwechselbarkeit (und damit den spezifischen Wettbewerbsvorteil) zu verlieren.

Klaus Lurse

Nixdorf AG, Paderborn

Zusammenfassung

Unternehmenskultur ist ein schillernder Begriff, mit dem die Gesamtheit der Denk-, Verhaltens- und Arbeitsweisen in einem Unternehmen umschrieben wird. Er umschließt Elemente wie zum Beispiel Ziele, Werte, Führung, Organisation, Struktur, Personalpolitik, aber auch Produkte und angewandte Technik.
Trotz seiner Unbestimmtheit wird in der Besonderheit der Unternehmenskultur einzelner Unternehmen immer wieder die Erklärung für deren Erfolg gesucht.
Nicht isolierbare einzelne Faktoren, Instrumente oder Verhaltensweisen, sondern das sich logisch und zweckmäßig zusammenfügende Ganze bestimmt den Erfolg.
Einzelelemente, die sich im Kontext eines Unternehmens bewährt haben, können nicht problemlos in dem unterschiedlichen Umfeld anderer Unternehmen angewandt werden.
Eine weitere Relativierung ist notwendig: Unternehmenskulturen sind gewachsene Erscheinungsbilder, in denen die Einflüsse und Erfordernisse aus drei wesentlichen Bereichen integriert werden und werden müssen:
- aus dem jeweiligen Betätigungsfeld des Unternehmens
- aus den Zielen des Unternehmens
- aus den im Unternehmen gelebten Werten.

Wegen dieser Notwendigkeit der Ableitung aus unternehmensspezifischen Einflußbereichen können Unternehmenskulturen nur schwer kopiert werden.

I. Betätigungsfeld, Ziele und Werte der Nixdorf Computer AG

1. Betätigungsfeld

Unser Unternehmen arbeitet in den Bereichen Datenverarbeitung und Nachrichtentechnik. Auf Grund der technischen Entwicklung in diesen Bereichen ist es für uns normal, mit dem technischen Wandel als permanente Erscheinung zu leben. Wir sehen unsere Rolle weni-

ger darin, neue Techniken zu erforschen. Wir wollen existierende neueste Technik für den Anwender in praxisgerechten Produkten und Lösungen verfügbar machen.
Dabei genügt es uns nicht, dem Kunden ein Serienprodukt zur Verfügung zu stellen. Wir wollen gemeinsam mit dem Kunden komplette Organisationslösungen, bestehend aus Hardware und Software, entwickeln. Entsprechend arbeiten 56 Prozent unserer Mitarbeiter heute in Dienstleistungsfunktionen in der Nähe des Kunden. Die Bedeutung der Dienstleistung erzeugt im Unternehmen eine sehr tiefgehende Kundenorientierung. In unserem Geschäft können wir den Kunden nur zufriedenstellen, wenn wir ihn verstehen und uns in unserer Organisation seinen berechtigten Anforderungen unterordnen.

2. Ziele

Als Voraussetzung für ein kontinuierliches, ertragreiches Wachstum in den Bereichen der Datenverarbeitung und Nachrichtentechnik streben wir nach
- hoher Qualität
- und einer langfristigen Partnerschaft mit unseren Kunden.

Ertragreich wachsen werden wir nur könen, wenn wir unsere Innovationsfähigkeit im Beherrschen neuer Produkte, Erschließen neuer Märkte und Anwenden neuer Verfahren immer wieder unter Beweis stellen. Entsprechend leiten wir aus unseren Zielen für unsere eigene Organisation die Forderung nach einem Höchstmaß an Flexibilität und Anpassungsfähigkeit an die Erfordernisse unseres Geschäftes ab. Nicht Beharrung sondern Wandel; nicht Einheitlichkeit sondern optimale Anpassung in Vielfalt verstehen wir als Grundlage unseres Erfolges.

3. Werte beziehungsweise Grundhaltungen

Fünf Grundhaltungen möchte ich hier in den Vordergrund stellen:
1) Arbeitsethik
   Im Unternehmen leben wir eine ausgeprägte Arbeitsethik. Fast in abschreckender Form versprechen wir Bewerbern, daß sie hart arbeiten müssen, daß Überstunden fällig werden, daß Arbeit, die getan werden muß, erledigt wird. Unsere Führungskräfte erhalten, wenn überhaupt, nur wenige Sonderleistungen und Statussymbole.

2) Risikobereitschaft
   Neue Aufgaben packen wir entschlossen an. Statt Zeit in umständlichen Planungen zu verlieren, suchen wir nach kurzer Planungs- und Vorbereitungszeit die Bewährung in der Praxis. Junge Leute erhalten sehr früh die Chance, mit relativ viel Spielraum selber Verantwortung zu übernehmen. Erfolgreiche Mitarbeiter werden nur wenig eingeschränkt, Fehler werden jedoch offen kritisiert und korrigiert.
3) Skepsis gegenüber Bürokratie
   Wir wollen das Unternehmen nicht in Verwaltung ersticken, sondern durch fachkompetente Führungskräfte mit Initiative führen. Die fachkompetenten Führungskräfte vor Ort tragen das Unternehmen.
4) Offene Kommunikation
   Notwendige Koordination wird nicht durch Optimierung von Richtlinien und Standard, sondern durch intensive Kommunikation gewährleistet. Diese Kommunikation folgt den sachlichen Erfordernissen und darf nicht durch Status oder Hierarchie behindert werden.
5) Gesellschaftliche Verantwortung des Unternehmens.
   Wir sind uns bewußt, daß unternehmerisches Handeln auch in das gesellschaftliche Umfeld hineinwirkt und umgekehrt wichtige Aufgaben in der Gesellschaft nicht ohne Mitwirkung der Unternehmer bewältigt werden können. Diese Grundhaltung hat ihren Niederschlag gefunden in einem starken Engagement des Unternehmens im Bereich der Ausbildung (mehr als 10 Prozent unserer Mitarbeiter in Deutschland sind Auszubildende), in der Gründung von Fachschulen und Bildungsinstituten durch unser Unternehmen in zahlreichen Kooperationen mit Hochschulen. Das Unternehmen hat sich besonders engagiert, Arbeitsplätze für Behinderte zu schaffen. Wir sehen unsere besondere Verantwortung auch darin, unser Geld zu investieren, neue Tätigkeitsfelder zu erschließen und auf diese gesunde, unternehmerische Weise Arbeit zu schaffen.

Dieser kurze Abriß macht deutlich, daß unsere Werte und Grundhaltungen nicht automatisch ein Spiegelbild gesellschaftlicher Werte sind. Teilweise müssen im Unternehmen Werte gelebt werden, die im Gegensatz zu gesellschaftlichen Strömungen stehen. Insofern kann die gegenwärtige Wertediskussion auch nur einen begrenzten Beitrag zur Bestimmung einer Unternehmenskultur liefern.

II. Führungskonzept

Die besonderen Anforderungen, die sich aus unserem Betätigungsfeld und unseren Zielen ergeben, aber auch die im Unternehmen gelebten Werte haben ihren Niederschlag in unserem Führungskonzept gefunden. Mit diesem Führungskonzept wollen wir in unserer Organisation ein hohes Maß an Flexibilität und Anpassungsfähigkeit erhalten und gleichzeitig Engagement, Leistungsbereitschaft und Zufriedenheit unserer Mitarbeiter bewahren und fördern.
Ich will hier drei tragende Elemente unseres Führungskonzeptes besonders herausstellen:

1. Dezentralisierung

In den operativen Einheiten vor Ort, wo die größte Kompetenz in der Beurteilung des konkreten Sachverhaltes liegt, soll auch die Entscheidungsbefugnis für die erforderlichen Maßnahmen angesiedelt sein. Das gilt für alle wirtschaftlichen Angelegenheiten, leitet uns aber auch bei der Ausgestaltung unserer inneren Organisation. Wir sind sehr skeptisch gegenüber den Tendenzen in unserer Umwelt, anstehende Probleme zentral in Gesetzen, Richtlinien, Verordnungen und ähnlichem einheitlich zu regeln. Auf der Suche nach Gerechtigkeit und Vollkommenheit führt dieser Weg nach unserer Einschätzung zu Erstarrung und Bürokratisierung.
Wir versuchen dagegen, unseren Führungskräften bereits auf niedriger Hierarchiestufe weite Spielräume zu geben. Dadurch ermuntern wir sie zur aktiven Führung und Gestaltung ihrer Verantwortungsbereiche. Ohne Zweifel führt das auch zu vielfältigen, uneinheitlichen, nicht immer optimierten Regelungen. Wir gewinnen dadurch aber eine hohe Anpassungsgeschwindigkeit unserer Organisation an die Erfordernisse unterschiedlicher Märkte, Produkte, Mitarbeitergruppen und so weiter.
Wenn die erforderlichen Regelungen dezentral in unmittelbarem Dialog zwischen Entscheidungsträgern und Betroffenen erarbeitet werden, erreichen wir gleichzeitig ein höheres Maß an Verständnis und Konsens bei den betroffenen Mitarbeitern. Das trägt zur Identifikation und Motivation der Mitarbeiter bei.

2. Ausbildung

Unser Wachstum macht einen permanenten Mitarbeiterausbau erforderlich. Der technische Wandel zwingt zur Anpassung von Wissen und Fertigkeiten. Beide Ursachen gemeinsam geben der Aus- und Weiterbildung im Unternehmen einen zentralen Stellenwert.
Zur Zeit werden etwa 1 500 Lehrlinge in unserem Unternehmen auf ihren Beruf vorbereitet. Über 100 hauptamtliche Referenten in unseren Schulungszentren kümmern sich um die Weiterbildung unserer Mitarbeiter. Allein in Deutschland mußten in den vergangenen Jahren jährlich etwa 20 Prozent neue Mitarbeiter in das Unternehmen integriert und in ihre Aufgaben eingearbeitet werden. Über 400 Kandidaten werden zur Zeit in gezielten Förderungsprogrammen auf Führungs- und Spezialistenaufgaben in unserer Organisation zur Bewältigung des weiteren Wachstums vorbereitet.
Durch die Gründung von Fachschulen und Weiterbildungsinstituten wurden auch im öffentlichen Bereich Impulse zur Anpassung des Bildungsangebotes an die durch die neuen Techniken geschaffenen und veränderten Berufsbilder gesetzt.

3. Leistungs- und Erfolgsorientierung

Im Bereich qualifizierter Tätigkeit ist eine objektive und gerechte Leistungs- und Erfolgsbewertung mit großen Schwierigkeiten verbunden. Über Mitbestimmung und Tarifverträge wird eine leistungs- und erfolgsorientierte Gestaltung der Arbeitsbedingungen zusätzlich erschwert. Trotzdem werden wir in diesem Bereich nicht resignieren. Resignation, das heißt Gleichbehandlung der Mitarbeiter bei ungleichen Leistungen, muß nach unserer Einschätzung auf Dauer Engagement und Leistungsbereitschaft der Mitarbeiter zerstören.
Wir haben dagegen in den vergangenen Jahren sehr beharrlich, teilweise auch in streitigen Verfahren, nach Mitteln und Wegen gesucht, die Leistungs- und Erfolgsorientierung unserer Mitarbeiter zu verstärken. Alle Mitarbeiter werden regelmäßig beurteilt. Als Grundlage dafür werden Ziele und Anforderungen festgesetzt und erreichte Arbeitsergebnisse von den Führungskräften in sogenannten Leistungsberichten dokumentiert.
Auf Grundlage der Leistungsbeurteilung werden unabhängig von den tariflichen Veränderungen die Löhne und Gehälter aller Mitarbeiter regelmäßig überprüft und leistungsdifferenziert neu festgesetzt. Alle Führungskräfte haben Spielräume, außerordentliche Leistungen von Mitarbeitern schnell und unbürokratisch durch Sach-

und Geldprämien anzuerkennen. Die Führungskräfte selbst sind über Erfolgsbeteiligungssysteme mit einem essentiellen Teil ihres Einkommens davon abhängig, ob und wieweit die Ziele ihres Verantwortungsbereiches erfüllt werden.

III. Pflege und Weiterentwicklung der Unternehmenskultur

Das, was wir heute Unternehmenskultur nennen, ist über viele Jahre gewachsen. Wesentliche Bestandteile sind uns dabei durch Werte und Leitvorstellungen unseres Gründers vorgegeben worden. Aufgabe der Unternehmensführung und dabei sicher in besonderem Maße auch der Personalführung war es über Jahre hinweg, aus verschiedenen Elementen ein in sich insgesamt schlüssiges Ganzes zu bilden. Entsprechend war es für uns immer wichtiger, unsere Arbeitswelt in sich schlüssig, in Übereinstimmung mit den Erfordernissen unseres Geschäfts und unseren Werten weiterzuentwickeln, als eifrig Verfahren und Leistungen anderer Unternehmen zu kopieren. Für die Zukunft können wir uns nicht darauf beschränken, das in der Vergangenheit Gewachsene zu konservieren. Statt dessen sehen wir unsere Aufgabe darin, unseren eigenen Weg konsequent weiterzuentwickeln.

Arbeitsgruppe 3

»Unternehmenskultur in großen Familienunternehmen«

Impulsreferate:

Professor Dr. Winfried Hamel
Universität Köln

Ulrich Voswinckel
Hauni-Werke Körber & Co. KG, Hamburg-Bergedorf

Wolfgang Grimm
Vorwerk & Co., Wuppertal

Professor Dr. Winfried Hamel

Universität Köln

Einige spektakuläre Publikationen aus jüngster Zeit haben die alte betriebswirtschaftliche Erkenntnis in ein breites, allgemeines Bewußtsein eingeprägt, daß der Unternehmenserfolg maßgeblich von den Werten, Normen, Postulaten und Zielen abhängt, denen sie nachstrebt und die folglich das Denken und Verhalten der Entscheidungsträger beeinflussen. Seit einiger Zeit werden diese nur schwer greifbaren Wert- und Normenvorstellungen, die das geistige Klima in einer Unternehmung bestimmen, unter dem Stichwort der Unternehmenskultur diskutiert.

Übereinstimmend werden dabei die folgenden Zusammenhänge als zutreffend angesehen:

- Je prägnanter eine Unternehmenskultur ausgeformt ist, um so stärker ist die Erfolgsbeeinflussung – sowohl in positiver wie in negativer Richtung.
- Je präziser die Unternehmenskultur in die ökonomische Landschaft sowie in die betriebliche Inwelt eingepaßt ist (»cultural fit«), um so höher ist der positive Einfluß auf den Unternehmenserfolg.

Sind beide Bedingungen – Prägnanz und Stimmigkeit – erfüllt, so kann man von einer starken Unternehmenskultur sprechen. Während der instrumentelle, bewirkende Charakter der Unternehmenskultur unbestritten ist, erhebt sich die Frage, ob sie auch als gestaltbare, bewirkte Variable interpretiert werden kann.

Grundsätzlich gibt es keine »kulturlosen« Unternehmen. Werte und Normen sind in sozialen Systemen und damit auch in Unternehmen stets vorhanden. Sie bilden und ändern sich auch ohne steuernde Aktivitäten, und zwar beeinflußt von Umsystem-Gruppen (Unternehmenspartner, Gesellschaft, Öffentlichkeit) wie auch von Insystem-Gruppen (Mitarbeiter, Anteilseigner, Führungskräfte).

Sollen jedoch Prägnanz und Stimmigkeit hoch ausgeprägt sein, um die instrumentelle Wirkung voll ausschöpfen zu können, also den Unternehmenserfolg deutlich zu verbessern, so muß eine gezielte »Kulturierung« durchgeführt werden, wobei diese Aufgabe der politischen Kerngruppe der Unternehmung obliegt. Die große Familienunternehmung weist hierbei besondere Probleme auf.

Die Stimmigkeit, der cultural fit, kann nur dann als hoch bezeichnet werden, wenn die Elemente der Unternehmenskultur mit den Normenvorstellungen aller relevanten Einflußgruppen harmonieren oder sie wenigstens die Unternehmenskultur akzeptieren. In großen Familienunternehmen sind als hauptsächliche Einflußgruppen zu nennen

1. die Familienmitglieder
2. die ökonomische Umwelt, insbesondere die Öffentlichkeit
3. die Belegschaft.

Alle drei Gruppen haben ein hohes Einflußpotential, keine kann grob ignoriert werden, ohne Schaden für die Unternehmung zu riskieren. Sofern die gruppenspezifischen Wertevorstellungen untereinander übereinstimmen, kann auch die Unternehmenskultur relativ einfach stimmig ausgestaltet werden. In vielen Fällen scheint diese Voraussetzung jedoch nicht von vornherein gegeben zu sein.

Insbesondere sind aus der Trägerfamilie spezielle Einflüsse zu erwarten, die mit den Erwartungen der ökonomischen Umwelt sowie denen der Belegschaft nicht harmonieren. In diesem Fall stellt die Ausgestaltung der Unternehmenskultur eine schwierige Gratwanderung zwischen verschiedenen und unterschiedlich starken Pressionen dar.

Bei Großunternehmen – vor allem im Streubesitz – ist der Familieneinfluß regelmäßig unbeachtlich, kleine und mittlere Unternehmen stehen aufgrund ihrer wirtschaftlichen Bedeutung nur selten im Mittelpunkt öffentlichen Interesses, so daß bei diesen die Menge der beachtensnotwendigen Einflußgruppen erheblich reduziert ist. Die große Familienunternehmung hingegen kann sich nicht ohne weiteres aus der vieldimensionalen Erwartungslage herausmogeln. Insofern ist sie in bezug auf die Unternehmenskultur besonderen Problemfeldern unterworfen. Diese Aussage bleibt erhalten, auch wenn man unterstellt, daß das Instrumentarium zur Bewältigung dieser Probleme vielfältig und bekannt ist; eine effiziente Nutzung dieses Instrumentariums ist jedoch nur einzelfallabhängig bestimmbar.

Die Prägnanz einer Unternehmenskultur liegt häufig mit der Stimmigkeit im Konflikt; je mehr Einflußgruppen auf den cultural fit einwirken, um so weniger prägnant läßt sich die Unternehmenskultur entwickeln. Mit vagen Formulierungen, mit interpretationsbedürftigen Normen, mit weitgefächerten Werteskalen läßt sich zwar Stimmigkeit suggerieren, die Unternehmenskultur liegt dann aber nur in einer unverbindlichen Form vor. Eine wenig prägnante Unternehmenskultur ist aber nur eingeschränkt geeignet, Erfolgspotentiale auszuschöpfen. Nur wenn alle Beteiligten übereinstimmend dieselben Kriterien bei ihren Entscheidungen heranziehen, lassen sich synergetische Effekte realisieren. Dies setzt gleichermaßen und gleichzeitig eine prägnante und stimmige Werte- und Normenstruktur voraus.

Ulrich Voswinckel
Hauni-Werke Körber & Co. KG, Hamburg-Bergedorf

Ich sehe den Zweck der einleitenden Impulsreferate in dieser Arbeitsgruppe darin, Beispiele von Unternehmenskultur aus der Praxis vorzustellen und diese in der anschließenden Diskussion unter anderem kritisch darauf zu durchleuchten,

- ob unsere Erfahrungen von den anderen Mitgliedern dieser Arbeitsgruppe geteilt werden
- wie die mit Unternehmenskultur befaßten Wissenschaftler unsere Unternehmenskultur beurteilen
- ob wichtige Elemente unserer Unternehmenskultur auf andere Unternehmen übertragbar sind.

Der letzte Punkt scheint mir besonders wichtig, denn schließlich wollen die meisten Kongreßteilnehmer ja möglichst Gedankengut mitnehmen, das sich im eigenen Unternehmen – vielleicht in abgewandelter Form – anwenden läßt.

Zu unserer Unternehmens-Gruppe ein paar Stichworte: Gegründet 1946 von Dr. Kurt A. Körber in Hamburg als Maschinenbaubetrieb für die tabakverarbeitende Industrie, hat sich daraus bis heute eine Unternehmens-Gruppe, bestehend aus 10 produzierenden Maschinenbauunternehmen in drei Branchen (Tabakverarbeitung, Papierverarbeitung, Werkzeugmaschinen), mit rund 6000 Mitarbeitern und über DM 1 Mrd. Umsatz entwickelt.

Ursprung und Zentrum der Unternehmens-Gruppe sind die Hauni-Werke Körber & Co. KG in Hamburg-Bergedorf mit rund 3500 Mitarbeitern. Ich möchte mich bei meinen Ausführungen auf dieses Unternehmen beschränken.

Der Grund dafür liegt darin, daß in einer durch Neugründungen und zugleich durch Übernahme älterer Unternehmen schnell gewachsenen Unternehmens-Gruppe durchaus sehr unterschiedliche Kulturen anzutreffen sind, die historisch gewachsen sind und die wir bewußt auch nicht kurzfristig einander angleichen wollen. Die Problematik der Kulturunterschiede innerhalb einer Unternehmens-Gruppe wäre sicher ein interessantes Sonderthema im Rahmen der hier geführten Kulturdiskussion; ich kann darauf aus Zeitgründen hier nicht eingehen.

Geprägt ist die Unternehmenskultur der Hauni-Werke entscheidend von der Gründerpersönlichkeit Dr. Kurt A. Körbers, der nach wie vor persönlich haftender Gesellschafter des Unternehmens ist. Wesentliche Anteile des Unternehmens hat er bereits auf die gemeinnüt-

zige Körber-Stiftung übertragen und testamentarisch verfügt, daß die Stiftung einmal über 90 Prozent des Kapitals erhalten wird.
Es gibt bisher für das Unternehmen keine Zusammenfassung der wesentlichen Elemente der Unternehmenskultur in Form von verbindlichen Unternehmens-Leitlinien. Dieser Umstand erschwert die Beschreibung der Unternehmenskultur, ist aber nicht ungewöhnlich für ein Unternehmen, das noch vom Gründer gelenkt wird. Die wichtigsten Bestandteile der Unternehmenskultur sind ohnehin vom Unternehmer im Laufe der Jahre persönlich in das Unternehmen getragen und werden täglich von ihm vorgelebt beziehungsweise innerhalb oder auch außerhalb des Unternehmens bei verschiedensten Gelegenheiten mündlich oder schriftlich zum Ausdruck gebracht.
Einige übergeordnete Ziele beziehungsweise Überzeugungen sind in Marmor gemeißelt an mehreren Stellen im Unternehmen für jedermann sichtbar angebracht. Hiervon möchte ich Beispiele geben, die aufzeigen, daß Innovation, Unabhängigkeit sowie Ausbildung bei uns einen besonderen Stellenwert genießen:

> Das Ziel bei der Entwicklung unserer Erzeugnisse ist nicht, an den modernsten Stand der Technik heranzukommen, sondern diesen zu diktieren. (Kurt A. Körber)

> Damit wir souverän und unabhängig bleiben, werden wir keine Expansion mit fremdem Kapital betreiben. (Kurt A. Körber)

> Es ist keine Schande, nichts zu wissen, wohl aber, nichts lernen zu wollen. (Sokrates)

Als Leitlinie für die Einstellung und Verhaltensweise in der täglichen Praxis, insbesondere der Führungskräfte, und zugleich als Orientierungspunkt für organisatorische Maßnahmen gilt bei den Hauni-Werken die Berücksichtigung von fünf menschlichen Grundbedürfnissen, nämlich:
- Sicherheit des Arbeitsplatzes
- Anerkenntnis; die Anerkennung ist der innere Motor für kreative Impulse
- Gerechtigkeit
- Freiheit im Verantwortungsbereich und
- rechzeitige Information.

Stufenselektion

Bei der optimalen Erfüllung der Grundbedürfnisse – einer wichtigen Voraussetzung zugleich für den wirtschaftlichen Erfolg und damit die Sicherheit des Arbeitsplatzes – fällt den Führungskräften auf allen Stufen des Unternehmens eine bedeutsame Rolle zu. Jeder Vorgesetzte muß die richtige innere Einstellung zu diesen Grundbedürfnissen seiner Mitarbeiter haben und die Lenkung der von ihm betreuten Arbeitsgruppe aus der Perspektive dieser Bedürfnisse vornehmen. Die sorgfältige Auswahl der Mitarbeiter mit Personalführungsaufgaben ist deswegen für das Bewahren unserer Unternehmenskultur von großer Bedeutung.

Im Jahre 1969 wurde in den Hauni-Werken aus diesem Grund ein Verfahren zur Auswahl von Vorgesetzten eingeführt, das wir »Stufenselektion« nennen. Nach dem Prinzip der Stufenselektion wird die von der Unternehmensleitung für die Besetzung einer Personalführungsposition in Aussicht genommene Person zunächst nur kommissarisch eingesetzt, damit sie die Mannschaft, die sie betreuen soll, kennenlernen kann. Hat der Betreffende einige Monate diese Vorgesetztenfunktion ausgeübt, stimmen seine ihm unmittelbar unterstellten Mitarbeiter in einer geheimen Wahl darüber ab, ob sie ihn akzeptieren oder ob sie ihn ablehnen. Erst wenn sich die einfache Mehrheit für ihn entscheidet, wird er offiziell zum Vorgesetzten ernannt. Wird er abgelehnt, muß die Unternehmensleitung einen neuen Kandidaten stellen, der wiederum zunächst nur kommissarisch tätig wird. Möglich ist auch die Wiederholung der Abstimmung über einen zunächst durchgefallenen Kandidaten nach einem angemessenen Zeitraum.

Ein einmal über die Stufenselektion gewählter Vorgesetzter kann von seinen Mitarbeitern nicht wieder abberufen werden, das Recht dazu hat nur die Unternehmensleitung, und sie wird es tun, wenn er versagt.

Die Stufenselektion hat sich nach unserer eigenen Erfahrung bewährt. Es wurden seit 1969 rund 500 Abstimmungsverfahren durchgeführt; davon gingen 6 Prozent negativ aus.

Eine wissenschaftliche Untersuchung der Freien Universität Berlin (Professor Pirker) aus dem Jahr 1977 hat zu dem Ergebnis geführt, daß die Mitarbeiter im Verfahren der Stufenselektion Vor- und Nachteile sehen, daß die Vorteile aber überwiegen. 12 Prozent unserer Mitarbeiter hielten damals die Stufenselektion für bedeutungslos. Interessant war die Erkenntnis, daß gewählte Vorgesetzte eine größere Identifikation ihrer Mitarbeiter erreichen als ihre eingesetzten, das heißt nicht durch die Stufenselektion gegangenen Kollegen.

Soviel zum Auswahlverfahren der Führungskräfte, das nach unserer Überzeugung den Führungsstil auf ein höheres Kooperationsniveau bringt und dadurch einen spürbaren Beitrag für die Unternehmenskultur und zugleich für den Unternehmenserfolg leistet.

Erfolgsbeteiligung

Am wirtschaftlichen Erfolg des Unternehmens sind die Hauni-Mitarbeiter mit rund 20 Prozent beteiligt. Der Betrag wird entsprechend der Einkommenshöhe der Mitarbeiter verteilt und in bar ausgeschüttet. Diese Beteiligung am Erfolg betrachte ich – unabhängig von dem erfreulichen materiellen Effekt, den jeder gern mitnimmt – als einen wichtigen Bestandteil unserer Unternehmenskultur. Durch die Beteiligung wird eine unternehmerische Einstellung beziehungsweise unternehmerische Verhaltensweisen bei einer größeren Anzahl von Mitarbeitern gefördert.

Verhältnis Arbeitgeber-Arbeitnehmer

Die Art und Weise, wie Unternehmensleitung und Arbeitnehmervertretung miteinander arbeiten, betrachte ich als eine wichtige Ausdrucksform der jeweiligen Unternehmenskultur. Der gesetzliche Rahmen gilt zwar in gleicher Weise für alle Unternehmen; der Geist, in dem dieser Rahmen ausgefüllt wird, kann aber sehr unterschiedlich sein mit erheblichen Auswirkungen auf das Tagesgeschehen.
Für die Hauni-Werke läßt sich dies Verhältnis mit der Bezeichnung »konstruktive Zusammenarbeit« am besten beschreiben. Konflikte werden ausgehalten und ausgetragen, aber eben in diesem konstruktiven Geist. Der Begriff »Partnerschaft« trifft nicht ganz auf dieses Verhältnis zu; es ist nüchterner.
Kennzeichnend für die positive Einstellung der Unternehmensleitung zur Betriebsratsarbeit ist zum Beispiel ihr Aufruf an die mittleren Führungskräfte, sich als Kandidat bei den Betriebsratswahlen aufstellen zu lassen.
Weiterhin möchte ich in diesem Zusammenhang erwähnen, daß bei der Stufenselektion in jeder Abstimmung der Vorsitzende und der stellvertretende Vorsitzende des Betriebsrates zusätzlich stimmberechtigt sind.

Gruppen-Aktivitäten (Clubs)

In besonderer Weise wird in den Hauni-Werken die Bildung von Mitarbeiter-Gruppen ideell und materiell gefördert. Das bezieht sich sowohl auf Freizeit-Gruppen, die es bei uns vielfältig gibt, als auch auf solche Gruppen, die zumindest indirekt im Zusammenhang mit der täglichen Arbeit stehen.
So bilden die Meister zum Beispiel den M^3-Club (M^3 steht für Mensch, Material, Maschine), die Vorarbeiter den M^2-Club und die Abteilungsleiter den HAL-Club. M^3 hat kürzlich das 25jährige Jubiläum gefeiert. Es handelt sich also um eine für unsere Firmengeschichte schon recht alte Institution.
Die Mitgliedschaft in den Clubs ist freiwillig. Ein sehr hoher Prozentsatz der von der Funktion her potentiellen Mitglieder macht auch tatsächlich mit. Jeder Club hat rund 100 Mitglieder. Es werden Mitgliedsbeiträge geleistet; Firmenzuschüsse gibt es in gleicher Höhe.
Diese Clubs spielen in mehrfacher Hinsicht eine wichtige Rolle. Interne und externe gemeinsame Veranstaltungen – zum Teil als gesellige Veranstaltungen mit Ehepartnern – fördern das Zusammengehörigkeitsgefühl und sind zugleich ein ideales Informationsforum für übergreifende Fachthemen, wie auch für die Kommunikation mit der Geschäftsleitung. Die Schwerpunkte der Tätigkeit dieser Clubs sind unterschiedlich. Beim Abteilungsleiter-Club zum Beispiel steht das Thema Information ganz eindeutig im Vordergrund.
Daß Herr Dr. Körber bei Neuaufnahmen die Überreichung der Mitgliedsurkunde und einer Anstecknadel immer persönlich vornimmt, ist zwar ein Detail, das man aber nicht unterschätzen sollte.

Ausbildung

Bei der Ausbildung bemühen sich die Hauni-Werke, über die vorgeschriebenen prüfungsrelevanten Fächer hinaus uns wichtig erscheinende Inhalte zu vermitteln. Etwa jeder sechste Mitarbeiter ist aus der eigenen Ausbildung hervorgegangen, woran man die Bedeutung der Ausbildung für das eigene Haus ablesen kann.
Schwerpunkt dieser zusätzlichen Bemühungen um die Lehrlinge liegt im Bereich des sozialen Verhaltens beziehungsweise sozialen Engagements. So beginnt zum Beispiel die Ausbildung außerhalb des Unternehmens mit einem einwöchigen, gemeinsamen Seminar. Auszeichnungen des Unternehmens werden bei Lehrlingen ausschließlich für Leistungen im sozialen Bereich vergeben.
Seit 1983 haben wir in den Ausbildungsplan des ersten Lehrjahres

eine Umweltwoche einbezogen unter dem Namen »Umwelt zum Anfassen«. Der Lehrling wird theoretisch mit allen Umweltproblemen eines Industrieunternehmens vertraut gemacht und faßt auch selbst praktisch mit an; so zum Beispiel bei der Gestaltung und Pflege unserer umfangreichen Gartenanlagen. Das ist auch eine Kulturarbeit, »down to earth« im besten Sinn. Nach anfänglichen Bedenken des Betriebsrates und auch der Handelskammer findet diese zusätzliche Ausbildungskomponente inzwischen nicht nur volle Anerkennung, sondern auch großes Interesse außerhalb des Unternehmens.
Seit kurzem machen wir zusammen mit dem Museum für Kunst und Gewerbe Versuche, die gewerblichen Lehrlinge sich mit Kunst auseinandersetzen zu lassen und ihnen Wege aufzuzeigen, wie sie ihre gewerblichen Fähigkeiten auch künstlerisch zum Ausdruck bringen, das heißt die eigene Kreativität entwickeln können. Hier geht es also um Bemühungen, während der Lehre einen jungen Menschen in der ganzen Vielfalt seiner Fähigkeiten anzusprechen und zu formen, statt ihm nur begrenzte Fingerfertigkeiten beizubringen.

Soziales

Bei den Hauni-Werken gibt es wie in vielen anderen Unternehmen ein ganzes Bündel von sozialen Einrichtungen, sozialen Traditionen und sozialen Leistungen. Ich möchte bewußt den Begriff »soziale Leistungen« hierfür nicht als Oberbegriff wählen, denn dieses Wort hat einen passiven Unterton, klingt zu ausschließlich nach Entgegennahme von Leistungen.
Ich möchte einige Beispiele aus dem sozialen Bereich anführen, die für unsere Unternehmenskultur bezeichnend sind. Für sich allein genommen mag das eine oder andere von geringem Gewicht erscheinen, in der Summe bedeuten sie aber mehr als die Addition der Einzelelemente.

(1) Stipendien

Die Anerkennung von Leistung findet bei uns Ausdruck, zum Beispiel in der Verleihung von Hochschulstipendien für besonders erfolgreiche Mitarbeiter und Fachschulstipendien für Lehrlinge. Diese Stipendien werden jährlich anläßlich der Weihnachtsfeier vor den Augen aller Mitarbeiter von der Geschäftsleitung übergeben.

(2) Jubilare

Die hohe Wertschätzung der Firmentreue findet ihren Niederschlag unter anderem in einer festlichen und oft auch originellen Gestaltung der Arbeitsjubiläen, wobei die Geschäftsleitung relativ wenig dazu beiträgt. Die Gestaltung ist bereits eine gewisse Tradition und wird von den Mitarbeitern selbständig und auch auf eigene Kosten durchgeführt. Außerdem werden alle Jubilare eines Jahres von der Geschäftsleitung zu einem gemeinsamen Tagesausflug eingeladen.

(3) Opern-/Theaterbesuche

Bekannt sind die Hauni-Werke für die seit 30 Jahren geübte Praxis, statt Betriebsausflüge zu machen gemeinsam die Oper zu besuchen. Dies ist nicht nur ein Bestandteil unserer Unternehmenskultur, sondern zugleich der Versuch, Kulturpolitik – im engeren Sinn des Wortes Kultur – zu betreiben. So mancher Mitarbeiter wurde durch diese Initiative an die Welt der Oper und des Theaters erfolgreich herangeführt.

(4) Psychologische, Rechts- und Rentenberatung

Eine langjährige Tradition besitzt bei den Hauni-Werken das Angebot einer psychologischen Beratung, die während der Arbeitszeit im Unternehmen kostenlos in Anspruch genommen werden kann.
Wir sind der Überzeugung, daß diese Einrichtung für die betroffenen Mitarbeiter hilfreiche Arbeit leistet, ganz besonders im Zusammenhang mit Alkoholproblemen. Die Tatsache, daß es eine psychologische Beratung gibt und Erfolge dieser Beratung für Arbeitskollegen sichtbar sind und sich herumsprechen, vermittelt auch den gesunden Mitarbeitern ein Gefühl der Sicherheit, daß sie in diesem Unternehmen nicht allein gelassen werden, wenn sie selbst einmal in ein Problem dieser Art geraten.
Ähnlich positiv wirkt sich die in unserem Hause angebotene kostenlose Rechtsberatung durch zugelassene Rechtsanwälte sowie eine Beratung in Renten- und Versicherungsfragen auf die Mitarbeiter aus. Oft kann ein erstes Gespräch mit dem Fachmann dem Mitarbeiter unnötige Ängste nehmen.

Stiftung

Die gemeinnützige Körber-Stiftung ist durch einen Schenkungsakt Dr. Körbers – wie eingangs erwähnt – bereits heute Mitgesellschafter des Unternehmens. Die Tätigkeit der Stiftung in einer finanziellen Größenordnung von rund fünf Millionen DM im Jahr wird mit Mitteln finanziert, die aus dem Unternehmen stammen. Das Tätigkeitsfeld der Körber-Stiftung reicht von Wissenschafts- und Kulturförderung bis hin zu sozialer Arbeit für alte oder kranke Menschen.

Wir haben bisher keine wissenschaftliche Befragung durchgeführt, wie sich dieser Tatbestand, daß ein Teil der Erträge durch Entscheidung des Inhabers für jedermann sichtbar in gemeinnützige Verwendung fließen, auf die Einstellung der Mitarbeiter auswirkt. So etwas ist ja auch außerordentlich schwer meßbar. Ich persönlich bin fest davon überzeugt, daß ein wichtiger Teil unserer Mitarbeiter sich wegen dieser Stiftungsaktivitäten mit dem eigenen Unternehmen stärker identifiziert und somit auch zusätzlich motiviert ist. Dabei spielt sicher auch eine Rolle, daß diese Stiftungsaktivitäten zum Teil auch von den Mitarbeitern persönlich in Anspruch genommen werden können. Das trifft zum Beispiel für das von der Stiftung errichtete und betriebene Theater oder das Senioren-Centrum HAUS IM PARK zu. Hier handelt es sich um Einrichtungen, die man »anfassen« kann, im Unterschied zu wichtigen anderen Aktivitäten der Stiftung, wie zum Beispiel dem Bergedorfer Gesprächskreis, der naturgemäß nur relativ wenige Mitarbeiter persönlich anspricht.

Jedenfalls erkennen die Mitarbeiter, was im gemeinnützigen Bereich geschieht, und sind stolz auf ihr Unternehmen und stolz auf ihren Chef, der das durch seine Stiftungsentscheidung ermöglicht hat.

Daß diese Stiftungsentscheidung zugleich eine sehr wichtige Maßnahme im Sinn der Sicherheit der Arbeitsplätze ist, nämlich erbschaftssteuerfreie, das heißt substanzerhaltende Übertragung des Unternehmens auf den endgültigen Eigentümer, entspricht zwar dem eingangs aufgeführten Grundbedürfnis nach Sicherheit, ist aber heute nach meinem Eindruck noch nicht sehr tief in das Bewußtsein der Mitarbeiter eingedrungen.

Wolfgang Grimm
Vorwerk & Co., Wuppertal

Familienunternehmen

Es ist ein besonderer Glücksfall, aber auch kein Zufall, daß einer der persönlich haftenden Gesellschafter der Vorwerk-Unternehmensgruppe, Herr Dr. Jörg Mittelsten Scheid, zugleich der maßgebliche Kapitaleigner, aus eigener Erfahrung und in sehr reflektierter, nachdenklicher und offener Form über das Thema »Familienunternehmen« ein Buch geschrieben hat und dabei zu folgender Begriffsbildung gelangt: Familienunternehmen sind solche Unternehmen, die unter dem Einfluß von einer oder mehreren Familien stehen.
Diese Definition macht keinerlei Einschränkung bezüglich Größe oder Rechtsform. Vom Ein-Mann-Betrieb, beispielsweise auf dem Gebiet der Unternehmensberatung, über den Handwerksbetrieb bis hin zu den größten internationalen Multis kann es sich um Familienbetriebe handeln.
Mit Sicherheit gibt es, was die Entwicklung von Familienunternehmen anbetrifft, typische Phasen, von der Gründungsphase mit der unternehmerischen Ursprungsidee über Expansion und Konsolidierung, auch der Abwehr von Familieneinflüssen, die die Existenz des Unternehmens gefährden könnten. Väter, Söhne, Tanten, Gattinnen, Exgattinnen: Wir Deutschen kennen diese Probleme dank Thomas Mann. Die Frage, ob Familienunternehmen oder anonyme Publikumsgesellschaften im Vergleich besser oder schlechter seien, ist auf jeden Fall falsch gestellt; genauso falsch wie die Frage, ob dunkelhaarige oder blonde Frauen »schöner« seien. Familienunternehmen sind eine bestimmte Form, eine Alternative in unserer marktwirtschaftlichen Wirtschaftsordnung. Es wäre falsch, sie für schädlich zu erklären oder sie zum »Vorbild« hochzustilisieren.

Großunternehmen

Was die Unterschiede zwischen kleinen und großen Unternehmen anbetrifft, so lassen sich keine exakt abgrenzenden unterscheidungskräftigen Merkmale bilden. Vielmehr handelt es sich um ein Netz von Merkmalen, wie Umsatz, Bilanzsumme, Zahl der Mitarbeiter, Wertschöpfung und ähnlichem, im engeren Sinn betriebswirtschaftliche Merkmale.

Der Tendenz nach ist zu sagen, daß

- größere Unternehmen einen höheren Spezialisierungsgrad der Qualifikationen haben
- die Hierarchie tiefer gestuft ist
- in größeren Unternehmen nicht mehr jeder jeden kennt, das heißt, daß ein gemeinsames Bewußtsein indirekt vermittelt werden muß
- die Vertrautheit der Menschen miteinander und im Umgang mit dem Unternehmen schwierig herzustellen ist, mit wachsender Größe der direkte Einfluß des Unternehmers auf die Menschen schwieriger wird
- der Organisationsgrad in den Gewerkschaften in größeren Unternehmen größer und die
- Interessenvertretung durch den Betriebsrat intensiver ist.

Dies alles gilt der Tendenz nach. Im Einzelfall kann es ganz anders sein.

Bei meiner Einstellung bei Vorwerk wurde mir gesagt, daß Vorwerk versuche, die Vorteile des Familienunternehmens mit den Vorteilen von anonymen Unternehmensformen zu verbinden. Daß man also versuchen würde, die Kostenvorteile, die Marktmacht, den Bekanntheitsgrad von Großunternehmen anzustreben und zu verwirklichen. Dabei zugleich aber die Vorteile des Familienunternehmens, das heißt die gegenseitige Vertrautheit, die positive Einstellung zum Unternehmen und zum Unternehmer, sich kennen statt Anonymität, anstrebt. Die Darstellung hat großen Einfluß auf meine Entscheidung gehabt, für Vorwerk zu arbeiten, und hat sich im großen ganzen nicht als leeres Versprechen, sondern als positive Perspektive bewahrheitet.

Unternehmenskultur

Auf der Suche nach einem trag- und entwicklungsfähigen Begriff ist bei einigen Vorstationen haltzumachen, damit man nicht unversehens dort ankommt, wo man nicht hin will. Eine böse Tradition ist es, »Kultur« so zu definieren, daß man selbst sie hat und andere nicht. Die Barbaren, das sind die anderen. Eine gut gemeinte Tradition ist es, Kultur als etwas »Höheres« zu interpretieren, mit dem der Idealist weltfremd herumspielt und worauf der Realist weder achten kann noch muß. Allenfalls am Feierabend kultiviert sich der Realist.

Weiterführend ist die beschreibende und wertneutrale Auffassung von Kultur als »der Gesamtheit der typischen Lebensformen einer Bevölkerung einschließlich der sie tragenden Geistesverfassung, besonders der Werteinstellungen« (Brockhaus). Kritisch ist jedoch zu sagen, daß die in dieser Auffassung vorausgesetzte räumliche Abgrenzung einer Bevölkerung bei der Bildung von Lebensformen nicht mehr die ausschlaggebende Rolle spielt. Wer heute als junger Deutscher in einem internationalen Konzern arbeitet und privat Joga betreibt, lebt in einem komplizierten Kräftefeld sehr verschiedener Lebensformen. In »seiner« deutschen Kultur lebt er zugleich mit der internationalen Kultur seiner jungen Generation, lebt er mit der internationalen Kultur seines Arbeitgebers und mit der fernöstlichen Lebensform, die seinem Freizeitsport zugrunde liegt.

Unternehmenskultur in der hier vorgeschlagenen Begriffsbildung ist die Art und Weise, wie in einem Unternehmen mit

- Idee und Wertvorstellungen
- Sachen und Geld
- Menschen

umgegangen wird. – Unternehmenskultur steht damit nicht neben oder gar über dem Unternehmen, ist nichts Zusätzliches, nichts Abgehobenes, sondern eine Kraft im Unternehmen, die im Alltag vorkommt, ihre Stärken und Schwächen hat, Chancen und Risiken mit sich bringt und sich entwickeln wird, entwickeln kann, entwickeln muß. Wie dieser Begriff gemeint ist und wozu er in der Praxis führt, sei mit Hilfe einiger gedanklicher Experimente dargestellt.

Wer nur eine Dimension des begrifflichen Dreiecks verfolgt und ausschließlich in den Vordergrund stellt, richtet das Unternehmen schnell zugrunde. Wer nur in Werten und Wertvorstellungen lebt, denkt und handelt, wird zum Dogmatiker, wer nur den Gewinnen nachjagt, wird langfristig keine Gewinne machen, und wer nur für das Glück der im Unternehmen arbeitenden Menschen sorgen wird, wird die Menschen unglücklich machen, weil die Leistung als Quelle der Zufriedenheit versiegt, weil Arbeitslosigkeit droht.

In jeder konkreten Situation des Unternehmens, auch im Führungsalltag, auch im Alltag vor Ort kommt es immer auf die Art an, wie man mit allen drei Dimensionen zugleich umgeht, wie man Akzente und Gegenakzente setzt und einen Prozeß gestaltet, der letzten Endes von Erfolg, Zufriedenheit, Glaubwürdigkeit und Verantwortung geprägt ist. Ebenso ist auf der Ebene der Unternehmenspolitik ein Ausgleich zwischen allen drei Dimensionen anzustreben, der jedoch nicht dogmatisiert werden darf. Es geht nicht an zu behaupten, daß ein Unternehmen mit weniger Mitbestimmung weniger Kultur hätte. Es geht nicht an zu behaupten, daß ein Unternehmen mit beträchtlichem Gewinn, je nach ideologischer Richtung, mehr Kultur oder weniger Kultur hätte. Es geht nicht an, zufriedene Mitarbeiter mit der Vorstellung hoher Kultur zu verbinden, wenn der unternehmerische

Erfolg ausbleibt und die Existenz des Unternehmens nicht gewährleistet ist. Die Zufriedenheit, die stabile Zufriedenheit stammt ja gerade aus dem Erfolg.

Thesen zum Thema Unternehmenskultur

1. Es gibt keine »Unternehmenskultur«, sondern nur Unternehmenskulturen.
2. Unternehmenskultur ist ein nie endender Prozeß (»eine endlose Geschichte«).
3. Unternehmenskultur ist eher prozeßhaft und deskriptiv, als statisch und normativ zu denken.
4. Ohne Geschichte, ohne Kultur
5. Treibende Kraft: Unternehmenskultur
6. Unternehmenskultur: die maßgebliche, langfristige Positivkraft, die Integrationskraft für alle Zielkonflikte
7. Unternehmenskultur – in vielen Unternehmen ein ungenütztes Potential
8. Anspruchsdenken – die kurzfristige Gewinnmaximierung des Arbeitnehmers – ein einseitiger Störfaktor
9. *Die Rolle des Unternehmers. Nicht:* besonders gutes Benehmen, Mäzenatentum, Kultiviertheit, Niveau. Diese Art von Kultur ist eher Privatangelegenheit des Unternehmers. Zusätzlich wird er dauernd bezüglich seiner Glaubwürdigkeit gemessen, wie er selbst mit den unternehmensgültigen Werten umgeht. Im übertragenen Sinn gilt dies für jede Führungskraft, genaugenommen für jeden Mitarbeiter.

Gibt es besondere Formen, Risiken, Chancen der Unternehmenskultur in großen Familienunternehmen?

Mir ist kein Fall bekannt, daß ein Familienwappen noch heute maßgeblich Corporate Design und Corporate Identity beeinflussen würde. Wenn man weit zurückblickt, so ist zum Beispiel im Familienwappen der Medici schon zu Zeiten der Macht der Medici nicht mehr klar gewesen, ob die sechs Punkte im Familienwappen auf eine Apotheke im Ursprung der Medici hinweisen (Punkte = Pillen). Wenn bei Unternehmen, wie Siemens und Bosch, die Namen das Firmenzeichen prägen, so hat sich dies im Bewußtsein der Mitarbeiter und der Bevölkerung schon sehr stark versachlicht und steht für das Unternehmen, nicht jedoch für die Familie.

In großen Familienunternehmen steht der Unternehmer oder stehen die Unternehmer notwendig genau auf der Schnittstelle zwischen Unternehmen und Familie:

- Dabei gehört es zur Unternehmenskultur, daß die Existenz des Unternehmens als oberster Wert Vorrang vor den Ansprüchen der Familie hat.
- Ebenso gehört es dazu, daß inkompetente, sachfremde und anspruchliche Anforderungen an das Unternehmen abgewehrt werden.
- Sofern es Unternehmensgrundsätze oder eine »Unternehmensverfassung« in Familienunternehmen gibt, ist meistens darin geregelt, daß Mitglieder der Familie nicht ohne einschlägige Berufserfahrung aus anderen Unternehmen ins Unternehmen eintreten dürfen.
- Daß die Familienkultur die Unternehmenskultur prägt, ist eher für kleine Unternehmen typisch.

Bei Vorwerk zum Beispiel darf niemand aus der Familie in den Profit-Centern der Tochtergesellschaften arbeiten. Auch im Stammhaus, der Zentrale, darf niemand aus der Familie ohne nachgewiesene und extern erworbene unternehmerische Kompetenz eingestellt werden.

- Die Gewinn- und Kapitalentnahmerechte der Familie müssen begrenzt werden, damit sie nicht zum Risiko fürs Unternehmen werden könnten.
- Es besteht eine Tendenz, kleinere Anteilseigner aus der Familie, die praktisch ohne Sachkompetenz und ohne nennenswerten Einfluß sind, in guten Zeiten auszuzahlen.
- Ohne daß es zu beweisen wäre, möchte ich doch die These aufstellen, daß große Familienunternehmen stärker als andere dazu tendieren, ihre eigene Art von Unternehmenskultur bewußt und systematisch zu konzipieren und zu verwirklichen. Gerade damit es nicht so zugeht wie in großen anonymen Gesellschaften, werden Familiengesellschaften ihren eigenen Weg konzipieren.
- Schließlich hat der Unternehmer die Aufgabe, Familienzwist als Einflußfaktor vom Unternehmen fernzuhalten. Dallas und Denver geben hierzu die wöchentlichen Lektionen.

Familienkultur und Unternehmenskultur: Besteht zwischen beiden eine Beziehung? Aus meiner Sicht nur, indem man auf beiden Seiten äußerste Zurückhaltung übt.

Zum 100jährigen Jubiläum von Vorwerk hat Helge Pross ein Buch über Vorwerk geschrieben: »Der Geist der Unternehmer«. Ein Buch nach abermals 100 Jahren könnte eher heißen: »Der Geist des Unternehmens«.

Kultur?

Im bisherigen Verständnis haben Kultur und Wirtschaft wenig miteinander zu tun. Es sei denn, daß ein Unternehmen sich dazu aufrafft, in abgelegenen Gebieten ab und zu eine Theatertruppe oder ein Orchester einzuladen. Wenn wir den hier zugrundegelegten Begriff der Unternehmenskultur ernst nehmen, dann gelangen wir ohne Zweifel zu einem erweiterten Kulturbegriff, der natürlich auch auf den ursprünglichen traditionellen zurückwirkt. Nicht nur, daß sich die Frage stellt, ob ein Theater, das seine Mittel verschwendet, wenig Kultur hätte. Vielmehr muß man darüber nachdenken, ob nicht ähnlich wie bei Beuys der erweiterte Kunstbegriff, in unserem Zusammenhang der erweiterte Kulturbegriff, dazu führt, daß eben auch die ästhetischen Erzeugnisse des Kulturbetriebes als Teil der Wertschöpfung und als Investitionen in die Infrastruktur betrachtet werden müssen. Wenn man in diese Richtung weiterdenkt, so könnte endlich mal eine wesentliche Antwort darauf gefunden werden, daß in kommunistischen Ländern Kultur und Wirtschaft ohnehin viel enger, eben marxistisch, interpretiert werden. Mit dem unverbundenen Nebeneinander von Wirtschaft bei der Arbeit und Kultur in der Freizeit könnte es dann ein Ende haben, und zwar nicht im ideologischen Sinne des Marxismus, der ja nichts anderes tut, als beide Teile einer Ideologie zu unterwerfen.

Literaturhinweise:

Mittelsten Scheid, Jörg: Gedanken zum Familienunternehmen, Stuttgart. 1985 (Poeschel)

Pross, Helge: Der Geist der Unternehmer, 100 Jahre Vorwerk & Co., Düsseldorf 2. Aufl. 1983 (Claasen)

Pentzlin, Kurt: Die Zukunft des Familienunternehmens, Düsseldorf 1976 (Econ)

Ulrich, Peter: Systemsteuerung und Kulturentwicklung. Auf der Suche nach einem ganzheitlichen Paradigma der Managementlehre, Die Unternehmung 38. Jg. 1984/4, S. 303–325

vgl. auch die noch unveröffentlichte Habilitationsschrift des gleichen Autors

Zürn, Peter: Geist und Stil des Hauses, Unternehmenskultur in Deutschland, München 1985 (mi)

vgl. auch Grimm, Wolfgang: Unternehmenskultur als Erfolgsfaktor, Schwerpunktheft Unternehmskultur in Personalführung, 1986

Arbeitsgruppe 4

»Unternehmenskultur in mittelständischen Unternehmen«

Impulsreferate:

Professor Dr. Hartmut Wächter
Universität Trier

Claus Zoellner
Accumulatorenwerke Hoppecke, Carl Zoellner & Sohn GmbH & Co. KG, Brilon

Wilfried Götze
PSI Gesellschaft für Prozeßsteuerungs- und Informationssysteme mbH, Berlin

Professor Dr. Hartmut Wächter
Universität Trier

I.

Der *Kulturbegriff* ist – zumal im deutschen Sprachgebrauch – mehrdeutig. »Kultur« wird oft als positiv besetzter, elitärer Begriff verstanden, der sich auf einen erreichten sozialen Status, eine bestimmte Lebensart, auf Erziehungsinhalte und guten Geschmack bezieht und mit dem die Überlegenheit einer Klasse, Nation oder Rasse über eine andere belegt oder demonstriert wird. Demgegenüber ist der aus den klassischen Studien der Kulturanthropologie stammende Kulturbegriff eine Kategorie, mit der die in einer Gesellschaft handlungsleitenden Normen, Werte, selbstverständlichen Annahmen und Überzeugungen erfaßt werden, unabhängig davon, wie »verrückt« sie dem außenstehenden Betrachter dünken.
Beim Kulturbegriff handelt es sich also um ein unterschiedlich interpretierbares, möglicherweise wertgeladenes Konstrukt, über dessen Gebrauch schwer Einigkeit zu erzielen sein wird. Es ist ein schwer isolierbares und operationalisierbares Konzept. Je undifferenzierter man es verwendet, desto eher wird man auch »irgend etwas« finden, was man als eigenartige Kultur (einer Gesellschaft, einer Organisation und so weiter) ausweisen kann. Macht man sich dagegen die Mühe einer genaueren Konzeptionalisierung, so verteilen sich Eigenarten auf eine Mehrzahl mehr oder weniger ausgeprägter Spezifika (persönliche Eigenschaften, Einstellungen, Sozialstruktur und anderes).

II.

Der Begriff *Unternehmenskultur* ist jüngeren Datums, obwohl unter dem Namen »Stil« (eines Hauses, eines Vorgesetzten und so weiter) oder »Klima« auch früher schon dieselben Phänomene angesprochen worden sind. Der Begriff Unternehmenskultur soll über alle expliziten Verhaltensweisen, Beeinflussungsmaßnahmen und Kontrollen hinaus ein Ausdruck für die (auch und womöglich besonders wichtigen) Eigenarten, Traditionen, Nebentöne, symbolischen Handlungen und Überzeugungen sein, derer sich die Mitglieder des Unternehmens im normalen Betrieb kaum bewußt sind, ohne die aber ein Zusammenwirken nicht funktionieren würde. Die Hinwen-

dung zu einer so »weichen« Variablen wie Unternehmenskultur versteht sich als Korrektur einer allzu sehr auf formale Planung und rationale Organisation ausgerichteten Unternehmensführung, insbesondere angestoßen durch die Wahrnehmung phänomenaler Erfolge der japanischen Art, Management zu praktizieren.
Die inzwischen umfangreiche Literatur zur Unternehmenskultur erscheint oft blumig im Stil, aber unausgereift in der Aussage. Das dadurch ausgelöste Unbehagen möchte ich in den folgenden Fragen ausdrücken und zur Diskussion stellen:

1. Das mit Unternehmenskultur angesprochene Phänomen ist – weder dem sozialwissenschaftlichen Forscher noch – insbesondere – dem Praktiker etwas Neues. Warum wird jetzt soviel Aufhebens davon gemacht? Ist dies Ausdruck der Enttäuschung und Ratlosigkeit mit bisherigen Beeinflussungspraktiken? Bedeutet das bewußte »managen« der Unternehmenskultur dann den Versuch, die bisher nicht erreichten Teile der menschlichen Psyche nun ökonomisch zu rationalisieren?
2. Es scheint oft einfacher, über bestimmte Werte und Ziele zu reden oder zu schreiben als sie tatsächlich zu praktizieren. Ist das Verbalisieren der Unternehmenskultur vielleicht eine selbstwidersprüchliche Ersatzhandlung? Stehen die Belohnungen und Bestrafungen, die Manager implizit und explizit vermitteln, vielleicht im Gegensatz zu der »offiziellen« Kultur? So wird berichtet, daß ein Unternehmen gestern in seinen Unternehmensgrundsätzen den Menschen als wichtigste Ressource auszeichnet, während heute viele dieser »wichtigen Ressourcen« einen Arbeitsplatz woanders suchen müssen . . .
3. Die Hürden, ins Unternehmen hineinzukommen, werden immer höher und die (besonders emotionale) Anstrengung mitzuhalten, entleert mehr und mehr andere Lebensbereiche (Familie, Kommune, Politik). Führt die betonte Herausstellung einer bestimmten Unternehmenskultur in dem, was sie dem einzelnen zumutet, zu einer »sozialen Schließung« des Unternehmens? Könnte es auch sein, daß die abverlangte Identifikation mit dem Unternehmen deshalb gelingt, weil in der Gesellschaft sonst die dabei angesprochenen Bedürfnisse überhaupt nicht mehr zu befriedigen sind? Ist unsere »Umwelt« inzwischen so arm?
4. Seriös erscheint die Frage der Unternehmenskultur nur, wenn sie sich jenseits von Vorstellungen des »quick fix« bewegt, wenn die Frage zum Anlaß wird, das eigene Tun zu reflektieren, um zu sehen, was daran möglicherweise gut, erhaltenswert und auszubreiten ist. Diese Selbstinspektion ist letztlich eine Aufforderung zum moralischen Handeln. Aber ist Moral teilbar? Kann ich mich mit

den Sachzielen des Unternehmens begnügen, müßte ich nicht auch noch nach den Produkten selbst, nach den Folgen des Tuns für die Kommune, den Arbeitsmarkt und so weiter fragen?

III.

Das Kriterium *»Mittelstand«* zur Abgrenzung der Arbeitsgruppe ist mehr als ein Größenaspekt. Denn neben allen ökonomischen Kriterien zur Charakterisierung der mittelständischen Unternehmen (Eigentümer-Unternehmer, kaum Zugang zum Kapitalmarkt, relativ große Abhängigkeit von Zulieferern und Abnehmern, von Banken und vom Arbeitsmarkt), die alle nicht eindeutig sind und im Einzelfall überhaupt nicht zutreffen müssen, kommt es bei der Abgrenzung offenbar stärker auf historische und soziologische Aspekte an, die ein Zugehörigkeitsgefühl erzeugen, langfristig wirksam und schwer zu ändern sind – sicherlich ein markanter Teil einer bestimmten mittelständischen »Kultur«.
Der Begriff »Mittelstand« entstammt ja eigentlich der Ständegesellschaft, wo »oben« und »unten« genau bestimmbar waren. Auch heute spielt dieses Selbstverständnis, nicht zu den ganz »Großen« (in Politik und Wirtschaft) zu gehören, diese letztlich auch nicht beeinflussen zu können, aber auch nicht »unten« (und schon gar nicht »ganz unten«) in der Gesellschaft zu stehen, eine wichtige Rolle. Diese Selbstdefinition ist oft mit einem nostalgisch rückwärts gerichteten Blick auf die früheren als stabil angesehenen Verhältnisse gepaart. Mittelstand bezeichnet demnach eine weit über die derzeitige ökonomische Situation hinaus durch Schichtzugehörigkeit, Tradition und Werthaltung geprägte Lebensart. Dies macht auch verständlich, daß in der Eigeneinschätzung und Fremdwahrnehmung einige recht große Unternehmen als »mittelständisch« gelten.
Aus dieser allgemeinen Charakterisierung lassen sich bezüglich des Themas »Unternehmenskultur« einige Rückschlüsse ziehen, die hier thesenartig zusammengefaßt werden:

1. Was den Großunternehmen anscheinend heute so mangelt und was die Diskussion um Unternehmenskultur hervorgebracht hat, nämlich »Freiraum für Unternehmertum« (Peters und Waterman), »Intrapreneurship« (Pinchot), persönliche Zuwendung zu einzelnen Mitarbeitern, informelles Vorgehen, das alles sind Eigenschaften oder Tugenden, die das mittelständische Unternehmen seit jeher auszeichnen.
2. Es könnte demgegenüber sein, daß in mittelständischen Unternehmen die mit diesen traditionellen Verhaltensweisen einherge-

henden Probleme, wie zum Beispiel wenig ausgeprägte Planungsmentalität, zu langes Beharren auf einem bestimmten Leistungsangebot und einer gegebenen Struktur, zu große Spezialisierung und patriarchalisches Gehabe, wesentlich gravierender sind als im Großunternehmen, wo sich die Nachteile von Diversifizierung, detaillierter Planung und formellen Verfahren heute negativ bemerkbar machen. Es mag also sein, daß mittelständische Unternehmen gut daran täten, eher auf die »harten S«, »strategy, structure und systems«, zu achten als die »weichen S«, »skills, style und shared values« stärker zu betonen.

3. Das Gefühl, abhängig von Kräften in Gesellschaft und Wirtschaft zu sein, ohne diese wesentlich beeinflussen zu können, schafft für alle diese Unternehmen in etwa gleiche Rahmenbedingungen, die im Betrieb eigentümliche Reaktionen hervorrufen, wie größeres Zusammengehörigkeitsgefühl, geringere Konfliktneigung und außergewöhnliche Anstrengungen. Der Betriebsrat, sofern man ihn überhaupt für notwendig erachtet, neigt dazu, diese Haltung zu teilen.
4. Das Familienelement im mittelständischen Unternehmen ist ein prägnanter Faktor. Dies kann förderlich sein, etwa durch kurze Kommunikationswege, Verläßlichkeit und hohe Verantwortung. Hinderlich ist es dagegen, wenn die Nachfolge- und Erbprobleme die betrieblichen Angelegenheiten dominieren. Auch die Integration von familienfremdem leitendem Personal oder wichtigen Spezialisten kann sich in einem solchen Klima als schwierig und kostspielig erweisen. Dies stellt unter Umständen eine Innovationsbarriere bezüglich des Einsatzes und der Entwicklung neuerer Technologien dar.
5. Das mittelständische Unternehmen kann die Politik kaum direkt beeinflussen. Der Begriff »Mittelstand« eignet sich aber trotz seiner Antiquiertheit als hervorragender Lobby-Begriff, auf den Politiker stark reagieren. Denn das mittelständische Unternehmen kommt dem Ideal der marktwirtschaftlichen Ordnung näher als große oder staatsabhängige Unternehmen, und es gilt beschäftigungspolitisch als stabil.

Claus Zoellner

Accumulatorenwerke Hoppecke, Carl Zoellner & Sohn GmbH & Co. KG, Brilon

Unternehmerisches Selbstverständnis

Wir – bei HOPPECKE – verstehen unter Unternehmenskultur den geistigen Hintergrund, auf dem sich das Zusammenleben der Menschen und der Gruppen in einem Unternehmen abspielt. Die Unternehmenskultur bringt zum Ausdruck, welches Maß an Anerkennung das Unternehmen dem Bedürfnis an persönlicher Orientierung des Mitarbeiters in seinem Arbeitsumfeld beimißt.
Die Unternehmenskultur läßt auf das Maß an verläßlicher Wechselbeziehung zwischen dem Anspruch des Unternehmens an den Mitarbeiter auf Leistung einerseits und dem Anspruch des Mitarbeiters an das Unternehmen auf Anerkennung seiner Individualität, seiner Würde und seines Wunsches nach Selbstverwirklichung andererseits schließen.

Nicht Sozialromantik, sondern zukunftsorientierte Überlebensbedingung

Und hier höre ich bereits Einwände und kritische Anmerkungen. Alles Sozialromantik, wenig realistisch, nicht hilfreich, um unsere aktuellen Probleme zu lösen. Der Wettbewerb, der Markt, die Kosten zwingen uns die Organisation auf, Gewerkschaften lassen es nicht zu, derartige Formen des Zusammenlebens betriebsintern zu entwickeln und zu pflegen.
Ich widerspreche aus zwei Gründen. Es wird sicher nicht geleugnet, daß ein Unternehmen, das um seine Wettbewerbsfähigkeit und damit um seine Existenzsicherung bemüht ist, auf ein hohes Maß an Leistungsbereitschaft, Leistungsfähigkeit, Akzeptanz von Innovationen und Kreativität seiner Mitarbeiter angewiesen ist. Ich kann mir nicht vorstellen, die Zukunft ohne motivierte Mitarbeiter, die sich mit den Unternehmenszielen persönlich identifizieren, zu gewinnen.
In einer freien Gesellschaft und in einem freien Wettbewerb – ich gehe davon aus, daß wir beides als den wirtschafts- und gesellschaftspolitischen Rahmen auch für die Zukunft akzeptieren, ausbauen und verteidigen wollen – kommt dem freien, selbständigen, kritik- aber auch bindungsfähigen Mitarbeiter im Netzwerk der qualitativen Er-

folgsfaktoren eines Unternehmens allererster Rang zu. Viele Menschen sind bereit, sich an diesem fast idealen Anspruch an einen Mitarbeiter auszurichten, wenn – und das ist unser Thema – der komplementäre Teil dazu vom Unternehmen beziehungsweise Unternehmer geleistet wird.
Lassen Sie mich den zweiten Grund nennen, den ich den kritischen Einwänden entgegenhalte. Ich glaube, daß viele von uns, auch von unseren Mitarbeitern, auch von den Betriebsräten und Gewerkschaften noch nicht erkannt haben, daß das, was wir zur Unternehmenskultur zählen, sich beinahe zwangsläufig in der Leistungsfähigkeit und dem Markterfolg des Unternehmens und damit in Arbeitsplatzsicherung widerspiegelt.
Die Qualität der Produkte, die Qualität der Serviceleistungen, die Führungskraft des Unternehmens im Markt, seine Rentabilität, die begeisterungsfähige Mannschaft, all das spiegelt auch den eingangs erwähnten Geist des Zusammenlebens in einem Unternehmen wider und weist auf die Untrennbarkeit dieser vitalen Faktoren für Existenz und Erfolg des Unternehmens hin.

Verantwortung ist nicht zwischen Interessengruppen teilbar!

So sind wir als Unternehmer verloren in unserer objektiven – täglich nachgewiesenen – Funktion und können unser Selbstverständnis auf der Basis einer *ganzheitlichen* Verantwortung vergessen, wenn wir der aggressiven Verlockung erliegen, einer betrieblichen Aufgaben- und Verantwortungsteilung zwischen Gewerkschaft und Unternehmen zuzustimmen. Die im Grundsatzprogramm des DGB von 1981 vorgestellte »Wirtschaftsdemokratie« als anzustrebende Gesellschaftsform weist dem Unternehmer eine – mal abgesehen von der bleibenden Haftung – solch eingeschränkte Funktion und einen derart begrenzten Spielraum zu, daß soziale Kreativität – ohne diese gibt es keine Unternehmenskultur – als vitaler Bestandteil *ganzheitlicher* Verantwortung für *Mensch, Markt* und *Morgen* nach meinem Verständnis zur Farce wird.
Darum heißt es, offensiv Flagge zu zeigen, sich nicht auf die betriebswirtschaftlich relevanten Zahlen, Abläufe und Entscheidungen zu beschränken, sondern aktiv die Beziehungen zwischen den Menschen und der Organisation und den Menschen im Betrieb untereinander zu gestalten. Dieses Feld muß vom Unternehmer besetzt sein und darf nicht als neue ideologische Arena zur Disposition stehen.
Wenn nach den Vorstellungen des DGB Teile des Montan-Mitbestimmungsmodells Vorlagen für die Umstrukturierung der Wirt-

schaft sein sollen, so ist auch daran gedacht, über den Arbeitsdirektor eine gewerkschaftsorientierte Personalpolitik zu betreiben. Wenn es dann in allen Bereichen der Industrie – damit auch in den mittelständischen Betrieben – möglich wird, weil gesetzlich abgesichert, selbst gegen den Willen der Gesellschafter, der Belegschaften und auch selbst der Betriebsräte einen Gewerkschaftsdelegierten als Personalchef zu installieren, dann fällt die Individualität der jeweiligen Unternehmen, ihres Geistes, ihrer Kultur der politischen, ideologischen Gleichschaltung unternehmensfremder – für Zukunft und Existenz nicht haftender – Interessengruppen zum Opfer.

Kooperative Beziehungsstrukturen schaffen!

Wer sich als Unternehmer auf eine bewußt und langfristig angelegte Unternehmenskultur einläßt, muß wissen, daß es nicht mit der Bereitstellung der Instrumente getan ist. Er selbst läßt sich auf ein Unterfangen ein, das auf den verschiedenen Ebenen seines Unternehmens auch für ihn selbst so manches Enttäuschungspotential bereithält. Der Unternehmer muß wissen, ob er das, was von ihm erwartet wird, leisten kann und will.
Der Aufbau eines lebendigen Beziehungsgeflechts zwischen der Organisation und dem Menschen setzt ein Abschiednehmen von patriarchalischen oder hierarchischen Privilegien voraus. Wir Unternehmer sind nicht alle Naturtalente im Führen von Menschen und Organisationen. Sehr häufig ist die geeignete Kombination von Persönlichkeit, Erziehung und Erfahrung Voraussetzung dafür, daß wir ständig das Bewußtsein schärfen und weiterentwickeln, um mit den uns anvertrauten Ressourcen – und dazu gehört zuerst der Mensch – verantwortlich umzugehen.
Ein Unternehmen und seine Leitung, das seine Aufgabe im klassisch kapitalistischen Sinn darauf beschränkt, volkswirtschaftliche Bedürfnisse zu befriedigen und die Beziehungen zu den Mitarbeitern wie zu der Umwelt auf das Ziel der Gewinnmaximierung ausrichtet, wird einer auf Mitwirkung, Übernahme von Verantwortung und Selbständigkeit angelegten gesellschaftlichen Ordnung in einem Unternehmen nicht gerecht werden. Soviel zum Grundsätzlichen.

Kultur ist nicht Zustand, sondern Prozeß

Was sind nun die Ausdrucksformen einer Unternehmenskultur? Bei dieser Frage stelle ich die Feststellung voran: Kultur – das gilt auch

für die innerhalb eines Unternehmens – ist kein Zustand, sondern ein Prozeß. Das soll heißen, Unternehmenskultur muß entwickelt, gepflegt und angepaßt werden. Sie lebt, wird gefordert, hat ihre Erfolge und ihre Rückschläge.
Das gilt damit gleichermaßen für die Instrumente, derer sie sich bedient. Ich möchte diese in zwei Gruppen einteilen, von denen sich eine mit der *Teilhabe* an Kommunikation/Entscheidung und Unternehmenserfolg und die andere mit dem Begriff »Personalentwicklung und Organisationsentwicklung« befaßt.
Zur Teilhabe als einem Bereich: Wer freiwillig und bewußt teilhaben läßt, akzeptiert den anderen als Partner.
Er kennt und anerkennt die Bedürfnisse, Voraussetzungen und Defizite, aber auch den Willen und die Stärken des anderen, um kompetent an Kommunikation und Entscheidung mitzuwirken.
Er wird unter anderem durch richtige Auswahl und durch Schulung der Vorgesetzten für ein Klima des Vertrauens, der Offenheit und des unvoreingenommenen Meinungs-, Erfahrungs- und Informationsaustausches sorgen.
Er wird den anderen einbeziehen wollen, ganz gleich, ob es sich um die Gestaltung seines Arbeitsplatzes, seine optimale Arbeitsorganisation, die Einrichtung von Qualitätszirkeln oder die breit gestreute Beteiligung an strategischer Planung des Unternehmens handelt.
Er wird Einrichtungen schaffen und Prozeduren entwickeln, von denen ich einige Beispiele nenne.
Wir bei HOPPECKE haben diese nachfolgenden Kommunikationsanlässe in unterschiedlicher Intensiät entwickelt und mit Leben erfüllt. Auf den ersten Blick ist das alles bekannt, ja als Empfehlung zur Verbesserung der Kommunikation und Information klingt es fast banal.
Das alles geschieht nach Art und Umfang gemäß dem Orientierungsrahmen, der durch die *Unternehmensgrundsätze* und vielleicht auch durch daraus abgeleitete *Führungsgrundsätze* vorgegeben ist.
- Die Eigenbeteiligung der Mitarbeiter kann als vermögenswirksame Anlage im Sinne des § 4 Verm. BG deklariert werden.
- Nach Ablauf der Sperrfrist von 6 Jahren können die Genußrechte zurückgegeben werden; für jedes weitere Jahr: 2 % Treueprämie auf den Nennwert.
- Interessenvertretung durch einen 15köpfigen Partnerschaftsausschuß.

Soviel zu meinem, zu unserem Verständnis von *umfassender Teilhabe* als einem Baustein einer Unternehmenskultur.

	Mitarbeiter/ Arbeitsplatz	Gruppe/ Abteilung	Betrieb/- Betriebseinh.	Unternehmen	Unternehmensumfeld
Führungsgrundsätze Unternehmensgrundsätze				●	
Arbeitsanweisungen/ Stellenbeschreibungen	●				
Zielvereinbarungen	●	●	●		
Die Betriebsversammlung			●		
Einweisung am Arbeitsplatz Einführung neuer Mitarbeiter	●				
Gespräche/ Besprechungen	●	●			
Klausurtagungen*		●	●		
Info-Märkte*			●	●	
Sozialbilanz/ Sozialbericht				●	●
»Schwarzes Brett«			●	●	
Zeitschrift			●	●	●
Versammlungen		●		●	
Mitarbeiterbriefe	●				
Kommunikationstraining		●			
Befragungen	●	●	●	●	●
Feste/Betriebssport		●	●		
Tag der offenen Tür					●
Public Relations					●
Info-Austausch mit Kunden/Lieferanten					●
Pensionärsverein					●

*Wie z. B. Gruppenarbeit zur strategischen Unternehmensplanung

Die Rendite-Rechnung

Die Jahre 1984/1985 erbrachten folgende Renditen:

– Gewinnausschüttung	7,8%	8,7%
– Verbilligung von 30,– DM pro Genußrecht (auf Sperrfrist von 6 Jahren bezogen)	7,1%	7,1%
– gesetzliche Sparzulage für z. B. 312,– DM (Sparförderungssatz von 23%)	1,7%	1,7%
– Gesamtrendite	16,6%	17,5%

Die Beteiligung

Jahr	Teilnahme-berechtigte	Genußrechts-erwerber/besitzer	Prozent	neues Genußrechts-Kapital
1984	892	452	51 %	424 400
1985	920	440	48 %	464 100
1986	960	441	46 %	463 500
gesamt				1 352 000

Jahr	Eigenmittel der Mitarbeiter TDM	gesetzl. Sparzulage TDM	Arbeitgeber-Zuschuß TDM	gesamt TDM
1984	267,1	30	127,3	424,4
1985	318,2	21	124,9	464,1

Personalentwicklung und Organisationsentwicklung

Ein weiterer ist – wie vorher bemerkt – der Bereich der Personalentwicklung und Organisationsentwicklung.
Die technische, politische und gesellschaftliche Entwicklung unserer Welt hat auch dem Wandel der menschlichen Werte, des Inhalts und des Umfangs unserer Rechte und Pflichten ihre eigene Bewegung verliehen.
Übersetzt auf die betriebliche Ebene heißt das: »Den Übergang von der Produktions- in eine Informationsgesellschaft mit all ihren neuen Wechselbeziehungen zwischen Menschen im Betrieb untereinander und zwischen den Menschen und der Organisation verstehen und beherrschen lernen, mögliche neue soziale Konfliktfelder aufspüren, die Dynamik marktorientierter Unternehmensentwicklung durch Rahmenbedingungen und Instrumente für Personalentwicklungs- und Organisationsentwicklungsprozesse absichern.«
Für die Unternehmensleitung von Hoppecke ist Personalentwicklung eine unternehmerische Strategie zur langfristigen Existenzsicherung, die auch den Bedürfnissen der Mitarbeiter nach Selbstverwirklichung Rechnung trägt.
Die wichtigsten Instrumente der Personalentwicklung bei HOPPECKE sind:
- die Unternehmensplanung
- die qualitative Personalplanung
- das Mitarbeiterfördergespräch
- Zielvereinbarungen im AT-Bereich
- interne Stellenausschreibungen
- Laufbahn- und Nachfolgeplan
- Analyse personeller Aspekte bei Investitionsentscheidungen
- Projektmanagement
- Qualitätszirkel.

Diese Instrumente sind die Grundlage für Planung, Durchführung und Anstoß von Personalentwicklungsmaßnahmen und Personalentwicklungsprozessen.

Den anderen – Kollegen, Mitarbeiter – erfolgreich machen

Jedoch, diese Instrumente bleiben nur dann nicht hohl, werden nur dann wirkungsvoll, wenn sie von einem Geist der Partnerschaft getragen sind. Nicht »Wissen ist Macht« heißt die Devise, sondern »den anderen – Kollegen, Mitarbeiter – erfolgreich machen«. Nicht Information dosiert weitergeben, sondern den anderen umfassend entscheidungs-, auch kritikfähig machen. Dies bedeutet, Macht abgeben, sich selbst durchschaubarer, damit auch angreifbar machen. Kommunikation findet aber nur dann statt, wenn die Informationsströme auch vom Mitarbeiter zum Vorgesetzten ungehindert fließen, und das legt auch vieles offen. Hier ist die Bereitschaft zur Übernahme von Verantwortung, Selbstbewußtsein und begründetes Vertrauen in eine partnerschaftliche Grundhaltung im Unternehmen auf seiten des Mitarbeiters Voraussetzung.

Materielle Mitarbeiterbeteiligung als Ergänzung

Die bisher angesprochenen Zusammenhänge und Stichworte sind Bestandteile einer immateriellen Mitarbeiterbeteiligung. Um zu einer umfassenden Teilhabe des Mitarbeiters zu kommen, bedarf sie der Ergänzung durch die materielle Mitarbeiterbeteiligung. Diese ist in vielfältiger Form zu gestalten und hat durch das 4. Vermögensbildungsgesetz von 1984 gerade für die mittelständische Industrie neue, interessante Perspektiven erhalten.

Der Vielfalt der betrieblichen Situationen, der Rechtsformen, der Produkte, der Menschen und der gewachsenen Strukturen entspricht auch die Unterschiedlichkeit der materiellen Beteiligungsformen der Arbeitnehmer. Die gesamte oder Teile der Erfolgsbeteiligung dienen dem Mitarbeiter häufig als Grundstock für eine Vermögens- oder Kapitalbeteiligung, vorzugsweise am eigenen arbeitgebenden Unternehmen. Diese im Unternehmen stehenden »Beteiligungen« (Mitarbeiterdarlehen, Schuldverschreibungen, Obligationen, stille Beteiligungen, Genußrechte, Genuß-Scheine, Genossenschaftsanteile, GmbH-Anteile, Kommandit-Anteile, Aktien, Aktienfonds, Mitarbeiterstiftungen, BGB-Gesellschaften und so weiter) erhalten eine Gewinn- und/oder Verlust-Beteiligung, je nach rechtlicher Ausgestaltung.

Ich möchte hier nicht näher auf einzelne Modelle eingehen, doch sei festgehalten, daß sie sich bei richtiger Ausgestaltung und langfristig angelegt für das Unternehmen wie für die Mitarbeiter – für letztere besonders – auch rein wirtschaftlich »rechnen«. Die Verbreiterung der Haftbasis durch Zuführung von mehr Eigenkapital durch die Mitarbeiter auf dem Wege der Erfolgsbeteiligung schafft mehr Unabhängigkeit von den Banken und verbessert die Liquidität. In partnerschaftlichen Rahmenbedingungen hilft materielle Mitarbeiterbeteiligung die Existenz zu sichern, die Arbeitsproduktivität und Arbeitszufriedenheit zu steigern. Hier einige Erläuterungen zum HOPPECKE-Modell:

Selbstverwirklichung durch Personalentwicklung

Unternehmensgrundsätze

„Wir wollen unseren Mitarbeitern einen breiten Rahmen zur Entwicklung ihrer Kenntnisse und Fähigkeiten bieten. Damit verbunden wollen wir die Arbeitsinhalte nach Möglichkeit so gestalten, daß sie auf allen Ebenen den Einsatz qualifizierter, zielorientierter, selbständig wirkender Mitarbeiter verlangen und fördern. Der Führungsnachwuchs soll bei geeigneten Voraussetzungen aus dem eigenen Unternehmen herangezogen werden." (Auszug)

Ziele der Personalentwicklung

- Entwicklungsmöglichkeiten für qualifizierte Mitarbeiter schaffen
- Wissen und Fertigkeiten erweitern
- kompetente Kritikfähigkeit fördern

Das heißt u.a.:

- Leistungssteigerung in gegenwärtiger Tätigkeit
- Weiterentwicklung für zukünftige Tätigkeit
- Entwicklung einer Reserve für Aufstiegspositionen
- Förderung der beruflichen Flexibilität
- Motivation der Mitarbeiter durch berufliche Chancen und Entfaltungsmöglichkeiten

Instrumente der Personalentwicklung

- Personalplanung
- Mitarbeiterförderungsgespräche
- Zielvereinbarungen im AT-Bereich
- Interne Stellenausschreibung
- Laufbahnplanung
- Nachfolgeplanung
- Analyse personeller Aspekte bei Investitionsentscheidungen

Maßnahmen (Beispiele)

- Einarbeitung neuer Mitarbeiter
- Meistertraining
  Fachprofil
  Führungsprofil
- Vertriebstraining
  Verhandlungs- u. Argumentationstechniken
  Vorgesetzte als Trainer
- Qualitätszirkel
- externe und interne Seminare

Personalentwicklungsprozesse (Beispiele)

- Team Teaching
- Projektmanagement
- Job-Rotation
- Stellvertreterfunktion
- prozeßorientierte Veränderungen von Organisationsstrukturen
- Springerausbildung

Tradition der Mitarbeiter-Kapitalbeteiligung

Hoppecke blickt auf dreizehn Jahre Erfahrung mit betrieblicher Vermögensbildung für Mitarbeiter zurück:

- 1973 – 1976 Beteiligungsmodell I »Vermögensbildung durch Arbeitnehmerdarlehen«
- 1977 – 1983 weiterentwickeltes Modell II »Erfolgs- und Kapitalbeteiligung als stille Gesellschafter«
- seit 1984 Modell III »Mitarbeiter-Kapitalbeteiligung durch Genußrechte« auf der Basis des Vermögensbildungsgesetztes vom 01.01.1984.

Das Genußrechtsmodell

Die wesentlichen Elemente sind:

- Jährliches Angebot von Genußrechten zu je 100,– DM, die als Kapitalbeteiligung am Unternehmen (mit partnerschaftlicher Ausrichtung) einen Gewinnanspruch begründen.
- Verbilligung der angebotenen Genußrechte durch einen steuerfreien Arbeitgeberzuschuß (1984/1985 und 1986 jeweils um 30,– DM). Bei Erwerb von 10 Genußrechten: max. steuerfreier Arbeitgeberzuschuß gemäß § 19 a EStG.
- Teilnahme an der Gewinnausschüttung gemäß der Höhe des Genußrechtskapitals; in Verlustjahren maximaler Verlustvortrag bis zur Höhe der Arbeitgeberverbilligung.

Zusammenfassung

Ich möchte zusammenfassen: Der technologische und der gesellschaftliche Wandel müssen zu einem Überdenken des überkommenen Selbstverständnisses aller sozialen Gruppen führen. Die Konfrontation von Kapital und Arbeit vergangener Tage muß durch einen partnerschaftlichen Konsens über die Grundwerte unserer Gesellschaft überwunden werden. Das schließt eine natürliche Polarität der Interessen nicht aus.
Die technologische Entwicklung fordert und fördert Individualität. Der einzelne entwächst der Masse, entwickelt eigene Bedürfnisse, sucht nach Selbstverwirklichung. Seine Leistungsbereitschaft erhält eine mehr qualitative Ausrichtung. Damit steigen seine Erwartungen an die Form, wie Arbeit und Zusammenleben in seinem Arbeitsumfeld zum Beispiel in einem Unternehmen organisiert sind. Welches Menschenbild dieser Organisation zu Grunde liegt, wie man mitein-

ander umgeht, wie man geführt wird, wie man Konflikte löst, entscheidet über die Zukunft des Unternehmens. Vieles von dem, was man gestalten muß in dem umfassenden Bereich der Teilhabe wie dem der persönlichen Weiterentwicklung und der Selbstverwirklichung, kann man lernen und kann man weitergeben. Entscheidend dafür, daß aus allen Bemühungen und Maßnahmen eine unverwechselbare Unternehmenskultur erwächst, ist, daß sie von einem Geist der Partnerschaft und dem Willen zur Gemeinschaft getragen werden.

Wilfried Götze

PSI Gesellschaft für Prozeßsteuerungs- und Informationssysteme mbH, Berlin

Zu einer Zeit, als der Begriff der Unternehmenskultur in der Wirtschaftspresse noch nicht so viel Aufmerksamkeit erfuhr wie heute, wurde bereits 1974 das PSI-Selbstbestimmungsmodell konzipiert und in der Unternehmenswirklichkeit praktiziert. Seither wird diese, von der Unternehmensleitung und von den Mitarbeitern gemeinsam getragene, Unternehmensverfassung erfolgreich in soziokultureller und ökonomischer Hinsicht – trotz des erheblichen Wachstums seit den frühen Tagen – gelebt und weiterentwickelt. Die grundlegenden Werte des PSI-Modells, die für die Ausgestaltung einer Unternehmenskultur erforderlich sind und die allen im Unternehmensprozeß Handelnden als Leitstern und Maßstab dienen, sind niedergelegt in knappen Aussagen des Selbstbestimmungsmodells, das Bestandteil jedes Arbeitsvertrages ist.

1. Werte-Netz

Welche Werte bilden nun den Grundkonsens und die Handlungsmaxime im Unternehmen?

Autonomie

PSI will im Rahmen der durch die Umwelt gegebenen Grenzen das eigene Schicksal eigenständig gestalten und den Einfluß externer Institutionen (zum Beispiel Banken, Gewerkschaften, Arbeitgeberverbände) soweit wie möglich ausschalten.

Dieses externe Autonomieziel wird ergänzt durch die Wertvorstellung einer möglichst weitgehenden internen Autonomie, das heißt die Position des einzelnen und der Gruppe sollen gestärkt werden, ohne die Solidarität mit dem Ganzen zu verletzen.

Arbeitsplatzsicherung

Die Arbeitsplätze sollen langfristig gesichert werden. Investitionen gehen daher vor Konsum. Dazu gehört auch ein hoher Anspruch am Inhalt und an der Gestaltung des Arbeitsplatzes.

Technik

PSI will hervorragende Technik liefern und hierbei Spitzenleistungen erreichen. Der technische Fortschritt wird bei sinnvoller Nutzung als eine positive Chance für alle gesehen.

Partnerschaft

PSI begreift sich als eine Interessengemeinschaft, die alle Aufgaben und Probleme partnerschaftlich nach demokratischen Spielregeln löst.

Diese Werte stellen eine mehrdimensionale Beschreibung eines Werteraumes dar. Prioritäten beziehungsweise Reihenfolgen existieren zwangsläufig nicht. Die Werte stellen sich teilweise als konkurrierend dar, und für die konkrete Einzelentscheidung müssen sie gegeneinander abgewogen werden.
Aus dieser grundlegenden Wertorientierung leiten sich die wichtigsten strategischen Handlungsvorgaben ab:
- Selbstbestimmung statt Mitbestimmung
- Eigenfinanzierung statt Fremdfinanzierung
- Unternehmertum statt Arbeitnehmer
- Leistungsprinzip statt Gleichmacherei
- Weiterentwicklung statt Sicherung des Status quo
- Risikobereitschaft statt Sicherheitsdenken
- Vielfalt statt Einfalt

2. Preis der Unternehmenskultur

Der Grundkonsens über die niedergelegte Wertordnung bildet natürlich nur einen Teil der Unternehmensrealität. Entscheidend ist, wie die »verfaßte« Unternehmenskultur täglich in einem mittelständischen Unternehmen umgesetzt und von dem einzelnen erfahren wird. Hierfür sollen einige Beispiele zur Verdeutlichung genannt werden, ohne allzu tief in die Unternehmensstruktur einzusteigen.

a. Informationsoffenheit

Wichtigste Voraussetzung für das Leben einer Unternehmenskultur ist einerseits die Bereitschaft des Unternehmensmanagements, Informationen über alle relevanten Vorgänge zu geben, und andererseits die Pflicht der Mitarbeiter, risikobewußt mit Informationen umzugehen. Was heißt das für PSI? Die Geschäftsführung, die von Gesellschaftern, die ausschließlich nur Mitarbeiter des Unternehmens sein können, gewählt wird, hat in unserem Unternehmen nicht nur die durch das GmbH-Gesetz festgelegte Pflicht, die Gesellschaftsversammlung ausreichend über die Belange der Gesellschaft zu informieren sondern auch nach jeder Geschäftsführersitzung alle Mitarbeiter in mündlicher und schriftlicher Form. Ähnlichen Verpflichtungen unterliegt der Verwaltungsrat, dessen Funktion die Kontrolle der Geschäftsführung ist und der hälftig aus Gesellschafts- und Mitarbeitervertretern besetzt wird. Dadurch wird erreicht, daß die Mitarbeiter offen und vorbehaltlos über alle Entscheidungen und zukünftigen Entwicklungen, die das Unternehmen insgesamt oder den einzelnen treffen, informiert werden. Die Mitarbeiter lernen über die dauernde Unterrichtung Entscheidungen zu werten und ihre täglichen Handlungen im Unternehmen und am Markt unternehmenskonform durchzuführen.
Auch läßt sich die Zahl der in Unternehmen üblicherweise geschriebenen Rundbriefe und Arbeitsanweisungen auf ein Mindestmaß reduzieren. Mißverständnisse und Interpretationen können im Anschluß an Informationsveranstaltungen, die in der Regel zweimal monatlich stattfinden, durch Diskussionen verringert werden.
Informierte Mitarbeiter haben die beste Voraussetzung, um kreativ und innovativ im Unternehmen mitzuarbeiten und Verantwortung zu übernehmen, was im Bereich der Datenverarbeitung überlebensnotwendig ist. Neue technologische, ökonomische und gesellschaftliche Ideen aus einer heterogenen soziokulturellen Mitarbeiterschaft zwingen das Management, sich rechtzeitig auf Veränderungen einzustellen und entsprechende Anpassungsmaßnahmen in die Wege zu leiten. Die Forderung nach geistiger Flexibilität läßt sich eher verwirklichen, wenn auf allen Ebenen eine durch die Unternehmenskultur geprägte »Trainingsmöglichkeit« existiert.

b. Konfliktbewältigung

Eine der Stärken des Unternehmens PSI ist es, daß es aus vielen Konflikten zu neuen Lösungsansätzen gekommen ist, ohne das Werte-Netz wesentlich zu verändern. Die Offenlegung und Austragung von Konflikten haben dem Unternehmen nicht geschadet oder an den Rand der Existenz gebracht, sondern alle Beteiligten zu einem Problembewußtsein geführt, daß es in sozialen Systemen keine endgültigen Lösungen und statischen Gleichgewichtszustände gibt.
Die Strategien zur Konfliktbewältigung leiten sich aus dem Wertesystem ab. Konflikte sollen dort gelöst werden, wo sie auftreten:
- in den Projektteams
- in den Fachbereichen
- zwischen Verwaltungsrat und der Geschäftsführung

Obwohl es gewählte Gremien gibt, die für die Aufdeckung und für die Bearbeitung von Konflikten zuständig sind, ist es aber nicht Ziel der PSI-Unternehmensverfassung, die Bearbeitung von Konflikten an Gremien zu deligieren. Jeder einzelne ist aufgerufen und verpflichtet, zur Konfliktbewältigung beizutragen. »Gremienreif« sind vor allen Dingen solche Konflikte, die aus einem hierarchischen Abhängigkeitsverhältnis entstehen. Eine sehr breit angelegte Auseinandersetzung findet in den Konfliktbereichen statt, die das Wertesystem der PSI tangieren. Diese Auseinandersetzung ist im wesentlichen Bestandteil des Prozesses, um von einem Gleichgewichtszustand zu einem höheren zu gelangen.

c. Demokratieverständnis

Die seit 30 Jahren praktizierte gesellschaftliche Demokratie kann auf Dauer nicht lebensfähig bleiben, wenn in einem wichtigen Lebensbereich, nämlich in der täglichen Arbeit, wesentlich andere Regeln und Normen gelten. Wesentliches Element der PSI-Unternehmenskultur ist die partnerschaftliche Mitgestaltung des Arbeitsprozesses bis hin zur Mitbestimmung bei der Besetzung der Vorgesetzten. Um effizient mit Menschen arbeiten zu können, muß durch Kommunikation ein Vertrauensverhältnis zwischen Menschen aufgebaut werden – Vorgesetzte einer Gruppe werden in der PSI von dem nächst höheren Management vorgeschlagen und müssen von dieser Gruppe über ein geheimes Wahlverfahren für eine Zeit von drei Jahren bestätigt werden. Sowohl der vorschlagende Manager als auch der betroffene Vorgesetzte haben dadurch die Pflicht, sich mit einer Person ganzheitlich auseinanderzusetzen und auch die Bedürfnisse der Gruppe zu berücksichtigen. Wenn das Wertesystem gleichgewichtig realisiert werden soll, können nicht technokratische Gesichtspunkte bei der Auswahl von Vorgesetzten ausschlaggebend sein. Das Demokratieverständnis geht dabei aber nicht so weit, daß tägliche Entscheidungen nur durch Mehrheiten zustande kommen, sondern die Mechanismen sind im Organisationshandbuch für das Management verbindlich festgelegt.

3. Wechselwirkung Unternehmenskultur und Mittelstand

Um langfristig eine soziale Marktwirtschaft ohne massive Einflußnahme von Strategie- oder Konzernunternehmen am Leben zu halten, bedarf es einer großen Anzahl von flexibel reagierenden Mittelstandsunternehmen. Diese werden auf Menschen so lange eine Anziehung ausüben, wie sie in der Lage sind, eine humane Kultur anzubieten, die auf Anerkennung von Leistung, Entfaltungs- und Mitgestaltungsmöglichkeiten und sozialer Einbindung basiert. Wegen der Größe der Unternehmen im Mittelstand lassen sich auch eher Experimente verwirklichen, die Vorbild für unternehmerisch handelnde Menschen sein können; denn der Erfolg gebiert fortwährend Erfolg.

Arbeitsgruppe 5

»Unternehmenskultur in Kleinunternehmen«

Impulsreferate:

Dr. med. Konrad Schily
Universität Witten/Herdecke

Olga Nawothnig
Keramik Manufaktur Kupfermühle, Hohenlockstedt

Karl Kossmann
Wala-Heilmittel GmbH, Eckwälden/Bad Boll

Dr. med. Konrad Schily

Universität Witten/Herdecke

Sehr verehrte Anwesende,
wir haben hier bedeutende Beispiele gehört sowohl im Plenum als auch in den Arbeitsgruppen für Unternehmenskultur. Ich möchte einen etwas anderen Aspekt am Beispiel des Gemeinschaftskrankenhauses Herdecke und der Universität Witten/Herdecke versuchen aufzuzeigen, wie nämlich diese Unternehmen aus einem kulturellen Bestreben heraus entstanden sind.
Durch die fortgeschrittene Zeit wird mir dabei eine komprimierte und abrißartige Darstellung auferlegt, um die ich mich bemühen werde.
Das Anliegen des Begründers des Gemeinschaftskrankenhauses Herdecke, Herrn Dr. med. Gerhard Kienle, war es, aus dem Christentum heraus zu neuen Formen der Wissenschaftlichkeit in Medizin und ärztlicher Praxis zu kommen. 1923 geboren, hatte er den Nationalsozialismus, den Krieg und die Nachkriegszeit bewußt und kritisch miterlebt. Die Anthroposophie Rudolf Steiners, die er schon am Anfang des Krieges kennengelernt hatte, war für ihn die Aufforderung, in eigener Gedankenbildung und in eigener praktischer Tätigkeit die Medizin und ihre sozialen Formen zu durchdringen und – wenn ich das so sagen darf – dem Christentum zu öffnen. Ich kann diesen Zusammenhang hier jetzt in der kurzen Zeit nicht weiter ausführen. Wenn Sie dies interessiert, kann man später vielleicht noch darauf eingehen.
Herrn Dr. Kienle führte dies schon sehr früh zu eigenständigen wissenschaftlichen Tätigkeiten, deren Relevanz sich heute allgemein bestätigt, und es führte ihn zu dem Entschluß, in einer selbständigen Klinik auch die organisatorischen und sozialen Formen für eine Erweiterung der Medizin zu entwickeln. Für diese Idee fand er unter den Angehörigen seiner eigenen und der älteren Generation nur wenige Freunde. Erst als einige 10 bis 15 Jahre jüngere Ärzte und Schwestern in diese Initiative eintraten (Ende der 50er und Anfang der 60er Jahre), gelang 1969 die Gründung des Gemeinschaftskrankenhauses.
Kienle hat 1975 dieses Anliegen in der Präambel zur Struktur des Gemeinschaftskrankenhauses Herdecke so zusammengefaßt:
»Alle Arbeit im Krankenhaus dient der Hilfeleistung für den kranken und leidenden Mitmenschen. Die Gestaltung dieser Arbeit hängt davon ab, wie tief man in das Verständnis von Krankheit und Hei-

lung einzudringen vermag. Wird Krankheit als eine Beeinträchtigung der gesamten Persönlichkeit des erkrankten Menschen verstanden und die Heilungstendenz als das Ringen der Individualität um Selbstverwirklichung, so ergibt sich daraus als Leitsatz des medizinischen und pflegerischen Handelns:

> »Unterstütze den kranken Menschen darin, seine individuellen Möglichkeiten zu verwirklichen und in der Auseinandersetzung mit seinem kranken Leib, seinem Schicksal und der Umwelt neue Verwirklichungsmöglichkeiten zu veranlagen.«

Die gemeinsamen Anstrengungen der Mitarbeiter im Krankenhaus orientieren sich danach an der Idee der freien, sich selbstbestimmenden Persönlichkeit. Diese Idee, welche auf das umfassende Verständnis des menschlichen Wesens hinzielt, wurzelt im abendländischen Ideengut und wurde in der Anthroposophie durch Rudolf Steiner weitergeführt. Es lassen sich hieraus Methoden für die Gestaltung des ideellen, rechtlichen und wirtschaftlichen Lebens der in einer Gemeinschaft tätigen Menschen ableiten. Im Hinblick auf die spezielle Aufgabenstellung eines Krankenhauses ergeben sich dabei folgende Gesichtspunkte:

> In der Zusammenarbeit können sich alle Mitarbeiter als Gleichgestellte betrachten, soweit sie sich gegenseitig in ihren besonderen Fähigkeiten und Aufgaben anerkennen und jeder zu vollem und vorbehaltlosem, persönlichem Einsatz im Interesse der Gesamtaufgabe bereit ist. Es wird damit die Grundlage für eine differenzierte Kollegialordnung gelegt. Die menschliche Arbeitskraft hat keinen Warencharakter, sie ist nicht käuflich. Für die Mitmenschen arbeiten und ein Einkommen erhalten sind zwei unabhängige Gegebenheiten, die nur durch das Rechtsverhältnis miteinander verbunden werden, das der einzelne mit der Gemeinschaft eingeht. Das Gehalt soll dazu dienen, dem einzelnen die Lebensbedingungen zu gewährleisten, die er benötigt, um arbeiten zu können. Dabei gilt: »Das Wohl einer miteinander arbeitenden Gesellschaft wird um so größer sein, je mehr der einzelne seine Arbeitskraft der Gemeinschaft zur Verfügung stellt, ohne daraus unmittelbar persönlichen Gewinn zu ziehen und je mehr die Gemeinschaft die Befriedigung der berechtigten Bedürfnisse des einzelnen übernimmt« (Steiner, Soziales Hauptgesetz).

Dieser Gesichtspunkt sollte bei der Behandlung aller Gehaltsfragen immer mehr zur Geltung kommen, auch wenn diese zunächst durch den Zwang der Verhältnisse in Anlehnung an bereits bestehende Tarifsysteme geregelt werden.

Arbeitsteilung und Spezialisierung sind im modernen Krankenhausbetrieb unumgänglich notwendig und auch berechtigt. Sie entfrem-

den zwangsläufig die Menschen untereinander. Dem kann durch bewußte Pflege der Zusammenarbeit begegnet werden, die durch die Einrichtung sachgemäß gebildeter Gruppierungen und Gremien ermöglicht und gefördert wird.
Eine wandlungsbereite Organisation muß das Ziel verfolgen, jedem einzelnen Mitarbeiter zu ermöglichen, entsprechend seiner Sachkenntnisse und Übersicht an seinem Platz initiativ zu arbeiten und mitentscheiden zu können. Sie fordert vom einzelnen die Bereitschaft und Fähigkeit, das Wohl des Ganzen und seiner Teile wie das eigene Schicksal zu erleben. Mit den Folgen einer Entscheidung muß der einzelne leben, und er sollte sich bewußt sein, daß er diese auch anderen aufbürdet, die an der Entscheidung möglicherweise nicht mitgewirkt haben. Es bleibt daher Ziel, daß der einzelne sich vergewissern muß, ob und wie weit er – und die anderen – die möglichen Folgen mittragen wollen und können. Bleibt die Suche nach der jeweils besten Lösung das Ziel, so werden Möglichkeiten zur Korrektur eventueller Irrtümer oder Fehlentscheidungen in Eigeninitiative aufgesucht. Eine solche Haltung gewährleistet, daß alle Arbeitsbereiche des Krankenhauses fruchtbar zusammenwirken können.
Damit tritt ein anderes Element in das Unternehmen hinein. Die Gemeinschaft bewegt einen inneren Impuls und versucht, soziale Formen für dieses eigentlich innere Anliegen zu finden. Es geht also nicht nur um fachliche Fortbildung, sondern immer wieder auch um den erneuten gemeinsamen Versuch, den eigenen spezifischen Ansatz gegenüber Krankheit und Heilung zu beschreiben und weiter zu entwickeln. Nicht nur soziale Zusammenkünfte aus Anlaß der Feste, sondern der Versuch einer gemeinsamen Festgestaltung etwa wird dann zum Anliegen.
Nun dürfen wir nicht außer acht lassen, daß dieser eine Unternehmenskultur begründende Ansatz einerseits nicht ohne einen gehörigen Anteil eines pragmatischen Vorgehens durchgesetzt werden konnte und daß andererseits das Unternehmen Krankenhaus nur aufgebaut werden konnte mit Menschen, die hinzukamen und die zwar in dieser Organisation leben und arbeiten wollten, aber nicht gestaltend und tragend aus dem Gründungsimpuls heraus. Die Hinzugekommenen konnten jedoch immer dann sinnvoll mitwirken, wenn die Gründer oder führenden Personen sich nicht formal auf die »Gründungsrichtlinien« zurückzogen, sondern den Impuls jeweils neu aus der Situation oder neu vom Gegenstand her entwickelten.
Im Zuge der weiteren Entwicklung ließen sich dann deutlich zwei unterschiedliche Bestrebungen erkennen. Die einen, die nach Richtlinien, nach Formalisierung und rechtlicher Festschreibung verlangten, und die anderen, die jeweils frei und neu aus der Situation her-

aus entscheiden wollten und die es wenig kümmerte, wie weit die anderen das Ganze oder einen Entwicklungsplan sehen konnten. Die Organisation konnte dabei nur gedeihen, weil beide Seiten letztlich im kulturellen Auftrag des Unternehmens die Daseinsberechtigung des Krankenhauses sahen.
Heute – das Krankenhaus Herdecke hat inzwischen etwa 800 Mitarbeiter (einschließlich Schwesternschule und Mitarbeiter angeschlossener Institutionen) – stellt sich die Frage, wie die spezifische Führungsstruktur aufzubauen ist und wie man diesen Ansatz der Unternehmenskultur aus dem Gründungswillen heraus in ein Kontinuum bringen kann. Diese Aufgabe wird erleichtet oder kompliziert – je nachdem, wie man es ansieht – durch den 1983 erfolgten Beginn der Universität mit ihrer medizinischen Fakultät.
Erleichternd wirkt die Universität für diejenigen, die die Kultur des Unternehmens in einer weltoffenen Auseinandersetzung mit den übrigen »Anbietern« halten wollen. Die Universität bringt also für diese die Chance zur weiteren Entwicklung, zur weiteren Dynamik und weltoffenen Auseinandersetzung. Der Rückzug auf Weltanschauliches in jeder Form wird erschwert. Ich halte dieses für das Unternehmen des Gemeinschaftskrankenhauses Herdecke jedoch für keineswegs entschieden, denn es ist nicht leicht, in einem Unternehmen, das in den letzten Jahren sozusagen »prosperiert« hat, ein breites Bewußtsein dafür zu wecken, daß eine neue Dynamisierung, eine neue Besinnung und eine neu zu entwickelnde Unternehmensstruktur und -kultur notwendig ist.
Wenn diese Entwicklung gelingt, werden wir ein *Universitätskrankenhaus* haben, in dem die Kultur des Unternehmens nicht einer kalten wissenschaftlichen Rationalität geopfert worden sein wird, sondern in dem die Hilfeleistung (Krankenbehandlung), die Verbesserung der Hilfeleistung (Forschung) und das gestufte Zur-Hilfeleistung-Befähigen (Ausbildung/Lehre) nur jeweils spezifische Aspekte ein und desselben Unternehmens sein werden.
Dies zur Einführung. Ich hoffe, ich habe die Zeit nicht zu sehr überschritten. Ich danke Ihnen für Ihr Zuhören und bin gespannt, welche Beiträge und welche Hilfen wir alle, aber besonders auch ich, aus dieser Diskussion mitnehmen können.

Olga Nawothnig

Keramik Manufaktur Kupfermühle, Hohenlockstedt

Die Grundlage für die Unternehmenskultur in der Keramik Manufaktur Kupfermühle, oder einfacher gesagt, für unseren partnerschaftlichen »Stil des Hauses« ist: *Respekt vor dem Gegenüber.* Wir sehen darin ein schlichtes Gebot der langfristig denkenden Vernunft. Offenheit, Glaubwürdigkeit und Vertrauen sehen wir hierfür als Voraussetzungen an.

An einigen Beispielen soll gezeigt werden, wie wir versuchen, diese Partnerschaft zu verwirklichen, jedoch mit dem ausdrücklichen Vorbehalt, daß ein kurzes Referat notgedrungen eine heile Welt zeigen muß, die in der Wirklichkeit nicht existiert.

Zum Verständnis zunächst in Stichworten eine Vorstellung der KMK (Keramik Manufaktur Kupfermühle).

- *Standort:* Industriedorf in Schleswig-Holstein
- *Mitarbeiter:* 75
- *Umsatz:* rund 6 Millionen DM
- *Produktionsprogramm:* handgemalte Keramikgeschirre und Geschenkartikel, viel Handarbeit
- *Kunden:* Facheinzelhandel
- *Rechtsform:* GmbH & Co. KG
- *Mitarbeiter-Kapitalbeteiligung:* Eine Beteiligungsgenossenschaft besitzt 50 Prozent der Kommanditanteile.
- *Mitbestimmung der Beteiligungsgenossenschaft:* Eine Liste der zustimmungspflichtigen Geschäfte räumt der Genossenschaft ein 50-Prozent-Mitspracherecht bei allen wichtigen Unternehmensentscheidungen ein.
- *Mitbestimmung im Betriebsalltag:* Die Mitarbeiter der 6 Produktionsabteilungen der KMK wählen alle 2 Jahre eine(n) Abteilungsleiter(in) aus ihrer Mitte. Neben der Abteilungsleitertätigkeit haben diese auch die Aufgabe, ihre Abteilung beim Wirtschaftsrat zu vertreten. Der *Wirtschaftsrat* tagt jeden Monat, ihm gehören außer den 6 Abteilungsleitern noch Vertreter des Betriebsrats, der Genossenschaft und der Unternehmensführung an. Bei jeder Sitzung wird zunächst ausführlich über die Marktlage und die Finanzsituation informiert, anschließend werden alle wichtigen Vorkommnisse und Vorhaben besprochen.
- *Informationen:* Vor jedem Wirtschaftsrat erhalten die Abteilungsleiter eine Liste der Akkordverdienste und Stundenlöhne des vergangenen Monats (auch alle Gehälter liegen bei uns offen) und

eine Zusammenstellung der 15 wichtigsten Daten wie Monatsumsatz, Auftragseingang, Produktion, Krankenstand und so weiter. Diese beiden Listen kann jeder Mitarbeiter einsehen. Die Protokolle der Wirtschaftsratssitzungen hängen jeweils nach 2–3 Tagen am Schwarzen Brett.

Nach dieser Vorstellung nun zu vier Beispielen aus jüngster Zeit.

1. Beispiel

Wir hatten das Problem, für ältere Arbeitsnehmer, die noch im Akkord arbeiten, keine leichteren Arbeitsplätze anbieten zu können. Eine ad hoc gebildete Arbeitsgruppe arbeitete in mehreren Sitzungen einen Vorschlag aus, unter welchen Bedingungen die gleiche Arbeit im Stundenlohn gemacht werden kann. Hierbei galt es viele Einzelheiten zu klären, denn Akkordarbeit ist für uns unverzichtbar. Die Ausstiegsmöglichkeiten mußten genauestens umrissen werden. Der Vorschlag der Arbeitsgruppe konnte ohne Änderung in eine Betriebsvereinbarung einfließen. Mehrere ähnliche Betriebsvereinbarungen sind bereits auf gleiche Weise entstanden, zum Beispiel über das Recht auf Halbtagsarbeit von Frauen mit schulpflichtigen oder kleineren Kindern.

2. Beispiel

Durch eine schwierige Situation im Einzelhandel hat die KMK zur Zeit Absatzsorgen. Es entstand die Frage, ob wir mit Entlassungen oder Kurzarbeit reagieren sollten. Da bei Kurzarbeit rund 30 Prozent der Personalkosten erhalten bleiben, andererseits Entlassungen uns widerstrebten, empfahl der Wirtschaftsrat nach heißen Diskussionen, auf einen Teil des Weihnachtsgeldes zu verzichten, um damit die Kosten der Kurzarbeit zu kompensieren und Entlassungen zu vermeiden. Mit 68 Prozent Ja-Stimmen billigte eine Betriebsversammlung diese Empfehlung.

3. Beispiel

Einige Mitarbeiter hatten als Gäste an TZI-Seminaren der Fa. Roßmann im Seminarzentrum Hützel teilgenommen. Aus dieser Gruppe kam der Wunsch weiterzuarbeiten. Eine Fragebogenaktion zeigte die Notwendigkeit, die Zusammenarbeit der Abteilungsleiter und der übrigen »Funktionsträger« zu verbessern und Methoden der Konfliktlösung zu lernen. Obwohl ein Kurzseminar über Moderatorentechnik erfolgreich verlaufen war, sprach sich die Mehrheit des Wirtschaftsrates gegen die Hinzuziehung eines OE-Beraters aus und lehnte weitere Seminare oder Arbeitsgruppen zum Thema Persönlichkeitsentwicklung vehement ab. Diese Ablehnung mußte respektiert werden.

4. Beispiel

Trotz Kurzarbeit und Auftragsmangel müssen wir den Betrieb erweitern und erhebliche Kredite hierfür aufnehmen. Obwohl Kreditzinsen und Abschreibungen den Gewinn belasten und die ohnehin mageren Ausschüttungen weiter verringern werden, gab es weder beim Wirtschaftsrat noch in der Gesellschafterversammlung eine einzige Gegenstimme gegen dieses von allen als notwendig erkannte Bauvorhaben.
Diese vier Beispiele sollten einen kleinen Einblick in den Betriebsalltag gewähren. Daß auch bei gutem Willen auf beiden Seiten immer wieder traditionelle Verhaltensweisen gegen den Partnerschaftsgedanken verstoßen, ist selbstverständlich. Rom wurde auch nicht an einem Tage erbaut.

Karl Kossmann

Wala-Heilmittel GmbH, Eckwälden/Bad Boll

Der Begriff »Unternehmenskultur« setzt sich aus den Begriffen Unternehmen und Kultur zusammen. Ein Unternehmen verstehen wir heute in der Regel als einen Wirtschaftsbetrieb, dessen Zweck auf die Erzeugung irgendwelcher Wirtschaftsgüter gerichtet ist. Wir haben es hier also mit einer wirtschaftlichen Zweckrichtung zu tun. Um ein Wirtschaftsgut herzustellen, bedarf es der Zusammenarbeit von Menschen. Eine solche Zusammenarbeit setzt Sozialität oder Brüderlichkeit voraus.
Kultur hat etwas mit der Pflege des Geistes und des Körpers zu tun oder auch mit Landbau, wie es im Lexikon heißt. Außer hegen und pflegen haben wir es also auch mit Arbeit zu tun, die ihrerseits wiederum Fähigkeiten voraussetzt. Fähigkeiten sind demnach Voraussetzungen, um Kultur zu schaffen. Heute versteht man unter dem Begriff Kultur mehr die Pflege der geistigen Güter, also die Gesamtheit der geistigen und künstlerischen Lebensäußerungen einer Gemeinschaft. Wenn Kultur auch mit der Fähigkeit des Pflegens verbunden

ist, heißt das, daß wir uns für etwas zu engagieren haben, und wir uns damit im sozialen Bereich bewegen. Sozialität kann aber wiederum nur aus der Freiheit heraus entstehen.

Wie können wir nun mit dieser Freiheit in einem Wirtschaftsbetrieb umgehen? Die Vorgabe für einen Wirtschaftsbetrieb ist ja zunächst das herzustellende Produkt. Jeder einzelne Mitarbeiter des Unternehmens bekundet mit dem Eintritt in ein solches Unternehmen, daß er sich in den Arbeitsprozeß eingliedern will, um die Herstellung eines Wirtschaftsgutes zu ermöglichen. Die Zielvorstellung ist also zunächst gegeben. Nun taucht die Frage auf, wie aus dem freien Willen eines jeden Einzelnen heraus der notwendige Arbeitsprozeß gestaltet wird. Wie und nach welchen Regeln müssen Arbeitsleiter und Arbeitsleister zusammenwirken? Mit dieser Frage berühren wir die Rechtssphäre, und es sind im diesem Bereich alle am Arbeitsprozeß Beteiligten angesprochen. Sie haben Spielregeln aufzustellen, damit jeder Einzelne seine Fähigkeiten im Unternehmen frei einsetzen kann. Das Prinzip der Freiheit wird also zweckgerichtet auf eine Sache eingesetzt. Die sich aus solchen gegenseitigen Vereinbarungen ergebenden Verträge sind alsdann selbstauferlegte Pflicht.

Diese dargestellten Grundsätze sind nun kein Rezept. Sie sollen lediglich aufzeigen, wie wir miteinander umzugehen haben, um Betriebskultur zu entwickeln. Jedes Unternehmen muß dabei aus seinen Besonderheiten heraus einen eigenen Weg gehen, und natürlich können wir voneinander lernen und uns Anregungen holen, es so oder ähnlich zu machen. Wichtig erscheint mir nur, daß wir anfangen und uns auf den Weg machen.

Die WALA-HEILMITTEL GMBH ist ein Unternehmen mittlerer Größe und, wie der Name des Hauses schon sagt, Hersteller von Heilmitteln. Das Herstellungsprogramm umfaßt weiterhin kosmetische und diätetische Produkte. Von dem voraussichtlichen Gesamtumsatz von 23 Millionen Deutsche Mark im Jahre 1986 entfallen rund 55 Prozent auf den Heilmittel-Umsatz und 45 Prozent auf den Sektor Kosmetik und Diätetik. Rund 25 Prozent des Gesamtumsatzes werden exportiert. Es werden Vertretungen in 17 Ländern unterhalten. Das Unternehmen beschäftigt 190 Mitarbeiter, es hat seinen Sitz in Bad Boll/Eckwälden am Rande der Schwäbischen Alb zwischen Stuttgart und Ulm.

In der WALA wird Arbeit als Grundbedürfnis des Menschen verstanden, als Möglichkeit, durch die eigene Tätigkeit verändernd in die Welt einzugreifen, sich selbst und die Welt zu verändern. Die Idee, daß dieses tätige Umwandelnwollen auf der Verantwortung gegenüber dem Einklang von Natur und Menschenwesen und geistiger Welt getragen sein müsse, war maßgebend für die Gründung des Un-

ternehmens. Aufgrund dieser Einsichten, die sich aus der Anthroposophie Rudolf Steiners ergeben, stellt das Unternehmen Heilmittel aus Natursubstanzen her. Das daraus entstehende Aufgaben- und Arbeitsgebiet umfaßt sowohl Tätigkeiten im Umgang mit den Substanzen der Natur als auch Bestrebungen im sozialen Bereich, die hierfür erforderlichen menschengemäßen Ordnungen zu schaffen.
Jeder Mitarbeiter bekommt ausreichend Einblick in die Herstellungsgrundsätze, soweit diese für seine Aufgabe innerhalb des Betriebes notwendig sind. Darüber hinaus werden jedem interessierten Mitarbeiter Hilfen angeboten, sich in den Grundsatzgedanken des Unternehmens oder spezieller Teilgebiete einzuarbeiten. Der Arbeitsprozeß erfordert das Zusammenwirken der Mitarbeiter in sachbezogenen Arbeitsgruppen, mit möglichst großer Bereitschaft zur gegenseitigen Hilfe. Die Würde des Menschen liegt mit in dem Maß der Verantwortung für seine Taten. Mensch und Heilmittel stehen im Mittelpunkt des Unternehmens. Selbstverantwortung, Selbstkontrolle und der Wille zur Selbsterziehung bilden die Grundlagen der Zusammenarbeit.

Betriebsorganisation und soziale Ziele

Das Wohl einer Gesamtheit von zusammenarbeitenden Menschen ist um so größer, je mehr der einzelne seine eigenen Dienstleistungen den anderen Mitarbeitern zur Verfügung stellt und je mehr er seine eigenen betrieblichen Bedürfnisse aus den Dienstleistungen der Mitarbeiter befriedigt. In dieser Aussage liegt die Bejahung der Arbeitsteilung, die für jeden größeren Produktionsbetrieb unerläßlich ist. Arbeitsteilung bedeutet nicht notwendigerweise einseitige Fließbandarbeit, wie dieses auch aus dem WALA-Modell ersichtlich ist. Das gesamte Unternehmen ist in selbständige Kosten- und Leistungsstellen aufgegliedert. Jede Stelle bildet einen überschaubaren Dienstleistungsbereich, der seiner inneren Struktur nach in gewissem Sinne mit einem selbständigen Handwerksbetrieb vergleichbar ist. Jede Leistungsstelle wird von einem Arbeitsleiter geleitet.
Die einzelnen Stellen führen entweder bestimmte Produkte des Warensortiments von einer Fertigungsstufe zur nächsthöheren Fertigungsstufe, oder sie bieten den anderen Stellen im Hause fachliche Dienstleistungen an. Andererseits nimmt jede Stelle wiederum die Dienstleistungen anderer Stellen in Anspruch.
Auf diese Weise entwickelt sich die Arbeitsteilung zum Wohl der Gesamtheit aller in der WALA Tätigen, und zwar in dem Maße, wie

nach und nach bestimmte Voraussetzungen in der WALA erfüllt werden. Dazu gehören:

1. die weitgehend selbständige Verwaltung eines zwischen der Stelle und der Geschäftsleitung ausgehandelten Jahresbudgets
2. die selbständige Auswahl und Versetzung von Mitarbeitern
3. die Eigenverantwortung für die pflegliche Behandlung und sparsame Verwendung von Räumlichkeiten, Einrichtungen und Betriebsmitteln.

Das Gesamtunternehmen ist in fünf Bereiche gegliedert:

- Vertrieb
- Verwaltung
- Wissenschaft
- Betrieb
- Einkauf und EDV.

Jedem Bereich steht ein Bereichsleiter vor. Die Bereichsleiter bilden die Geschäftsleitung. Die Geschäftsleitung als Unternehmensleitung gibt die Unternehmenszielsetzungen vor und kann dabei für die einzelnen Geschäftsjahre unterschiedliche Schwerpunkte setzen.

Kapital und Arbeit

Eine Voraussetzung dafür, daß Mitarbeiter in der WALA, denen eine Stelle anvertraut ist, sich als freie unternehmerische Vertragspartner fühlen können, ist das Bewußtsein davon, welchen Stellenwert den beiden Wirtschaftsfaktoren Kapital und Arbeit beigemessen wird. Üblicherweise betrachtet der Kapitaleigner eine Fabrik als sein Eigentum. Sein Ziel richtet sich einseitig auf die Kapitalrendite. Die Arbeit ist dabei für ihn ein Kostenfaktor, man möchte fast sagen von störender Bedeutung. In der WALA kehrt sich dieses Verhältnis um. Fremdkapital wird wie ein Werkzeug betrachtet, das durch den Zins seinen Preis verlangt, aber nach Gebrauch wieder zurückgegeben wird. Fremdkapital soll durch Eigenkapital abgelöst werden. In diesem Sinne wird durch die jährlichen Gewinnausschüttungen an die Mitarbeiter auch dieses Kapital wie Eigenkapital betrachtet. Die für dieses Kapital zu zahlenden Zinsen fließen einerseits an die Mitarbeiter, andererseits gehen sie auch in die betriebswirtschaftliche Kostenrechnung selbstverständlich ein.
Kapitalbildung ist für jeden Betrieb unverzichtbar. Unter diesem Kapitalbegriff verstehen wir Gundstücke, Gebäude, Maschineneinrichtungen, Arbeitsplätze und so fort.
Das Prinzip der Gewinnausschüttungen an die Mitarbeiter wird in der WALA seit dem Jahr 1969 praktiziert. Im Jahr 1983 betrug die

Gewinnausschüttung 95 Prozent, im Jahre 1984 85 Prozent des Gesamtgewinnes (1985 noch nicht realisiert; Planung wie 1984). Die auf jeden einzelnen Mitarbeiter entfallende Gewinnquote hat in den beiden letzten Jahren einen Umfang von rund drei Monatsgehältern. Diese Gewinne gelangen zunächst jedoch nicht zur Auszahlung, sondern werden den Mitarbeitern gutgeschrieben. Für jede jährliche Gewinnausschüttung wird ein sogenannter Gratifikationsvertrag abgeschlossen. Wesentliche Merkmale dieses Gratifikationsvertrages sind:

a) Der Mitarbeiter kann die Auszahlung der Gratifikation nach Ablauf von 25 Jahren schriftlich verlangen
b) Sobald die in der konsolidierten Handelsbilanz der WALA-Unternehmensgruppe ausgewiesenen Rückstellungen für Gratifikationen 70 Prozent der Bilanzsumme übersteigen, wird die WALA – unabhängig von den Voraussetzungen des Buchstabens a) – jeweils die Rückstellung durch die Auszahlung von Gratifikationen auf 70 Prozent der Bilanzsumme zurückführen. Dabei werden die Gratifikationen entsprechend der zeitlichen Reihenfolge ihrer Zusage, gegebenenfalls teilweise, ausbezahlt, das heißt jeweils die Gratifikation mit der älteren Zusage vor denen mit der jüngeren Zusage, im übrigen nach billigem Ermessen der WALA.
c) Die Auszahlung der Gratifikation beginnt unabhängig von den Voraussetzungen der Buchstaben a) und b) spätestens mit dem Ausscheiden des Mitarbeiters aus der WALA oder mit dem Eintritt seiner Invalidität beziehungsweise seiner Teilinvalidität.
d) Scheidet der Mitarbeiter infolge einer von der WALA ausgesprochenen ordentlichen Kündigung aus, so kann WALA die gesamte Gratifikation sofort in einem Betrag an den Mitarbeiter auszahlen.
e) Die Auszahlung der Gratifikation erfolgt in zehn gleichen Jahresraten.
f) Bei Auszahlung der Gratifikation, sowohl in Raten als auch in einem Betrag, werden die entstehenden Steuern einbehalten, ebenso auch anfallende Sozialversicherungs-Abgaben.
g) Im Todesfall des Mitarbeiters gelten die Bestimmungen dieser Vereinbarung für und gegen die Erben des Mitarbeiters im gleichen Sinne wie vorher für und gegen den Mitarbeiter.
h) Die Gratifikation wird bis zu ihrer Auszahlung mit einem Zinssatz von zur Zeit 6 Prozent verzinst. Die jährlich entstehenden Zinsen werden am letzten des Kalenderjahres ausbezahlt, wobei anfallende Steuern und Sozialversicherungsabgaben einbehalten werden.

Die Gratifikationsvereinbarung fällt nicht in den Rahmen der übli-

chen Altersvorsorge. Deshalb entsteht auch keine Beitragspflicht beim Pensionssicherungsverein.
Die Berechnung der jährlichen Gratifikation ergibt sich wie folgt:

- 60 Prozent proportional (im Verhältnis) zu den Monatsgehältern
- 40 Prozent proportional zur täglich vereinbarten Arbeitszeit (Krankheits- und Fehlzeiten werden abgezogen).

Per 31. 12. 1985 beträgt der Kapitalanteil der Mitarbeiter aus solchen Verträgen einschließlich der Rückstellungen für Pensionszusagen für die Bereichsleiter rund 8 Millionen DM, das sind 52 Prozent der konsolidierten Bilanzen von GMBH und OHG.

Das Sozialkapital der WALA

Gewinne der OHG werden in das Sozialkapital eingebracht. Nach dem Handels- und Steuerrecht ist das Sozialkapital Eigenkapital. In der Gesellschaftssatzung der OHG wird dieses Kapital jedoch neutralisiert. Es dient ebenfalls zur Sicherung der Arbeitsplätze und nicht privaten Zwecken der Firmeninhaber oder deren Erben. Das Sozialkapital kann nicht an leibliche Erben vererbt werden, sondern wird beim Ausscheiden eines Gesellschafters an die überlebenden Gesellschafter weitervererbt. Beim Erbgang fällt Erbschaftssteuer an.
Es ist beabsichtigt, das Sozialkapital in absehbarer Zeit in eine gemeinnützige Stiftung zu überführen, ebenso wird ein Drittel des Gesellschaftsrechts an die gemeinnützige Stiftung alsdann übertragen. Des weiteren soll eine Verwaltungsstiftung gegründet werden, die ebenfalls ein Drittel des Gesellschaftsrechtes übertragen bekommt. Bei reibungsloser Funktionsfähigkeit beider Stiftungen ist es möglich und wahrscheinlich, daß alsdann die OHG aufgelöst wird. Im Vorstand der Verwaltungsstiftung sollen neben Persönlichkeiten, die sich mit den Zielen der WALA verbunden fühlen, vor allem auch aus Altersgründen ausgeschiedene Geschäftsführer der GMBH, die sich weiterhin mit der WALA verbunden fühlen, tätig sein. Ähnliches gilt auch für die gemeinnützige Stiftung.
Die gemeinnützige WALA-Stiftung verfolgt ausschließlich und unmittelbar gemeinnützige Zwecke. Es ist Aufgabe der Stiftung, aus den Erträgen ihres Vermögens solche Leistungen zu bewirken, die die medizinische Wissenschaft und die medizinische Ausbildung auf den Gebieten einer durch die Geisteswissenschaft Rudolf Steiners erweiterten Medizin, Pharmazie und Naturwissenschaft, der Naturheilkunde und der Homöopathie fördern. Als Nebenzweck soll die Stiftung die Volksbildung auf den vorgenannten Gebieten ebenfalls för-

dern. Das WALA-Modell ist eine Herausforderung an jeden Mitarbeiter, seine persönlichen Fähigkeiten zum Wohle des Unternehmens einzusetzen. Jeder einzelne hat hier Gelegenheit, an einer zukunftsträchtigen Idee mitzuwirken. Es stellt eine Absage dar an jede Bestrebung, aus Menschen Funktionäre zu machen, die einseitige Interessen vertreten. Diese Herausforderung ist gleichzeitig eine Verpflichtung zur immateriellen Mitarbeiterbeteiligung.

Die WALA als Partnerschaftsunternehmen

Die WALA fühlt sich der AGP (Arbeitsgemeinschaft zur Förderung der Partnerschaft in der Wirtschaft) seit rund 30 Jahren verbunden und ist seit Mitte der 50er Jahre Mitglied. Selbst, wenn der in dieser Arbeitsgemeinschaft zusammengeschlossene Kreis von Firmen – es sind zur Zeit etwas mehr als 1000 – noch relativ klein ist, glauben wir, daß die Idee der Überwindung des Gegensatzes von Kapital und Arbeit weiterhin an Boden gewinnen wird. Es ist ja nicht so, daß nur in diesen etwas mehr als 1000 Partnerschafts-Betrieben Partnerschaft, auf welcher Ebene auch immer, betrieben wird, sondern es sind sehr zahlreiche Betriebe, die eine solche Partnerschaft auf den verschiedensten Ebenen praktizieren. Unternehmer mit Partnerschaftsideen galten in den 50er Jahren noch als Utopisten und werden auch heute oftmals noch als etwas blauäugig belächelt. Auch in Kreisen anderer Unternehmer sind sie nicht allzu gerne gesehen, weil sie zu dumm sind, in die eigene Tasche zu wirtschaften.
Und was tut der Staat? Mit dem 4., im Jahre 1984 in Kraft getretenen, Vermögensbildungsgesetz ist ein erster bescheidener Anfang gemacht worden, die materielle Mitarbeiterbeteiligung durch steuerliche Anreize zu fördern. Man kann nur hoffen, daß von diesem Modell reger Gebrauch gemacht wird, und zum weiteren, daß dieses Modell wesentlich verbessert und ausgebaut wird.
Was können Partnerschaftsunternehmen zur Entwicklung der Gesellschaft hin zu mehr Entfaltung von Unternehmergeist beitragen? Als Voraussetzung dafür müßten sie sich sicherlich zu einer PR-Bewegung zusammenschließen, damit die in den Unternehmen entwikkelten Vorstellungen orientierend in die Gesellschaft hineingetragen werden können, damit auch das fortgesetzt werden kann, was Ludwig Erhard einmal mit seiner sozialen Marktwirtschaft begonnen hat. Gegenüber Wissenschaftlern, Journalisten und Politikern hat die Partnerschaftsbewegung den großen Vorteil, mit täglicher Unternehmerpraxis den Beweis für ihre Anschauungen liefern zu können. Als Pionierunternehmen können Partnerschaftsunternehmer aufzeigen,

welches Führungsverhalten, welche Strukturen, welche Dimensionen und Kommunikationsgewohnheiten, aber auch welche Einkommenssysteme zukunftsträchtig sein können. All dieses provoziert ein unternehmerisches Engagement der Mitarbeiter. Was Partnerschaftsunternehmen als eine neue Leistung zu einer Gründerwelle beitragen könnten, ist, Unternehmertum aus dem Faktor Arbeit zu entwickeln. Wenn sogenannte Arbeitnehmer ihre Leistungs- und Kooperationsfähigkeit in ein Modell einbringen können, steht dem Schritt in die Selbständigkeit, auch in einem mittelständischen oder größeren Betrieb, nichts mehr im Wege. Die Gruppe im Betrieb ist alsdann die »Schlüsselfigur« einer unternehmerischen Gesellschaft von morgen.

Anlage I

WALA

Dr. Hauschka

Das Unternehmen

○ WALA-HEILMITTEL Dr. Hauschka OHG (Besitzgesellschaft)
7352 Boll-Eckwälden
○ WALA-HEILMITTEL GMBH (Betriebsgesellschaft)

Produktionsprogramm:
○ Heilmittel auf pflanzlicher und mineralischer Grundlage
Organpräparate
(Phytopharmaka, Homöopathica)
○ Kosmetik- und Körperpflege-Präparate
○ Diätetische Produkte
○ *Herstellungsgrundsätze* nach den Erkenntnissen einer durch die Geisteswissenschaft Dr. Rudolf Steiners erweiterten Medizin
○ Keine Tierversuche

Beschäftigte:	190
Umsatz:	23 Mill. DM
Export:	ca. 25% in 18 Länder
Kapital- und Besitzstruktur:	WALA GMBH = 100% im Besitz der WALA OHG (= 2 Gesellschafter) Kapital der OHG-Gesellschafter ist als »Sozial«-Kapital ausgewiesen. Laut Gesellschaftervertrag wird Sozialkapital im Ausscheidensfalle an überlebende Gesellschafter vererbt.

Anlage II

Betriebsstruktur

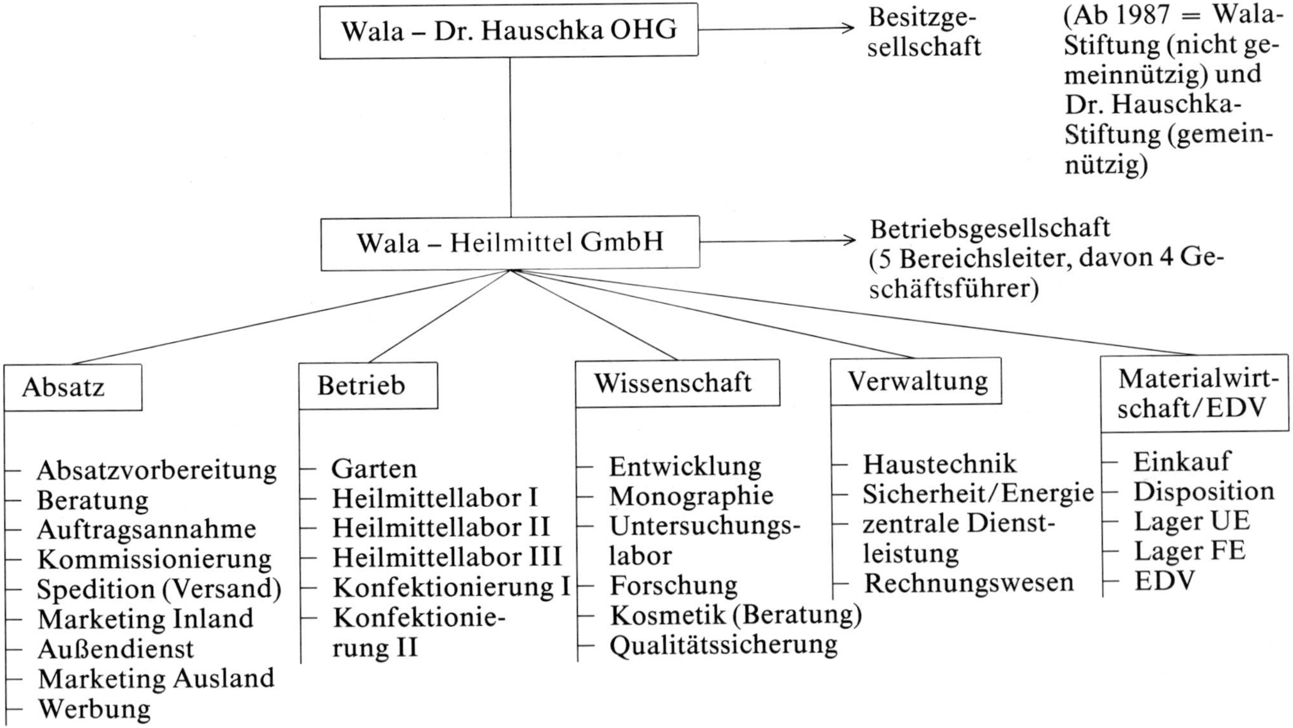

Anlage III

Die Mitarbeiter-Beteiligung

1969–1972 ○ Gewinnbeteiligung zum Teil in Form von Versicherungsverträgen

ab 1972 ○ Gewinnbeteiligung bis zu 90%
Wiederanlage der »ausgeschütteten« Gewinne als Darlehen im Betrieb
Laufzeit der Verträge: bis zu 25 Jahren, spätestens Rückzahlung im Rentenalter. Rückzahlung erfolgt in 10 Jahresraten

○ Wartezeit für Gewinnbeteiligungsberechtigung:
1 Jahr

○ Verzinsung der Guthaben: 6%
Zinsen werden am Jahresende ausgezahlt

○ Gewinnbeteiligung im Rahmen des 4. Vermögensbildungsgesetzes ab 1984 zusätzlich
a) Laufzeit der Darlehen: 6 Jahre
b) alle bezugsberechtigten Mitarbeiter nehmen teil

○ Gewinnverteilung: 40% nach Köpfen
60% nach Jahreseinkommen
Krankheitstage und sonstige Fehlzeiten werden abgezogen

Anlage IV

Motive zur Mitarbeiter-Beteiligung

- ○ Überwindung von Polaritäten
  Staatskapital – Privatkapitalismus
- ○ Überwindung des Arbeitnehmerverhältnisses
  Jeder Mitarbeiter ist bzw. soll »Unternehmer« an seinem Arbeitsplatz sein
- ○ Mehr Gerechtigkeit bei der Verteilung des Unternehmensertrages
- ○ Sorgepflicht für die Beibehaltung humaner Arbeitsplätze
- ○ Arbeiter und Angestellte kein Unterschied

Mitarbeitermitwirkung im Betrieb

- ○ Einstufungs-Ausschuß
  2 Mitarbeiter aus dem Mitarbeiter-Beirat
  2 Mitarbeiter aus der Geschäftsleitung
  2 weitere Mitarbeiter aus dem Betrieb
- ○ Planung und Vorschlagswesen für Investitionen und Verbesserungen
- ○ Budgetierung aller Kosten in einem Arbeitsbereich (Federführung: Abteilungsleiter)
- ○ Mitgestaltung der Betriebsordnung
- ○ Arbeitsgruppengespräche (wöchentlich – monatlich)
- ○ Arbeitsleitergespräche (monatlich)
- ○ Mitarbeiter-Information für den Gesamtbetrieb (monatlich)
- ○ Schiedsgericht bei Streitigkeiten im persönlichen Bereich
- ○ Sozialer Hilfsverein: Vorstand: 1 Mitarbeiter
  1 Geschäftsführer
  Beirat: 3 Mitarbeiter

Anlage V

Schematische Darstellung der Gewinnbeteiligung im Verhältnis zum »Eigenkapital« und Fremdkapital (= Bank- und Freundesdarlehen)

Geschäftsjahr	Umsatz	Zahl der Mitarb.	Bilanz-Summe	Eigenkapital Sozialversicherung		Mitarbeiter-Darlehen u. Pensions-Rückst.		Fremdkapital	
			Mill. DM	Mill. DM	%	Mill. DM	%	Mill. DM	%
1975	5,3	158	3,43	0,9	28	0,6	17	1,93	55
1977	7,6	155	5,94	1,3	21	0,6	9	4,04	70
1980	11,7	161	10,84	1,7	16	2,1	19	7,04	65
1982	15,3	171	13,0	0,5	4	2,9	23	9,6	73
1983	16,8	168	12,4	0,8	6	4,3	35	7,3	59
1984	18,7	174	13,4	1,8	14	6	45	5,6	41
1985	21	183 vor.	15,5	2,3	15	8	52	5,2	33
1986 voraus.	23	185 vor.	17,0	3,3	19	9,4	55	3,8	26

Anlage VI

Zukunftsaspekte der Unternehmensform

A WALA-Stiftung (nicht gemeinnützig)

- Neutralisierung des Eigenkapitals
- Keine privaten Erbgänge

B Dr. R. Hauschka-Stiftung (gemeinnützig)

- Neutralisierung des Eigenkapitals
- Förderung von Projekten aus der medizinisch-wissenschaftlichen Ausbildung
  auf den Gebieten:
  anthroposophische Medizin
  anthroposophische Pharmazie
  Homöopathie
  Naturheilkunde
  Volksheilkunde

C WALA-HEILMITTEL GMBH Betriebsgesellschaft

Durch Gründung von A + B wird alte oHG-Form abgelöst

Arbeitsgruppe 6

»Unternehmenskultur in Mitarbeiterunternehmen«

Impulsreferate:

Professor Dr. Thomas Raiser
Justus-Liebig-Universität, Gießen

Karl Heinz Fischer
SWA Spinnerei und Weberei Augsburg GmbH, Augsburg

Norbert Heßbrüggen
Emag Maschinenfabrik GmbH, Salach/Süssen

Professor Dr. Thomas Raiser
Justus-Liebig-Universität, Gießen

I.

Wir haben bereits sehr viele gute, anregende und nachdenkenswerte Gedanken darüber gehört, was mit dem seit einiger Zeit in Gebrauch gekommenen *Begriff Unternehmenskultur* gemeint ist und bezweckt wird. Versuchen wir, uns darin zurechtzufinden, so ist das Ergebnis allerdings reichlich verwirrend. Fast jeder Redner gibt dem Begriff einen anderen Akzent. Bald wird er in einem rein deskriptiven Sinn verstanden und läßt sich dann den vertrauteren Begriffen Geist oder Stil eines Unternehmens gleichsetzen. Überwiegend ist er jedoch als normativer Zweckbegriff zu verstehen, wobei sich die Ziele, die er artikulieren soll, durchaus unterscheiden: Bessere Unternehmensleitung mit dem Ziel höherer Effizienz des Unternehmens, mehr Lebensqualität im Unternehmen, Anpassung an neue Lebensgewohnheiten und Ansprüche namentlich jüngerer Mitarbeiter, soziale Verantwortlichkeit des Unternehmens gegenüber der Gesellschaft, ökologische Aspekte sind nur einige der Stichworte, an die hier zu erinnern ist. Fast möchte man schon die Unkultur rügen, die in der Verwendung eines so unscharfen Leitbegriffes liegt, der letztlich jedem erlaubt, damit umzugehen, wie er will.
Immerhin signalisiert er die Notwendigkeit des Umdenkens und der Neuordnung eingefahrener und vielleicht erstarrter Formen der Unternehmensführung. So gesehen enthalten derart hoch komplexe, intellektuell und emotionell stark besetzte Begriffe auch stets ein kreatives Potential.
Wenn man von Unternehmenskultur in *Mitarbeiterunternehmen* spricht, so wird man vor allem die Teilnahme der Arbeitnehmer an den unternehmerischen Entscheidungen und die Überwindung des Gegensatzes zwischen Kapital und Arbeit assoziieren. Wenn ich die Gliederung in Arbeitsgruppen, welche die Veranstalter dieser Tagung vorgenommen haben, richtig verstehe, so steht der Begriff quer zu der für die anderen Arbeitsgruppen vorgenommenen Unterteilung in Internationale Unternehmen, Großunternehmen, große Familienunternehmen, mittelständische Unternehmen und Kleinunternehmen. Er orientiert sich gerade nicht an der Größenordnung und der Zusammensetzung des Kreises der Anteilseigner. In jeder dieser Gruppen können mit anderen Worten – jedenfalls theoretisch – Mitarbeiterunternehmen auftreten. Das Wesentliche ist demnach eine

gegenüber dem geltenden Recht stärkere Einbeziehung und Integration der Arbeitnehmer.
Will man eine Abgrenzung vornehmen, so könnte man, ohne daß ich jemand vorgreifen oder präjudizieren möchte, der sich selbst in unseren Kreis einbeziehen möchte, Mitarbeiterunternehmen definieren als solche Unternehmen, die von den Arbeitnehmern getragen werden oder in denen jedenfalls die Mitbestimmungsrechte der Arbeitnehmer über die gesetzlich vorgeschriebenen hinausgehen. Ob diese Mitbestimmungsrechte auf Satzungsbestimmungen, Betriebsvereinbarungen, Mitbestimmungsverträgen oder anderen Abreden beruhen, ist unerheblich. Unternehmen, welche ihren Mitarbeitern Kapitalanteile in Form von Arbeitnehmeraktien, stillen Beteiligungen und so weiter einräumen, gehören dann allerdings nur dazu, wenn die Höhe der Kapitalbeteiligung der Arbeitnehmer insgesamt wenigstens eine Sperrminorität erreicht, weil die Kapitalanteile nur dann einen relevanten Einfluß auf die Wahl der Unternehmensleiter und auf die maßgeblichen wirtschaftlichen Entscheidungen gestatten.

II.

Suchen wir den *spezifischen Charakter dieser Unternehmen* und zugleich ihre Stellung und *ihren Beitrag zur allgemeinen Wirtschafts- und Unternehmenskultur* abzuschätzen, so ist es nützlich, sich die Zielvorstellungen ins Gedächtnis zurückzurufen, die schon seit der Nachkriegszeit, vor allem aber in den 60er und 70er Jahren zugunsten der erweiterten Mitbestimmung der Arbeitnehmer vorgetragen und mit seltener Intensität und Leidenschaft öffentlich erörtert wurden. Sie haben bekanntlich im Mitbestimmungsgesetz von 1976 und im Mitbestimmungsurteil des Bundesverfassungsgerichts von 1979 ihren Kulminationspunkt erreicht und sind seitdem zur Ruhe gekommen. Um ihre volle Tragweite zu ermessen, muß man sich daran erinnern, daß die Mitbestimmungsansprüche von vornherein auf eine paritätische Mitbestimmung abzielten, anders als es der Gesetzgeber dann verwirklicht hat. Ich denke, die Parallele zwischen der gesellschaftspolitischen Grundsatzdiskussion damals und den Fällen von Mitarbeiterunternehmen, die sich in dem dann vom Gesetzgeber gelassenen Freiraum aufgrund privater Initiative und privaten Idealismus etabliert haben und heute erfolgreich arbeiten, liegt auf der Hand.
Ich lege meiner Zusammenfassung der Einfachheit halber die Rechtfertigung der Mitbestimmungsforderungen zugrunde, wie sie im Bericht der Mitbestimmungskommission von 1969, der sog. Bieden-

kopf-Kommission, dargestellt wurden (Bundestagsdrucksache VI/334, S. 18 ff.). Der Bericht führt aus, die Mitbestimmung aller im Unternehmen Tätigen, namentlich auch der Arbeitnehmer, sei ein Ausfluß der Menschenwürde, welche das Grundgesetz als obersten Rechtswert anerkennt, und eine Notwendigkeit zur freien Entfaltung der Persönlichkeit. Die Arbeitnehmer dürften nicht mehr nur als ein Rädchen im Getriebe angesehen werden. Sie seien nicht länger als fremdbestimmtes Objekt, sondern als eigenverantwortliche Persönlichkeit anzusehen. Als Quelle dieser Forderungen nennt der Bericht ethische und philosophische Einsichten, daneben vor allem aber auch theologische Prinzipien, wie sie sich in Äußerungen der katholischen und der evangelischen Kirche finden.

Zweitens führt der Bericht das schon erwähnte Ziel an, den Gegensatz zwischen Kapital und Arbeit auszugleichen. Er sagt, beide Faktoren seien zwar verschiedenartig, aber doch gleichermaßen unentbehrlich für den Unternehmenserfolg und daher auch als gleichberechtigt zu behandeln. Auch das Risiko der Arbeitnehmer, das sich in der Gefahr, den Arbeitsplatz zu verlieren, verwirkliche, sei letztlich nicht geringer zu bewerten als das Verlustrisiko der Anteilseigner. Gleichberechtigung und gleiches Risiko verlangten die institutionelle Berücksichtigung der Interessen und Belange der Arbeitnehmer in der Unternehmensleitung.

Hinzu kommt drittens der Gedanke der Demokratisierung. Demokratie wird nunmehr nicht mehr als nur Organisationsprinzip für die staatliche Ordnung, sondern als Lebensform verstanden, die auch im wirtschaftlichen und gesellschaftlichen Leben Geltung beanspruche. Sie verlange, daß die Machtträger in den Unternehmen von seiten der von ihnen Geführten legitimiert werden. Dies führt schließlich viertens zu der Aussage, daß wirtschaftliche Macht laufend kontrolliert werden müsse und daß die Mitbestimmung dazu ein geeignetes Mittel sei, und zwar auch im Interesse der Allgemeinheit und des Staates, die nicht zu weit unter den Einfluß ökonomischer Interessen geraten dürften. Die Verfechter der Mitbestimmung verstanden Unternehmen also nicht mehr als Einrichtung zum privaten Erfolgsstreben und Nutzen, sondern stellten ihre öffentliche Aufgabe in den Vordergrund, die Allgemeinheit mit wirtschaftlichen Gütern zu versorgen und einer Vielzahl von Menschen Arbeit und damit Gelegenheit zu bieten, ihren Lebensunterhalt zu verdienen.

III.

Es ist hier nicht der Ort, diese Rechtfertigungsgründe der Mitbestimmung kritisch zu würdigen oder zu reflektieren, wie wir uns heute, zehn Jahre nach dem Inkrafttreten des Mitbestimmungsgesetzes, zu ihnen stellen würden. Statt dessen kehren wir zu den vorhandenen Mitarbeiterunternehmen zurück.

Die schon vorgetragenen oder angekündigten Referate zeichnen *Unternehmensporträts* von solchen Unternehmen, deren Gründer und Gesellschafter sich, wie leicht zu erkennen ist, denselben oder doch im wesentlichen übereinstimmenden Idealen verpflichtet fühlen und ihre Verpflichtung in die Tat umgesetzt haben. Es ist eindrucksvoll zu sehen, wie das sozialpolitische Engagement einzelner – einiger weniger, wie hinzugefügt werden muß – ins Werk gesetzt hat, was dem Staat als gesellschaftspolitisches Programm im großen nicht – vielleicht noch nicht – zu realisieren gelungen ist. Ich sehe es hier als meine Aufgabe an, einen allerdings nur ganz vorläufigen, eher extemporierten Versuch zu unternehmen, die *gemeinsamen Bedingungen* zu erfassen, *unter denen diese Unternehmen entstehen konnten* und von denen ihr *fortdauernder Erfolg in der Zukunft abhängt.*

Mir scheint, es handelt sich zunächst regelmäßig um Unternehmen begrenzter Größe, die zudem, sobald eine bestimmte Größenordnung überschritten ist, durch Untergliederung kleinere Einheiten schaffen. Anscheinend setzt die gleichberechtigte Kooperation aller Arbeitnehmer trotz verschiedener Qualifikation starke informelle Beziehungen voraus. Gemeinsames Kennzeichen scheint mir weiter die durchweg ungewöhnlich hohe Personalintensität zu sein, die darauf beruht, daß das Produkt des Unternehmens überdurchschnittlich hohe fachliche Qualifikation und Kreativität der Mitarbeiter verlangt. So ist mir fraglich, ob sich die Modelle auch als Muster für Unternehmen eignen, in denen Serienproduktion oder weithin stereotypische Dienstleistungen anfallen.

Als weiteres Element möchte ich hervorheben, daß in allen Fällen von den Eigentümern und Unternehmensleitern, nicht weniger aber auch von den Mitarbeitern gewisse Verzichte auf Rechtspositionen und Statusmerkmale verlangt werden, welche das geltende Recht und die generell anerkannte Unternehmenskultur gewähren. Die Auswahl der Mitarbeiter muß von vornherein nicht nur auf die fachliche Qualifikation achten, sondern sich auch danach richten, ob die Betreffenden zu der geforderten Art der Zusammenarbeit und zur Übernahme der damit verknüpften Risiken fähig und bereit sind. Sie kann dies auch, weil eben nur eine begrenzte Zahl von Mitarbeitern benötigt wird. Damit soll freilich nicht gesagt werden, daß es nicht

viele geben kann, welche bereit wären, dies zu lernen, vor allem, wenn eines Tages Mitarbeiterunternehmen nicht mehr nur singuläre Erscheinungen sein sollten.
Aus den Beiträgen gehen auch die *Probleme* hervor, mit welchen die Mitarbeiterunternehmen zu ringen haben. Dabei möchte ich nicht im einzelnen auf die Schwierigkeiten eingehen, die jeweils angemessene Führungs- und Organisationsstruktur zu finden, die wohl nirgends ganz ohne hierarchische Elemente auskommt, diese freilich zum Teil den informellen Prozessen überlassen kann. Reibungen gibt es offenkundig mit dem geltenden Recht, namentlich dem Steuerrecht. Offen und prekär sind weiter die Beziehungen zu den Gewerkschaften und dem Tarifvertragssystem. Mehrfach ist deutlich geworden, daß sich die Mitarbeiterunternehmen den davon ausgehenden Zwängen mindestens teilweise entziehen müssen. Eine genauere Beurteilung von Chancen und Gefährdungen der Unternehmensform müßte diese Punkte wesentlich vertiefen.
Allem voran steht aber die Frage, ob die Mitarbeiterunternehmen sich langfristig im Wettbewerb behaupten können und unter welchen Bedingungen dies der Fall ist. Sollte sich herausstellen, daß sie auf Vergünstigungen und Subventionen angewiesen sind, um überleben zu können, so wäre es pure Sozialromantik, sich nur um der sozialpolitischen Idee willen hinter sie zu stellen. Es könnte leicht sein, daß die hier vorgestellten, erfolgreichen Unternehmen insofern ein falsches Bild vermitteln. In eine Gesamtbeurteilung müßten jedenfalls die gescheiterten Beispiele mit einbezogen werden.

IV.

Ich habe auf die gesetzliche Mitbestimmung und ihre ideellen Hintergründe so ausführlich hingewiesen, weil ich damit deutlich machen wollte, daß es nicht genügt, die Mitarbeiterunternehmen isoliert zu betrachten, jedes für sich als kleine, exotische, faszinierende Insel in einem Ozean von Kapitalismus. Die in ihnen verwirklichte Idee, die Antinomie von Kapital und Arbeit zu überwinden, Menschenwürde, Freiheit, Persönlichkeitsentfaltung, Verantwortlichkeit für alle gleich zu achten, die Demokratie auch im gesellschaftlichen und wirtschaftlichen Bereich zu verwirklichen, enthält ein *sozialpolitisches Programm* größter Dimension.
Nach den immensen Anstrengungen der 60er und 70er Jahre ist die Mitbestimmungsidee in der öffentlichen Meinung und der Politik gegenwärtig tot. Die Mitbestimmungsgesetze werden praktiziert und scheinen leidlich zu funktionieren; jedenfalls sind Schäden und

Nachteile für die deutsche Wirtschaft, welche sich auf sie zurückführen ließen, bislang nicht nachgewiesen worden.
Indessen haben weder die Gewerkschaften noch die Arbeitgeber die in ihnen zum Ausdruck gelangten Ideen bisher voll akzeptiert. Gegenwärtig befinden wir uns in einer Phase des konservativen »roll back« und einer Konfrontation zwischen den Gewerkschaften auf der einen, Arbeitgebern und Bundesregierung auf der anderen Seite, wie sie seit langem nicht mehr dagewesen war.
Doch wird man davon ausgehen müssen, daß die Mitbestimmung eines Tages als gesellschaftliches und gesetzgeberisches Programm wieder auf der Bildfläche erscheint. Dann wird wiederum nicht nur ihre ideelle Rechtfertigung, sondern auch ihre Funktionsfähigkeit auf den Prüfstand gestellt werden. Für diesen Zeitpunkt Erfahrungen zu sammeln und bereitzuhalten, darin liegt jenseits aller bewundernswürdigen Einzelbeispiele der gesellschaftspolitische Auftrag der Mitarbeiterunternehmen, über die wir hier sprechen.

Karl Heinz Fischer

SWA Spinnerei und Weberei Augsburg GmbH, Augsburg

Meine sehr verehrten Damen und Herren,
bitte, entschuldigen Sie, wenn ich – trotz Zusage – das Referat nun doch nicht persönlich halten kann. Wie das in mittelständischen Betrieben so sein kann, zwang mich ein kurzfristiger, nicht verschiebbarer Kundenbesuch im Ausland zur Absage. Herr Lezius ist so freundlich und springt für mich ein. Herr Lezius, vielen Dank für Ihr Entgegenkommen und Ihnen, meine sehr verehrten Damen und Herren, für Ihr Verständnis.
Bevor ich versuche, auf das Thema mehr einzugehen, möchte ich Ihnen etwas zur Firma sagen, bei der ich seit eineinhalb Jahren als Geschäftsführer tätig bin. Die Firma SWA – die Abkürzung steht für Spinnerei und Weberei Augsburg – gehört mit zu den ältesten deutschen Textilunternehmen. Gegründet 1837 – ein Unternehmen mit Tradition? Seit ihrer Gründung wurde die Firma als AG geführt. In den Jahren um 1970 fanden gezielte Aktienaufkäufe statt. Die Aktienmehrheit hatte schließlich der Baustoff-Händler Glöggler erworben. Warum?
Die Antwort liegt bei den nicht betriebsnotwendigen Grundstücken und Gebäuden. Und die SWA verfügte darin über ein riesiges Areal.

Von den Banken wurden auf Grund dieser Sicherheiten großzügig Darlehen gewährt. Mit diesen Darlehen kaufte Herr Glöggler neue Aktiengesellschaften, die alles eines gemeinsam hatten – viele Quadratmeter nicht betriebsnotwendiger Grundstücke und Gebäude und niedrige Aktienkurse. Innerhalb kürzester Zeit war Herr Glöggler Eigner der größten Textilgruppe Deutschlands mit einem Umsatzvolumen von rund 500 Millionen.
Für die Textilindustrie begann die große Krise um 1972 und dauerte bis 1982. In dieser Zeit halbierte sich die Anzahl der Unternehmen und der Beschäftigten. Auch die Glöggler-Gruppe kam in diesen Strudel und brach Ende 1975 zusammen; aber mehr wegen ihrer finanziellen Transaktionen, als aus ihrer eigentlichen Geschäftstätigkeit. Die SWA mußte Konkurs anmelden. Vom Konkursverwalter wurde die Firma acht Jahre geführt. Während der Konkurszeit kam ein erneuter Tiefschlag in der Form, daß die Bank, die die Grundpfandrechte besaß, diese – etwas salopp gesagt, für 'nen Appel und 'nen Ei – an einen – wie sich später herausstellte – Spekulanten verkaufte. 1984 kam es zur Neugründung als GmbH.
Die Grundpfandrechte mußten für ungefähr das Doppelte von dem Spekulanten erworben werden. Die Mitarbeiter – 550 Beschäftigte – haben ihren Anteil aus dem Sozialplan, den der Konkursverwalter bei Auflösung ausbezahlen hätte müssen, gepoolt und als Eigenkapital in die neue GmbH eingebracht. Unser Eigenkapital-Anteil liegt bei 30 Prozent der Bilanzsumme. Der Eigenkapital-Anteil der Mitarbeiter beträgt 87 Prozent.
Meine sehr verehrten Damen und Herren,
Sie ersehen daraus, daß auch hier Menschen Wirtschaft gemacht haben. Zum einen im positiven Sinn (Arbeitnehmer/Konkursverwalter), zum anderen im negativen (Kapital), aber diese Vorgeschichte war notwendig, um auf unsere Unternehmenskultur eingehen zu können.
Aus meinen Ausführungen ersehen Sie, daß ich eigentlich der falsche Referent für dieses Forum bin, weil wir nämlich gar keine Unternehmenskultur mehr haben – oder doch? Nach all diesen Vorkommnissen müssen wir uns diese erst wieder mühevoll aufbauen. Sicher ist eine Unternehmenskultur vorhanden, aber eine ungewollte, und die ist doch sehr stark geprägt durch die äußeren Einflüsse und sozialpsychologischen Abläufe während der zurückliegenden Jahre.
Denn der Arbeitnehmer hat nach diesen Ränkespielen des Kapitals
- kein großes Vertrauen in die Macher
- sämtliche Wechselbäder in Sachen Gefühlsleben hinter sich (verliere ich meinen Arbeitsplatz oder nicht, geht es weiter oder nicht, und das über 10 Jahre hinweg)

- zum »Schutz« sich ein gewisses »Gleichgültigkeitsgefühl« zugelegt, auch aus der Ohnmacht heraus, doch nichts ändern zu können
- mit der Neugründung das Gefühl bekommen, jetzt ist es geschafft, und sich erst einmal durchhängen hat lassen, was nach jeder Anspannung verständlich ist.

Und er weiß jetzt, daß es doch noch nicht ganz geschafft ist.

Daß darunter der ganze Betrieb mit seinen vielen Einzelfaktoren gelitten hat, dürfte auf der Hand liegen. Und hier versuchen wir jetzt langsam und behutsam eine Unternehmenskultur gemeinsam zu entwickeln und reifen zu lassen. In meinen Augen kann man aber Kultur nicht entwickeln, vielmehr entwickelt sich sie selbst über einen Zeitraum hinweg. Deshalb würde ich anstelle von Unternehmenskultur lieber von Wirtschaftsdemokratie sprechen, aus der sich die Unternehmenskultur unter anderen entwickelt.

Im Augenblick beschäftigen wir uns, unsere Firmenphilosophie zu definieren. Die ersten zwei Sätze daraus lauten:

Wir wollen, daß unser SWA-Modell Erfolg hat. Mit Beharrlichkeit und Entschlossenheit verfolgen wir dieses Ziel.

Es ist ein hartes Stück Arbeit, den Mitarbeitern – aus den Erfahrungen der Vergangenheit heraus – eine neue Identifikation zum Unternehmen zu geben; denn der Mißbrauch, den das Kapital mit den Arbeitnehmern getrieben hat, sitzt tief. Hier ist es vielleicht an der Zeit zu sagen, daß ich weder Gewerkschaftsmitglied bin, noch einem linken Flügel einer Partei angehöre – ich stehe ziemlich weit rechts. Das, was die Kapitalseite über Jahre den Mitarbeitern zugemutet hat, hätte die Kapitalseite selbst sich nicht zugemutet.

Deshalb ist in unserer Wirtschaft höchste Zeit für die Erkenntnis, daß Menschen im Betrieb das wichtigste Kapital sind, über das ein Betrieb verfügt. Wenn wir lernen, mit den Menschen im Betrieb so behutsam umzugehen wie mit dem Geld, haben wir schon einen großen Sprung zur Demokratisierung in der Wirtschaft getan.

Schauen Sie, die Textilindustrie ist diejenige Industrie, die einem irrsinnig hohen Konkurrenzdruck ausgesetzt ist, sei es von Entwicklungsländern, Staatshandelsländern und durch die große Textilindustrie der EG. Wir können es uns gar nicht mehr leisten, auf den Rohstoff Geist unserer Mitarbeiter zu verzichten, um nicht ins Hintertreffen zu kommen. Wir bekommen keine Forschungsmilliarden, und auch alle Regierungen in Deutschland sehen die Textilindustrie als nicht schützenswert. Mit welchem Geld sollen auch die Länder, in die Deutschland exportiert, die neuesten Technologien bezahlen?

Unsere einzige Chance ist, die Ressourcen voll auszuschöpfen, die bei unseren Mitarbeitern liegen, indem wir die Arbeit freier und le-

benswerter gestalten, die Mitarbeiter in die Entscheidungsprozesse mit einbeziehen, um den nackten Existenzkampf zu überstehen, die Produktivität zu erhöhen, den Ausschuß zu verringern und so weiter. Probleme, die auf andere Industrien sicher erst noch zukommen.
Wir bei der SWA stehen damit erst am Anfang. Wir setzen da wieder auf, wo die Unternehmenskultur am weitesten entwickelt war, nämlich in der Zeit des Konkurses, als die Grundpfandrechte verkauft wurden. Hier entwickelte sich eine Unternehmenskultur, die Mitarbeiter standen geschlossen hinter der Firma nach dem Motto »und jetzt erst recht«. Die Produktivität, der Krankenstand, die Qualität, kurz gesagt: alles stimmte.
Die Gespräche mit den Abteilungsleitern, den Betriebsräten, den Gruppenleitern und den Mitarbeitern werden zusehends besser und ergebnisorientierter. Die Arbeitnehmer, die Vorgesetzten erkennen, daß der Mensch im Betrieb nicht Roboter ist, sondern ein Individuum und daß dies respektiert wird. Auch wenn bei uns die Mitarbeiter zu 87 Prozent am Eigenkapital beteiligt sind, sind wir genauso ein Unternehmen wie jedes andere auch. Geschäftsführer haben das Sagen und die Verantwortung. An der Geschäftsleitung liegt es aber auch, die Demokratisierung des Wirtschaftslebens anzustreben und in den Betrieb hineinzutragen.
Meine sehr verehrten Damen und Herren, ich hätte Ihnen gerne gesagt, was wir für eine blühende Unternehmenskultur haben, aber ich glaube, daß Ihnen unsere Entwicklung Beispiel war, wie es nicht sein sollte, wie es aber gemacht werden könnte. Dies ist keine Frage, ob Mitarbeiter-Unternehmen oder nicht, sondern eine Frage der Einsicht, des Wollens und der Zukunftssicherung des Unternehmens.
Ich danke Ihnen!

Norbert Heßbrüggen

Emag Maschinenfabrik GmbH, Salach/Süssen

Vorstellung des Unternehmens

EMAG ist Hersteller von CNC-gesteuerten Drehautomaten, also komplizierten Werkzeugmaschinen, umgeben von sehr viel Automation. Wir liefern Einzelmaschinen mit Werten von 500 000 DM aufwärts bis zu kompletten Anlagen bis 40 Millionen DM. Sämtliche Produkte sind elektronisch gesteuert; flexible Fertigungssysteme,

von Computern überwacht. Mit einem modernen Wort: Wir produzieren Hochtechnologie.
Unsere Produkte gehen in die ganze Welt; mindestens 65 Prozent in den Export. Die wichtigsten Exportländer sind der EG-Raum, Skandinavien, USA, UDSSR, Polen, Jugoslawien. Wir beschäftigen weltweit etwa 950 Mitarbeiter; in unseren Werken in Deutschland 600, in Frankreich 150 und in Spanien 180; der Rest ist in unseren Vertriebsgesellschaften in USA, Großbritannien, Italien und in Deutschland tätig. Unser Umsatz beträgt rund 180 Millionen DM.
Die EDV ist in unserem Unternehmen in allen Bereichen eine Selbstverständlichkeit. Wir verfügen über mindestens 180 Bildschirmarbeitsplätze. Auch unsere Tochterfirmen im In- und Ausland arbeiten mit dem gleichen System und sind je nach Entfernung On-Line verbunden. Für unsere Mitarbeiter ist der Computer als Hilfsmittel genauso selbstverständlich wie das Telefon.
Ende 1969 kam ich als Technischer Leiter in eine damals sehr kleine EMAG mit rund 50 Mitarbeitern und einem Umsatz von 2,5 Millionen DM. Die Firma war zu der Zeit eine Familiengesellschaft; der Geschäftsführende Gesellschafter schon sehr alt und hatte keinen geeigneten Nachfolger.
Anfang 1975, bei einem Umsatz von 15 Millionen DM und etwa 150 Mitarbeitern, gründeten rund 80 Mitarbeiter der EMAG eine Beteiligungs-Gesellschaft, die wir BGS (Beteiligungsgesellschaft des bürgerlichen Rechts, Salach) nannten. Die Gesellschaft hatte ein Kapital von etwas mehr als einer Million DM. Dieses Geld wurde zur Kapitalerhöhung innerhalb der EMAG verwendet, und die BGS erwarb damit eine qualifizierte Mehrheit an der EMAG. Ich wurde Geschäftsführer, und die Familiengesellschafter zogen sich aus dem aktiven Geschäft zurück. Sie sind seither mit rund 49 Prozent beteiligt.
Seit 1975 haben wir unseren Umsatz verzwölffacht und verzeichnen ein Durchschnittswachstum seit dem Eintreten der BGS von 25 Prozent. Dies erfolgte in einem Markt, der einem starken Verdrängungswettbewerb ausgesetzt ist, umsatzmäßig jahrelang stagnierte und seit 1975 etwa 30000 Arbeitsplätze verlor. Die Branche beschäftigt heute etwa 80000 Menschen bei einem Beitrag zum Bruttosozialprodukt von etwa 13 Milliarden DM.

Unternehmenskultur – der soziale Konsens

Wenn der Begriff Kultur die Summe der Selbstverständlichkeiten umfaßt, dann erlauben Sie mir sicherlich, ganz einfach über diese Selbstverständlichkeiten in unserem Unternehmen zu berichten:

Ein Mitarbeiterunternehmen zu sein, gibt zumindest die Richtung der Unternehmenskultur vor, und das heißt im wesentlichen mehr Eigenverantwortung. Paßt dazu auch noch das hergestellte Produkt, wird dieser Effekt verstärkt. Unser Produkt in seiner Komplexität kann nur mit sehr viel Eigenverantwortung aller daran Mitarbeitenden gut sein. Fleiß, neue Ideen, Mut, Präzision, Kommunikationsfähigkeit und Durchhaltevermögen sind die Tugenden, die viele unserer Mitarbeiter auszeichnen. Das Zurückstellen der eigenen Eitelkeit, dem anderen Erfolg gönnen, ist inzwischen erlebte Wirklichkeit; nicht unbedingt recht haben wollen, sondern zuhören können, wird geübt. Wer die Idee eines anderen verwirft, ohne sie anzuhören, bekommt die gelbe Karte. Dieses Verhalten haben viele Mitarbeiter gelernt in Wertanalyse-Grundseminaren, nicht damit alle in der Wertanalyse tätig sind, sondern um in ihnen diese Denkungsart zu wekken.
Wir versuchen, die zahlreichen sachlichen Probleme ohne viel Emotionen zu lösen, und bewahren uns unsere Emotionen für die Menschen. Wer sich über einen Fehler, den er gemacht hat, ärgert, wird getröstet, wem es egal ist, muß aufgerüttelt werden. Arbeiten ohne Demütigung öffnet die Wege nach oben. Man kann mit jedem sprechen, es gibt keine großen Barrieren – außer Zeitmagel natürlich –, und Konflikte werden soweit wie möglich ohne Sieger und Besiegte ausgetragen.
Vorgesetzte müssen bei uns Vorbild sein, dies sowohl fachlich als auch menschlich. Wir versuchen, aus informellen Leadern formelle zu machen. Bei der kleinsten Einheit in der Hierarchie – der Gruppe – ist uns dies weitgehend gelungen. Unsere Führungskräfte haben gelernt, daß derjenige, der führen will, hinter den Menschen gehen muß, wie zum Beispiel ein guter Kompanieführer bei einem Überlandmarsch. So sieht er den Soldaten, der humpelt, wenn dieser sich unbeobachtet wähnt, und kann ihm seinen Rucksack tragen helfen.

Leistungsorientierte gerechte Lohnfindung

Wir haben ein – wie wir es nennen – dreibeiniges Lohnsystem:
1. der möglichst leistungsgerechte, an den Tarifen orientierte Monats- oder Stundenlohn
2. ein Investivlohn, 10 Prozent des Jahresgewinns vor Steuern, der pauschal versteuert und an alle in gleicher Höhe ausbezahlt wird, verbunden allerdings mit dem Zwang zur Einlage in das Unternehmen
3. eine monatliche Erfolgsbeteiligung nach einem Punktesystem. Dieses System ist sehr stark leistungsbezogen und so gestaltet, daß

zwischen 10 und 80 Punkte vergeben werden. Die Hilfskraft erhält als Ausgangsbasis 10 Punkte, der Bereichsleiter 80. Zu dieser Grundpunktzahl gibt es Multiplikatoren, die sich danach richten, wie groß der Beitrag zur Erfolgsmaximierung ist oder unter welchen schwierigen Umständen der einzelne Mitarbeiter arbeiten muß. Dabei wird stark berücksichtigt, ob jemand häufig an Wochenenden auf Reisen ist, zum Beispiel Verkäufer und Monteure, ob jemand Überstunden bezahlt bekommt oder nicht, und ob jemand in der Schicht arbeitet.
In der Praxis bewegt sich diese Erfolgsbeteiligung zwischen 30 und 1000 Punkten. Die Punkte werden mit einem Geldfaktor multipliziert. Die durchschnittlichen Geldfaktoren pro Jahr schwanken bis jetzt zwischen 10,00 und 20,00 DM.
Die Bewertung eines jeden Mitarbeiters führt der direkte Vorgesetzte durch, also für den Arbeiter der Gruppenführer, für den Gruppenführer der Meister, und so weiter. Zu einer solchen Bewertung wird ein Gespräch mit dem Betroffenen geführt, zumindest im Falle einer Abwertung. Der mittelbare Vorgesetzte hat normalerweise kein Recht, in die Bewertung einzugreifen, er kann allerdings bei Ungerechtigkeiten zum Beispiel mit allen seinen Gruppenführern eine gewisse Verhältnismäßigkeit in den einzelnen Gruppen in einem Gespräch erarbeiten.

Arbeitszeitregelung

Angenehme Arbeitszeit:
40-Stunden-Woche mit flexiblem Arbeitsbeginn zwischen 7.00 und 8.00 Uhr morgens und Arbeitsende zwischen 16.00 und 17.00 Uhr, aber acht Stunden pro Tag, keine Gleitzeit.
Unangenehme Arbeitszeit:
37-Stunden-Woche in Schicht, von 6.00 Uhr morgens bis 22.30 Uhr, freitags bis 20.30 Uhr, um den Abend noch nutzen zu können; keine flexible Arbeitszeit. Die Frühschicht arbeitet 40 Stunden, die Spätschicht 34 Stunden. Diese Regelung wurde nach Einführung der 38,5-Stunden-Woche als Regelarbeitszeit mit dem Betriebsrat ohne Probleme vereinbart.

Bezahlte Kommunikation

Schichtwechsel

In den meisten Bereichen arbeiten wir in Doppelschicht- oder sogar 3-Schicht-Betrieb. Hier ist der Übergang von einer Schicht zur anderen ein schwieriges Problem. Unsere Produkte sind – wie gesagt – sehr komplex, und keine Gruppe darf der anderen die Schuld für begangene Fehler zuschieben. Aus diesem Grund haben wir bezahlte Übergangszeiten – für die Arbeiter von 10 Minuten, für die Gruppenführer von 30 Minuten und für die Meister von einer Stunde. In dieser Zeit sollen Probleme besprochen werden, so daß eventuell die Gruppe der nachfolgenden Schicht bestehende Fehler beheben kann. Diese Zeit darf auch teilweise zu einem freundschaftlichen Schwatz benutzt werden.

Kaffee-Ecke

In jedem größeren Raum gibt es eine sogenannte Kaffee-Ecke, die aus einer gemeinsamen Kaffeekasse finanziert wird. Die Benutzung und die meist damit verbundene Plauderei kostet das Unternehmen natürlich Geld. Daraus ist eine einigermaßen akzeptierte Selbstverständlichkeit geworden, am Abend ein paar Minuten länger zu arbeiten, um diese Zeit auszugleichen. Obwohl wir total computerisiert sind, gibt es bei uns keine Stempeluhr, außer für Stundenlöhner. Man trägt sich in Listen ein und aus.

Der Mitarbeiter und seine Arbeitswelt

Mut zur Entscheidung und Initiative

Unsere Monteure und Verkäufer sind unsere Repräsentanten beim Kunden. Sie erleben häufig noch nie dagewesene Situationen, in denen sie entscheiden müssen. Unser Prinzip ist, daß unsere Mitarbeiter vor Ort Antworten geben sollen und im Regelfall nicht zurückfragen; denn wir meinen, daß dadurch ihre Kompetenz untergraben und bei einem nächsten Gespräch oder Einsatz der Nächsthöhere angefordert würde. Eine solche Situation zu meistern, erfordert Mut, vielleicht einen Fehler zu machen, und das Wissen, auch mit einer falschen Entscheidung heimkommen zu können.
Ein nettes Beispiel für Mut zur Initiative erlebte ich während der letz-

ten Werkzeugmaschinen-Ausstellung in Hannover im Herbst vergangenen Jahres, als unsere Monteure gemeinsam mit den Monteuren unseres wichtigsten Konkurrenten ein Gespräch zwischen den Geschäftsleitungen arrangierten. Wahrscheinlich wäre ein solches Gespräch auch ohne diese Initiative zustande gekommen, aber es war erfreulich zu erleben, wie ich von meinen Mitarbeitern immer wieder gefragt wurde, ob das Gespräch jetzt endlich stattgefunden hätte.

Viele neue Ideen

Es vergeht eigentlich keine Woche, in der nicht Mitarbeiter zu uns kommen mit der Frage, ob wir das oder jenes nicht patentieren lassen können. Dies ist in einer Industrie, die weit über 100 Jahre alt ist, keine Selbstverständlichkeit. Oft müssen wir unsere »Erfinder« damit trösten, daß eine Erfindung, die zum zweiten Mal erfolgte, die geistige Leistung nicht schmälert.

Gruppenunterricht

Wir haben gerade begonnen, eine neue Art des Gruppenunterrichts einzuführen, um das Wissen über unser Produkt und die zu vollbringenden Arbeiten der jeweiligen Gruppe zu verbessern. Dieser Unterricht wird von unseren Verkäufern, Konstrukteuren, Kontrolleuren, AV-Mitarbeitern zusammen mit den Gruppenführern durchgeführt. Die kleine Gruppe diskutiert und erarbeitet Verbesserungsvorschläge. Viele sind entsprechend ihrer Aufgabe einmal Lehrer und einmal Lernende.

Der Einzelne in der notwendigen Betriebshierarchie

Wir benutzen nie das Wort »unterstellt«, sondern wie in den USA üblich – »he reports to XY« – sagen wir: »Er berichtet Herrn XY« oder »er ist Herrn XY verantwortlich«.

EMAG und ihr Umfeld

Gewerkschaft–Betriebsrat

Die regionale Gewerkschaft war am Anfang neutral, die überregionale sehr negativ. In der Zwischenzeit hat sich das gewandelt in neutral bis positiv.
Betriebsrat und Geschäftsführung verhandeln harmonisch und ohne Konfrontation miteinander. Wir fühlen uns manchmal wie auf einer Insel. Unser Betriebsrat weiß, daß eine Aussperrung in unserem Unternehmen undenkbar ist, und das weiß auch unser Arbeitsgeberverband. Bis jetzt gab es noch nie einen Streik bei uns. Generell wage ich nicht zu sagen, daß er undenkbar ist, aber in jedem Fall schwierig zu verwirklichen. Was das Verhältnis zu unserem Betriebsrat angeht, kann ich sicherlich sagen, daß es in unserem Unternehmen kaum Spannungen zwischen Kapital und Arbeit gibt.

Ausbildungsplätze an Familienangehörige

In unserem Betrieb gibt es etwa 50 Ausbildungsplätze, diese werden vorzugsweise an Kinder von Mitarbeitern vergeben, natürlich nur bei ordentlicher Qualifikation. Dies bringt zwar auch Probleme, aber die Vorteile überwiegen. Unsere Mitarbeiter haben das Gefühl, daß ihr Unternehmen ihnen auch bei der schwierigen Suche nach einem Ausbildungsplatz hilft.

EMAG im Vereinsleben

Unsere Mitarbeiter sind sehr oft Mitglieder in den verschiedensten Vereinen. Hier sind sie Vermittler für kleine Spenden, Geschenke für Tombolas, Anzeigen in den Festschriften, und ähnliches. Unser Kreisklassen-Fußballverein in Salach trägt »EMAG-Trikots«.
Die großen Unternehmer sind oft große Mäzene, warum sollen kleine Unternehmer nicht kleine Mäzene sein. Dies gibt unseren Mitarbeitern das Gefühl, daß sie etwas bewirken können.

Schlußbemerkung – oder »Wo Licht ist, ist auch Schatten«

Sie werden jetzt sicherlich insgeheim denken, daß ich Ihnen hier eine heile Arbeitswelt vorführe, die es gar nicht gibt. Natürlich ist das, was

ich Ihnen vorgetragen habe, nicht auf den ganzen Betrieb gleichermaßen anwendbar. Wenn ich versuche, unsere Belegschaft einzugruppieren, ergibt sich etwa folgendes Bild: Für ein Drittel der Belegschaft gelten meine Aussagen uneingeschränkt. Ein weiteres Drittel wird durch das erste Drittel mitgezogen und ist dadurch positiv beeinflußt. Das letzte Drittel verhält sich dem Ganzen gegenüber neutral, nutzt die Vorteile und engagiert sich sicherlich nicht mehr als in irgendeinem anderen Betrieb.
Wenn die Harmonie im Betrieb gestört wird, liegen die Probleme im zu schnellen Wachstum und den daraus resultierenden Schwierigkeiten. Damit sind sie hausgemacht und von uns Verantwortlichen verursacht. Unsere Mitarbeiter schimpfen dann und mahnen uns, doch etwas langsamer voranzuschreiten, aber sie haben uns noch nie im Regen stehen lassen. Wir haben auch gelernt; denn unsere Zuwachsraten sind kleiner geworden.

Zukunftsperspektiven der Berufstätigkeit

Professor Dr. Friedrich Fürstenberg
Ruhr-Universität, Bochum

Ausgangspunkt soll die These sein, daß Unternehmenskultur in Deutschland ganz wesentlich auf einer traditionell verankerten Berufskultur beruht, die Leistungsmotivation und -qualifikation prägt. Sie befindet sich in einem umfassenden Strukturwandel. Hiervon gehen auch entscheidende Impulse zur zukunftsorientierten Auseinandersetzung mit herkömmlicher Unternehmenskultur aus. Kernproblem ist das Leitbild des relativ dauerhaften und selbständigen Tätigkeitsfelds im Sinne eines eigenverantwortlich zu gestaltenden Handlungsspielraums, den der unternehmerisch Tätige ebenso beansprucht wie jeder qualifiziert Berufstätige. Denn erst auf dieser Basis ergibt sich freiwillige Kooperation durch gemeinsame Problemlösung. Die Verkennung oder Geringschätzung dieser Zusammenhänge beruht auf einer einseitigen, nur an wirtschaftlichen und technischen Aspekten orientierten Betrachtungsweise, die den tatsächlichen Arbeitsvollzug des Menschen nicht hinreichend ernst nimmt. Dadurch entsteht die Gefahr der Fehlrationalisierung, auch aus gesellschaftspolitischer Sicht: Die Leistungsorganisation kann ihr eigenes Fundament, die Leistungsfähigkeit und -bereitschaft des arbeitenden Menschen, mindern und schließlich vernichten.

Das Leitbild der Berufsgesellschaft

Immer wieder ist darauf hingewiesen worden, daß unsere moderne Arbeitswelt auf Werthaltungen beruht, die ihren Ursprung in vorindustriellen Leitbildern haben. Hierzu gehört die verpflichtende Überzeugung, daß alle leistungsfähigen Menschen arbeiten müssen, sollen und schließlich auch wollen. Der Zwang zur Arbeit ergibt sich aus der Notwendigkeit, die Mittel für den Lebensunterhalt selbst zu erwerben. Die Pflicht zur Arbeit wird aus Norm- und Wertvorstellungen abgeleitet, denen Arbeit als Grundlage einer sinnvollen Daseinsordnung gilt. Die Bereitschaft zur Arbeit ergibt sich nicht nur aus der bloßen Hinnahme dieser Rahmenbedingungen, sondern auch aus der Überzeugung, durch Eigenleistung persönliche Lebensziele erreichen zu können. Für den europäischen Kulturzusammenhang sind zwei Entwicklungen charakteristisch: Die Institutionalisierung von Arbeit als zentraler Lebenswert innerhalb einer umfassenden Berufsidee und die allmählich sich verstärkende Tendenz, den Zwangscharakter der Arbeit zugunsten ihres Selbstbestimmungspotentials zu verringern.

Schon in der ständischen, vorindustriellen Gesellschaft prägte auf Dauer angelegte und entsprechend qualifizierte Erwerbstätigkeit als Beruf die wichtigsten Lebensumstände. Berufstätigkeit wurde als Pflichterfüllung beziehungsweise Dienst vor Gott religiös überhöht. Auch nach der Säkularisierung dieser Idee blieb ein individualisierender und ganzheitlicher Bezug der Arbeit als Beruf zur Lebenswelt: Wilhelm Meister in Goethes bekanntem Entwicklungsroman verwirklicht sich durch Berufstätigkeit umfassend als Mensch mit allen seinen wesentlichen Anlagen.

Im Gegensatz zu dieser idealistischen Bewußtseinsprägung entwickelte sich allerdings die Realität der Arbeitswelt im Zuge des Industrialisierungsprozesses. Fortschreitende Arbeitsteilung und Marktbindung der Arbeitsleistung stellten Arbeit in zunehmend zweckrational funktionalisierte Verwertungszusammenhänge. In dem Maße, in dem Arbeit nutzenoptimierend rationalisiert wurde, wurde der arbeitende Mensch sich seiner rational begründbaren Interessen bewußt.

Aber die Dynamik der Arbeitswelt und ihrer Ausstrahlung auf die gesamte von ihr geprägte Gesellschaft ist bis in die Gegenwart hinein wesentlich bestimmt durch den Widerspruch zwischen dem Berufsideal, dem sich in seiner Arbeit frei verwirklichenden Menschen, und der Arbeitswirklichkeit, dem von technischen und ökonomischen Zwängen bestimmten Verwertungszusammenhang. Man kann ohne Übertreibung feststellen, daß Grundstrukturen der modernen Gesell-

schaft, wie zum Beispiel Systeme der sozialen Sicherung, der interessenorientierten Aushandlung des Arbeitsergebnisses in Tarifverträgen und Betriebsvereinbarungen, der Ausweitung betrieblicher Sozialpolitik zur sozialen Unternehmenspolitik mit Einschluß der Mitbestimmung, aber auch der Partnerschaftsmodelle, sowie der umfassenden Bemühungen um eine Humanisierung der Arbeitsbedingungen auf diesen nachhaltig erlebten Widerspruch und Versuche zu seiner Überwindung zurückzuführen sind. Die bisherige Berufsgesellschaft war eben stets mehr als das Produkt bloßer Notwendigkeit. Sie war das auf Eigenleistung und Selbstverwirklichung im sozialen Zusammenhang aufbauende Gegenbild zu einer Gesellschaft der Privilegien, in der Müßiggang als Statussymbol gelten konnte und bloße Repräsentation schon als gesellschaftlich nützlich galt. Vor diesem Hintergrund muß auch die gegenwärtige Diskussion über den Strukturwandel der Arbeit und der Berufe gesehen werden.
Es ist nun zu fragen, welche Indikatoren des sozialen Wandels die Stabilität und damit auch die Zukunft der am Berufsleitbild orientierten Tätigkeit fragwürdig erscheinen lassen. Und es ist auch zu ermitteln, auf welche Beurteilungskriterien sich das Ausmaß der geäußerten Skepsis stützt.

Indikatoren des Strukturwandels

1. Arbeitsmenge

Unter dem Motto »Der Arbeitsgesellschaft geht die Arbeit aus« wird der Verlust der Vollbeschäftigung in den fortgeschrittenen Industrieländern, verbunden mit dem Phänomen der Dauerarbeitslosigkeit, als Indikator eines tiefgreifenden Stukturwandels viel diskutiert. Es ist aber nicht auszuschließen, daß mittelfristig eine Stabilisierung des gesamtwirtschaftlichen Beschäftigungsniveaus gelingt, wenn auch mit erheblichen Konsequenzen für den individuellen Arbeitseinsatz im lebenszeitlichen Zusammenhang, zum Beispiel »Arbeitsrationierung« in unterschiedlichen Formen.

2. Arbeitsqualifikation

Veränderungen in den qualitativen Beschäftigungsstrukturen lassen keine allgemeine Trendaussage zu, etwa im Sinne einer Stützung der Polarisierungs- oder der Requalifizierungsthese. Es kommt jedoch insbesondere in den von Rationalisierungsmaßnahmen und neuen Technologien beeinflußten Arbeitsbereichen zu wesentlichen Umschichtungen. Sie sind nicht zwangsläufiges Ergebnis technischer Innovation, sondern von Entscheidungen des Managements für oder gegen bestimmte Verteilungsmuster betriebsnotwendiger Qualifikation abhängig. Die am Arbeitsplatz erforderliche Qualifikation hängt mit anderen Worten auch vom Arbeitsplatz-Design im gesamtbetrieblichen Zusammenhang ab. Grundsätzlich wird man aber davon ausgehen können, daß die Verschiebung von physischer zu psychischer und wohl auch intellektueller Beanspruchung, einhergehend mit dem Erfordernis bestimmter Grundhaltungen wie etwa Verläßlichkeit, Verantwortungsbereitschaft und so weiter eine eher intensivere Nutzung des Qualifikationspotentials der Arbeitnehmerschaft nahelegen. Rasche Veränderungen bewirken außerdem Lernzwänge, so daß insgesamt nicht davon die Rede sein kann, daß die Arbeitsanforderungen nachhaltig vermindert werden.

3. Arbeitsteilung

Hinsichtlich der Arbeitsteilung zeichnen sich sehr nachhaltig wirkende Trends ab. Der Einsatz neuer Technologien, insbesondere im Informations- und Steuerungsbereich, verschiebt die Grenze zwischen Menschen- und Maschinentätigkeit. Damit zusammenhängende, zusätzlich aber auch von Marktänderungen beeinflußte Funktionsverschiebungen erweitern den Anteil der Dienstleistungs- gegenüber den Produktionstätigkeiten. Funktionsdifferenzierung und -auslagerung führen zu neuen und neuartigen Tätigkeiten zum Beispiel in den Serviceindustrien. Umfassende Wirtschaftsverflechtungen, auch im internationalen Maßstab, führen gerade auch auf Unternehmens- und Branchenebene zu erheblichen Strukturwandlungen. Zusätzlich zu den herkömmlichen Formen der Arbeitszerlegung, Berufsbildung und Produktionsteilung wird hierbei als neuer Faktor die horizontale Trennung in dominante Kernbereiche der Wirtschaftstätigkeit und hiervon abhängige periphere Bereiche immer bedeutsamer, insbesondere auch für die Art und Bewertung der hier geleisteten Arbeit.

4. Arbeitsorganisation

Als Ergebnis weit fortgeschrittener Arbeitsteilung sind die Arbeitsorganisationen immer komplexer geworden. Sie stellen sich als tech-

nisch-wirtschaftlich determinierte Arbeitssysteme dar, die zunehmend durch soziale Anforderungen modifiziert werden. Neben das Effizienz- und Rentabilitätskriterium tritt das Akzeptanzkriterium. Dieser Vorgang findet seine institutionelle Stütze in den teilweise rechtlich, teilweise kollektivvertraglich verankerten Mitwirkungs- und Mitbestimmungsstrukturen, die zu einer wesentlichen Veränderung der jeder arbeitsbezogenen Organisationsmaßnahme zugrundeliegenden Entscheidungsprozesse geführt haben.
Eine Bedeutungsabnahme des Faktors »Arbeit« ist hieraus jedoch nicht abzuleiten. Im Gegenteil ist festzustellen, daß der personale und soziale, also auf den Menschen bezogene Faktor gegenüber rein funktionalen technischen und wirtschaftlichen Überlegungen eher an Gewicht gewinnt.

5. Das Leistungsprinzip

Betrachten wir Veränderungen in den Kriterien, Abläufen und Ergebnissen der Bewertung von Arbeit, so fällt eine Problematisierung und Neufassung des Leistungsprinzips auf. Leistung ist nur noch begrenzt eine autoritativ festlegbare und individuell zurechenbare standardisierte Qualitäts- und Mengenausbringung. Leistungsnormen werden in der Regel durch Vereinbarung festgesetzt. Die in intellektuellen Kreisen recht intensive Auseinandersetzung mit dem Leistungsprinzip an sich, die zu Zweifeln an der Zeitgemäßheit rigoroser Leistungsanforderungen geführt hat, brachte wenige Veränderungen in der Arbeitswelt. Um so mehr hat sie über den Bildungssektor Einstellungen beeinflußt, die vor dem Eintritt in das Arbeits- und Berufsleben geprägt werden. Offensichtlich nimmt die Arbeitswelt in ihrer Bedeutung als zentraler Lebensbereich allmählich ab zugunsten eines »kommunikativen Lebensstils«, in dem ein individuelles Gleichgewicht zwischen den Lebenssphären angestrebt wird. Arbeitsbereitschaft und insbesondere Arbeitsfreude werden zunehmend an das Erlebnis der Selbstentfaltung beziehungsweise -verwirklichung gebunden. Pflicht- und Akzeptanzwerte wie etwa Fleiß, Genauigkeit, Pünktlichkeit treten demgegenüber etwas zurück.

6. Arbeitsmotivation

Tatsächliche Veränderungen in arbeitsbezogenen Motivationsstrukturen lassen sich allerdings nicht nur auf Sozialisationseinflüsse zurückführen. Es haben sich auch die Grundformen beruflicher Situa-

tionen verändert. Tendenziell an Bedeutung verlieren die persönlich-rationalen Berufe, in denen die Leistung des einzelnen im wesentlichen Lebensleistung auf der Grundlage eines individuellen Erfahrungswissens ist. In überwiegend technisch-wirtschaftlich determinierten und hochrationalisierten Arbeitssystemen, die der einzelne nicht verändern kann, werden sachlich-rationale Berufe dominant. In ihnen muß der Mensch sich mit der Rationalisierung auseinandersetzen und darüber hinaus zur Selbstrationalisierung bereit sein. Die überwiegende Mehrzahl derartiger Arbeits- und Berufssituationen ist außerdem instabil und erfordert sowohl große persönliche Anpassung an wechselnde Arbeitsanforderungen als auch Reaktionen auf das Geschehen am Arbeitsmarkt.
So ist eine funktionelle Arbeits- und Berufsauffassung unvermeidlich, die Arbeit im wesentlichen als Erwerbsquelle ansieht und sich an den jeweiligen Verwertungschancen der persönlichen Kenntnisse und Fertigkeiten orientiert. Dies führt dazu, daß die Betroffenen ihre Arbeit rationaler betrachten. Sie erscheint weniger als Dienst für andere, als Pflichterfüllung, sondern vor allem als ein Mittel zur persönlichen Bedürfnisbefriedigung.
Eine umfassende Sinngebung der Arbeit aus der unmittelbaren Arbeitswirklichkeit heraus ist nur für wenige von den Arbeitsbedingungen her Privilegierte möglich. Für die Mehrzahl der Arbeitenden wäre eine übermäßige rationale Einordnung oder sogar Hingabe an die Arbeit gleichbedeutend mit Persönlichkeitsverarmung beziehungsweise psychischer Ausbeutung. Es ändert sich also der Stellenwert der Arbeitsmotivation in dem Maße, indem die Bestimmung des Lebenssinns von der Arbeit her als problematisch empfunden wird.

7. Freizeitorientierung

Es ist unverkennbar, daß im Verlauf zunehmender Differenzierung der sozialen Lebenswelt die arbeitsbezogenen Strukturen der modernen Gesellschaft in ihrer zentralen Bedeutung relativiert worden sind. Dieser schon seit langem andauernde Prozeß ist direktes Ergebnis des durch moderne Arbeits- und Wirtschaftsstrukturen hervorgerufenen Produktivitätsfortschritts. Er äußert sich in wachsendem Lebensstandard bei Verringerung der Arbeitszeit und auf dieser Basis im allmählichen Aufbau einer persönlichen Lebenswelt im Freizeitbereich.
Konnte man im 19. Jahrhundert noch von einer umfassenden Prägekraft der allerdings sozial differenzierten Berufskultur sprechen, also von Leitbildern des »Arbeiters«, des »Bauern«, des »Beamten« und

so weiter, so sind diese arbeits- und berufsbezogenen Charakterisierungen im 20. Jahrhundert immer weniger aussagekräftig. Die sich herausbildende pluralistische Massenkultur einer industriellen Zivilisation fand zusätzliche Ausprägungen sozialer Differenzierung, zum Beispiel im Bildungs- und Freizeitsektor. Erst in der jüngsten Vergangenheit wird jedoch der Primat der Arbeits- und Berufsorientierung in der öffentlichen Diskussion in Frage gestellt.
Zusammenfassend läßt sich feststellen, daß herkömmliche Vorstellungen von der Berufstätigkeit dadurch in Frage gestellt werden, daß Arbeitsplatzverluste durch Rationalisierung nur begrenzt durch Wachstumsgewinne ausgleichbar sind, daß die Rationalisierungsprozesse eine ständige qualitative und quantitative Umverteilung sowie Neubewertung von Arbeitsfunktionen auslösen, und daß diese Situation auch Auswirkungen auf grundlegende Wertorientierungen des arbeitenden Menschen, auf die Bewertung der Berufstätigkeit im Lebenszusammenhang hat. Die zukünftige Entwicklung ist nicht eine einfache Fortschreibung des beobachteten Trends. Sie hängt wesentlich auch von den Strategien der Beteiligten ab. Sie werden durch situative Herausforderungen ebenso beeinflußt wie durch interessengeleitete Vororientierungen. Es ist also nicht unerheblich auch für die betriebliche und unternehmerische Praxis, in welchem Interpretationszusammenhang Strukturwandlungen der »Arbeitsgesellschaft« wahrgenommen werden.

Alternative Interpretationsmuster

Die unterschiedliche Bewertung arbeitsbezogener Entwicklungstrends kommt in drei Grundmodellen der Zukunftsorientierung zum Ausdruck. Recht medienwirksam ist die *Vorstellung von einem Ende der berufsorientierten Arbeitsgesellschaft.* Sie stützt sich insbesondere auf die Beobachtung ökologischer Wachstumsschranken, das Phänomen der Dauerarbeitslosigkeit und die veränderte Einstellung eines Teiles der Jugend zu Leistung und Arbeit. Hieraus wird gefolgert, daß die Arbeitswelt ihre Bedeutung als zentraler Lebensbereich grundsätzlich allmählich verliert.
Die Annahme, daß dementsprechend Arbeit zunehmend einen nur instrumentalen Stellenwert in der Lebensplanung und -gestaltung einnehmen wird zugunsten alternativer Lebensformen, steht allerdings im Widerspruch zu der Tatsache, daß das Anspruchsniveau des Menschen hinsichtlich seines Arbeitsverhältnisses eher steigt und daß insbesondere Frauen eher vermehrte Chancen zur Erwerbstätig-

keit fordern. Außerdem gibt es selbst bei einer eventuell notwendig werdenden Rationierung der Erwerbschancen einen vielfältigen Arbeits- und Leistungszwang im privaten Bereich. Selbstbedienung und marktunabhängige Eigenleistung nehmen schon jetzt einen erheblichen Teil der arbeitsfreien Zeit im Sinne vorrangig zu erfüllender Pflichten ein, die durchaus Arbeitscharakter haben. So ist das Zukunftsbild einer Bevölkerung, die angesichts eines immens gewachsenen Kapitalstocks in der Mehrzahl ein Rentnerdasein führt, wohl als utopische Vorstellung einzuordnen.
Ein zweites, nicht so weit verbreitetes, aber dennoch im Bereich des Denkbaren liegendes Interpretationsmuster betrifft die *Zurückbildung arbeitsbezogener gesellschaftlicher Strukturen.* Wesentliche Ursache hierfür könnte die mangelnde Bewältigung von internen sowie externen Spannungen und Konflikten sein. In der Tat gibt es Beispiele dafür, daß die Funktionsfähigkeit der modernen »Arbeitsgesellschaft« keineswegs selbstverständlich und in vielfacher Weise sogar gefährdet ist.
Man denke zum Beispiel an die schlagartige Ressourcenverknappung in Form des Ölschocks und an völlig unvorhergesehene Umweltbelastungen. Ein anderes Beispiel ist die in manchen Ländern lang andauernde Lahmlegung von Arbeitsprozessen, ja ganzer Wirtschaftsbereiche durch soziale Konflikte, etwa in der Form von Streiks, wie zum Beispiel im englischen Kohlenbergbau.
Die vielleicht weitreichendsten Störungen gehen aber von unbewältigten Strukturproblemen des Staatshaushalts aus, die die öffentliche Hand zu Ausgabenverlagerungen und -kürzungen zwingen. Ein Beispiel hierfür ist die Lehrerarbeitslosigkeit in der Bundesrepublik Deutschland. Schließlich sei noch an die Vorstellung von einem schicksalhaften Zurückbleiben des europäischen beziehungsweise atlantischen gegenüber dem asiatischen beziehungsweise pazifischen Wirtschaftsraum erinnert, an die sich Regressionserwartungen hinsichtlich der »Arbeitsgesellschaft« knüpfen, insbesondere im Zusammenhang mit der ja schon seit vielen Jahrzehnten diskutierten tendenziellen Abnahme der privaten Investitionsneigung. Aber auch diese eher pessimistischen Erwartungen müssen mit dem Einwand konfrontiert werden, daß von einer grundlegenden Schwächung der fortgeschrittenen Arbeitsgesellschaften nicht die Rede sein kann, ja daß sich die Wohlstandsverschiebungen zu ihren Gunsten und zu Lasten der weniger entwickelten Gesellschaften sogar verstärken.
So bleibt als drittes Erklärungsmuster die *Vorstellung von einer allmählichen Transformation der Berufstätigkeit* durch Umstrukturierung ihrer Grundlagen.

Hierzu können thesenartig einige Trendaussagen gemacht werden:

1. Die erheblich gestiegene Kapitalintensität der Wirtschaftsleistungen bietet jedem arbeitenden Menschen ein gewaltiges technisches Nutzungspotential mit entsprechender Produktivität. Damit einher geht eine gesteigerte Ausbildungsintensität der Arbeitsfunktionen. Hierbei treten Grundfertigkeiten im manuellen Bereich zurück zugunsten vertiefter Kenntnisse über das Zusammenwirken technischer Systeme und sozialorganisatorischer Einsatzbedingungen. Eine besondere Rolle wird die Fähigkeit zum Erkennen von Störgrößen haben, die Quantität und Qualität der Leistung beeinträchtigen.
2. Zunehmende Markt- und dementsprechend auch Nachfragedifferenzierung, einhergehend mit fortdauernden Innovationsimpulsen, führen zu einer gesteigerten Mobilität und Flexibilität der Arbeitsstrukturen. Arbeitsplatz- und Berufswechsel sind nicht mehr Ausnahmeerscheinungen.
3. Aufgrund der hohen Produktivitätsfortschritte wird nur eine Minderheit der Erwerbstätigen im Primär- und Sekundärsektor Beschäftigung finden. Auch im Tertiärsektor haben fortgesetzte Rationalisierungsmaßnahmen die Nachfrage nach menschlicher Arbeit begrenzt. Hingegen expandiert der gegenwärtig schon informell vorhandene, sich in Zukunft aber voll institutionalisierende Quartärsektor. Er wird durch nur begrenzt marktfähige Eigen- und Gemeinschaftsleistungen charakterisiert, wie zum Beispiel in neuen Formen der Hauswirtschaft, der Nachbarschaftshilfe und der Kommunalwirtschaft, die sich insbesondere auf personale, die Lebensqualität von Einzelpersonen und Kleingruppen steigernde Tätigkeiten erstrecken.
4. Entgegen früheren Erfahrungen im Industrialisierungsprozeß findet aber die Umschichtung der Erwerbsbevölkerung zwischen den Wirtschaftssektoren in der Weise statt, daß sich duale Arbeitsverhältnisse herausbilden: In den hochrationalisierten Leistungsgefügen wird bei stark verkürzter, allerdings oft in Schichtsystemen aufgegliederter Arbeitszeit nur ein Teil der Erwerbsarbeit geleistet. Ein anderer Teil findet im Quartärsektor statt und wird teils durch Sachleistungen, teils durch nach neuartigen Verteilungsschlüsseln zugewiesene Geldleistungen entlohnt werden. Es gibt dementsprechend zunehmend eine große Anzahl von Doppelberufen und dementsprechend auch Kombinationen von Austausch- und Subsistenzleistungen.
5. Die simultanen Berufskombinationen werden sich auch zunehmend altersspezifisch differenzieren. Dann kommt es zur Ausprägung von Zweit- und Drittkarrieren, so daß entsprechend den Le-

bensumständen Arbeitsbedingungen und Arbeitsleistungen variiert werden.

6. Diese Flexibilisierung des Berufslebens ist auch unerläßlich, um die Spannungen zwischen einer stark geschrumpften einheimischen Bevölkerung im herkömmlichen Arbeitsalltag und einer stark gealterten Wohnbevölkerung zu überwinden. Außerdem wird entsprechend der wachsenden Freizügigkeit in den wirtschaftlichen Großräumen mit einem zunehmenden Anteil von »ausländischen« Zuzüglern zu rechnen sein.
7. Die fortschreitende Rationalisierung der Leistungssphäre, die erforderlich wird, um insbesondere auch die ökologischen Ressourcen noch planvoller zu nutzen und zu erhalten, ist weiterhin nur schwer in Einklang zu bringen mit den bei wachsender Differenzierung des Gesellschaftslebens auftretenden Sonderinteressen der Bevölkerung und ihren sozio-emotionalen Grundbedürfnissen. Das wirtschaftliche und politische Leben wird dementsprechend geprägt durch eine für Sachlösungen zuständige Expertokratie und ein für den Interessenausgleich zuständiges sozio-technisches Konfliktmanagement.
8. Um sich vom Rationalisierungsdruck der Arbeitswelt zu entlasten, werden nun auch gesellschaftlich sanktionierte Formen alternativer Lebensgestaltung »auf Zeit« propagiert werden. Hierbei handelt es sich letztlich um eine Weiterentwicklung des Konzeptes eines »Bildungsurlaubs«, einer Zeitspanne, in der neue personale, soziale und auch berufliche sowie kulturelle Erfahrungen gemacht werden können, die dann wieder in die allgemeine Lebenssituation, insbesondere aber auch die Arbeitssituation eingebracht werden.
9. Als gesichert kann die Vorstellung von einer zunehmenden Differenzierung und Segmentierung der Berufssituationen, auch im Verlaufe des Erwerbslebens, gelten, so daß eine individualisierte Arbeitseinsatz- und Karriereplanung möglich wird. Dies könnte dazu beitragen, die oft konflikthaft empfundenen Spannungen zwischen den verschiedenen Lebensbereichen, etwa zwischen Familie und Arbeitswelt, zwischen öffentlichen und privaten Anforderungen abzubauen.

Ein derartiges Zukunftspanorama verbindet sich durchaus mit dem Fortbestand wesentlicher Merkmale der gegenwärtigen Berufstätigkeit, verweist aber darüber hinaus auch auf Entwicklungspotentiale, die sowohl dem Sacherfordernis einer Flexibilisierung der Leistungsstrukturen als auch dem Bedürfnis nach individualisierten Nutzungschancen und persönlicher Lebensplanung entsprechen.

Perspektiven für die Unternehmenskultur

Gegenwärtig betrachtet die überwiegende Mehrheit der Erwerbstätigen in der Bundesrepublik ihre Arbeit noch als Berufstätigkeit, die sie auf Grund einer einschlägigen Ausbildung ausübt. Als Beruf im weitesten Sinne gilt jede dauernde, qualifizierte Erwerbstätigkeit, die als Lebensgrundlage dient. Das Bewußtsein, einen »Beruf« zu haben, ist an Voraussetzungen gebunden, die nicht nur Qualifikation und Erwerb, sondern auch den Qualifikationseinsatz betreffen. Die Erfahrung einer selbständig zu verantwortenden Eigenleistung als Grundlage der Selbstachtung und der Achtung durch andere wird immer wieder hervorgehoben. Berufstätigkeit ist also mehr als bloßer Vollzug einer fremdbestimmten Arbeitsfunktion. Wo sie motivierend wirkt, ist sie immer durch Elemente der Entscheidungsfreiheit und der Selbstverantwortlichkeit gekennzeichnet, die ihrem Träger eine gewisse Selbständigkeit vermittelt. Bei der Zukunftsperspektive der Berufstätigkeit geht es deshalb nicht nur um Qualifikations- und Beschäftigungschancen, sondern auch um das Ausmaß, in dem Erwerbstätigkeit Handlungsspielräume für Individualleistungen und damit intrinsische Motivation ermöglicht.

Lange Zeit galt als selbständig Tätiger nur der wirtschaftlich Selbständige, dessen Handlungsspielräume auf der Kontrolle seiner Produktionsmittel beruhte. Dieses Idealbild wurde insbesondere in den drei Gesellschaftsgruppen der Unternehmerschaft, der mittelständischen Landwirte, Handwerker und Händler sowie der Freien Berufe verankert. Alle anderen Berufstätigen wurden und werden noch als »unselbständig« Erwerbstätige klassifiziert.

Diese Sichtweise wird aber der modernen Berufsdynamik und ihren gesellschaftlichen Konsequenzen nicht gerecht. Denn im Bereich der Erwerbstätigkeit haben wir es auch mit Neubildungen von Berufs- beziehungsweise Funktionsgruppen mit relativ hoher Selbständigkeit zu tun, die allerdings alle ihre Tätigkeit im Rahmen bürokratischer Organisationen ausüben. Von deren Struktur hängt es ab, wie groß der Handlungsspielraum und damit das Ausmaß erlebter Selbständigkeit und Selbstverantwortlichkeit ist. Dies gilt nicht nur für privilegierte Führungskräfte und Experten, sondern generell für die Masse der Erwerbstätigen. Damit wird relative Selbständigkeit im Erwerbsleben als Grundlage der Berufserfahrung für den überwiegenden Teil der Bevölkerung zu einer Frage der Handlungsspielräume in bürokratischen Organisationen und damit auch zu einer Kernfrage einer zeitgemäßen Unternehmenskultur.

Das Ausmaß relativer Selbständigkeit oder Unselbständigkeit in bürokratischen Organisationen (Betrieb, Behörde, Verband) kann

durch eine Mehrebenen-Betrachtung verdeutlicht werden. Im unmittelbaren Tätigkeitsbereich kommt zweifellos der Gestaltung der Arbeitsaufgabe die größte Bedeutung zu. Die Vorstrukturierung von Quantität, Qualität und Tempo, räumliche Mobilität, Wechsel des Arbeitsumfangs und -inhalts sowie die Möglichkeit zur Eigenkontrolle sind hierbei die wichtigsten Faktoren. Sie alle sind abhängig von der Art und dem Ausmaß der Rationalisierung, die eine Optimierung des technisch-wirtschaftlichen Mitteleinsatzes bezweckt.
Ausgedehnte Diskussionen über Möglichkeiten einer Humanisierung des Arbeitslebens zielen auf die Erweiterung des Handlungsspielraums des arbeitenden Menschen auch unter Bedingungen fortschreitender Rationalisierung. Vom Erfolg derartiger Bemühungen und der Beachtung der hierbei gewonnenen Erkenntnisse wird es abhängen, bis zu welchem Grade in der Erwerbsbevölkerung intrinsische Arbeitsmotivation überhaupt aufrechtzuerhalten ist. Diese enge Beziehung zur Arbeitsaufgabe und die Möglichkeit zu ihrer eigenverantwortlichen Bewältigung ist aber eine wesentliche Voraussetzung für eigenverantwortliches, selbständiges Handeln im Berufsfeld.
Über den unmittelbaren Arbeitsbereich hinaus weisen die vielfältigen horizontalen und vertikalen sozialen Beziehungen im Berufsleben. Von ihrer Gestaltung hängt das Ausmaß der Fremdbestimmung, der hierarchischen Bindung und ganz allgemein des sozialen Zwangs ab. Die Möglichkeiten einer Demokratisierung dieser Sozialbeziehungen in Leistungsgefügen sind begrenzt. Die Hinnahme von Sacherfordernissen wird aber nur in dem Maße den Beteiligten sinnvoll erscheinen, in dem sie ihre eigenen Interessen zumindest bei den grundsätzlich sie betreffenden Entscheidungen zur Geltung bringen können. Relative Selbständigkeit in den Organisationen ist also auch ein Problem der wechselseitigen Abgrenzung und Respektierung von Handlungsspielräumen.
Betrachtet man schließlich die gesamte Organisation als Einheit, so fällt die Gestaltung der institutionellen Rahmenordnung besonders ins Gewicht. Die sozialorganisatorischen, sozialrechtlichen und sozialökonomischen Regelungen und Zielsetzungen legen auch die Funktionen und Vollmachten fest, die als Erweiterung oder Verengung des individuellen Handlungsspielraums erfahren werden.
Diese knappe Übersicht verdeutlicht die großen Probleme, die mit einer Förderung von Selbständigkeit und damit auch von »Berufsbewußtsein« im Rahmen von Leistungsorganisationen verbunden sind. Angesichts der geringen Chancen, außerhalb derartiger Zweckgebilde eigenständig die Berufstätigkeit auszuüben, kommt diesen Bemühungen aber eine große gesellschaftspolitische Bedeutung zu. Die Erfahrung relativer Selbständigkeit oder Unselbständigkeit im Er-

werbsleben ist immer noch grundlegend für das Ausmaß und die Richtung, in denen man sich überhaupt politisch engagiert.
Für die Erweiterung von Handlungsspielräumen im Erwerbsleben sind grundsätzlich vier Strategien denkbar:

1. die vielfältigen Versuche zur Aufgabenerweiterung im Rahmen von Humanisierungsprogrammen und damit zusammenhängend auch die Schaffung von Qualifizierungsperspektiven in Form von »Arbeitskarrieren«;
2. die Ausgliederung von funktionell bestimmten Freiheitszonen innerhalb der Organisation, die Ansätze zur Selbstverwaltung bietet, wobei dieser Begriff ohne ideologische Bedeutungskomponenten zu verstehen ist. Eine derartige Strategie würde gleichsam zum Subcontracting von Aufgaben an Funktionsgruppen führen, eine Idee, die bereits Eugen Rosenstock ansatzweise in seiner Werkstattkommandite entwickelt hat;
3. die Schaffung kooperativer statt hierarchischer Strukturen sowohl innerbetrieblich als auch im zwischenbetrieblichen Leistungsverbund. Dies bedeutet konkret die Umwandlung asymmetrischer Beherrschungsverhältnisse in partnerschaftliche Beziehungen, die auch der kleineren Leistungseinheit und dem kleineren Zulieferer Handlungsspielraum garantieren;
4. die Schaffung von Partizipationsrechten auch durch Beteiligung am Produktionseigentum und seinem Ertrag.

In diesem Bereich wird es noch für längere Zeit nicht so sehr um allgemein verbindliche Regelungen, sondern um richtungsweisende Experimente und Modellversuche gehen. Wir brauchen derartige Spielräume zur Schaffung einer zeitgemäßen Unternehmenskultur.
Abschließend soll meine Konzeption noch einmal präzisiert werden. In einer Zeit, in der manche Manager sich zu bloßen Rechenknechten oder besser gesagt: Computerknechten erniedrigen und reines Kostendenken an die Stelle unternehmerischer Dispositionen setzen, in der manche sogar sich ihrer sozialkulturellen Identität entledigen und am liebsten Amerikaner oder Japaner kopieren möchten, in einer solchen Zeit ist die Frage nach einer tragfähigen Unternehmenskultur wirklich aktuell. Ihre Grundlage wird man wohl in den leistungsrelevanten Verhaltensprägungen der arbeitenden Menschen suchen müssen. Wir haben hierzu ein Leitbild: den eigenverantwortlich handelnden Menschen mit Berufsperspektive. Dies bewahrt uns gleichermaßen davor, den arbeitenden Menschen als bloße Manipuliermasse im betrieblichen Verwertungszusammenhang zu sehen oder ihn als freizeitorientierten Hedonisten von tiefergehender Selbsterfahrung durch Arbeit auszuschließen.
Früher galt die »Stammbelegschaft« als Basis der Qualitätsleistung.

Heute besteht die Notwendigkeit und Chance, ein unternehmensspezifisches Berufsleitbild nicht nur für wenige Auserwählte, sondern für jeden anzubieten, zum Beispiel in der Form von Persönlichkeitsentwicklung und Laufbahnplanung. Ich bin mir selbstverständlich darüber klar, daß die Lebenspläne und Anspruchsniveaus der Mitarbeiter äußerst verschiedenartig sind. Die Motivationsstrukturen der Belegschaften werden sogar immer heterogener. In dem Maße, in dem sich das Lebensinteresse weniger auf die Betriebsarbeit konzentriert, ist es deshalb notwendig, für sehr unterschiedliche Arbeitnehmergruppen zureichende Identifikationsmöglichkeiten mit ihrer Arbeitsaufgabe zu schaffen, ohne sie zu überfordern.
Es ist absehbar, daß es in Zukunft innerhalb eines Unternehmens recht verschiedenartige Typen von Berufsorientierung geben wird, denen entsprechende Motivationen zugrunde liegen. Wir brauchen also abgestufte Strategien, die jedoch Durchlässigkeit gewährleisten. Sie sollten sich in Zukunft noch mehr darauf richten, daß jeder arbeitende Mensch die Gestaltung von Technik und Organisation als einen Prozeß erfährt, an dem er durch Eigenleistung persönlich mitwirken kann. Basis hierfür kann eine unternehmensspezifische Berufsorientierung sein. Letztlich sind hierzu als Ergänzung der jetzt vielzitierten technischen Innovationen auch soziale Innovationen erforderlich.
Eine bewußte Pflege einer Unternehmenskultur, die Chancen zu eigenständiger Entwicklung bietet, könnte in unserer Arbeitswelt das menschliche Engagement gewährleisten, das herkömmlicherweise das Berufsleitbild vermittelt hat.

Schlußworte

Michael Lezius
Arbeitsgemeinschaft zur Förderung der Partnerschaft in der Wirtschaft e. V., Kassel

Meine sehr verehrten Damen und Herren,
wir stehen am Schluß unserer gemeinsamen Veranstaltung. Ich werde darauf verzichten, eine Zusammenfassung Ihnen vorzutragen, da wir ohnehin die Tagungsdokumentation mit allen Referaten im Verlag Bertelsmann Stiftung herausgeben wollen.
Erlauben Sie mir trotzdem ein Fazit:

1. Wir haben ein ernsthaftes Interesse der deutschen Wirtschaft an den Fragen der Werte und Normen feststellen können.
2. Die dargestellten Unternehmensbeispiele haben den Wertpluralismus in der Bundesrepublik Deutschland widergespiegelt und dabei Unternehmenswirklichkeiten gezeigt, die auf Eigenverantwortung aufbauen und deren Motivation vor allem anhand subjektiver ethischer Maßstäbe, aber auch an dem eigenen Menschenbild begründet liegen.
3. Uns ist klargeworden, daß jedes Unternehmen einen eigenen Weg gehen muß, wobei das gelebte Verhalten an der Spitze einer Organisation entscheidend ist, nicht die guten Absichten, die auf Glanzpapier gedruckt sind.
4. Verhaltens- und Einstellungsänderungen sind nur in einem längeren Zeitaspekt möglich. Häufig müssen wir mit schmerzhaften Veränderungen liebgewonnener Gewohnheiten rechnen. Totale Änderungen von Menschen sind selten.
5. Die nahe Zukunft bietet uns Chancen, aber auch Verpflichtungen, als Unternehmer, als Arbeitgeberverband oder als Betriebsrat oder Gewerkschafter für die Jugend im Sinne des Wertewandels

Modelle anzubieten, die soziale Innovationen aufweisen und konkret helfen in einem Handeln im Sinne der Subsidiarität, denn alleiniges staatliches Handeln führt nicht zum Erfolg.

6. Die gemeinsamen von der DGfP und der AGP herausgegebenen Broschüren »Führungsinstrumente zur Unternehmenskultur« sollen Anregungen geben und nichts vorschreiben. Wir können Ihnen bei der Weiterentwicklung Ihrer individuellen Unternehmenskulturkonzepte helfen, aber realisieren müssen Sie dies spezifisch in Ihrem Unternehmen.
7. Dank möchte ich sagen an die Mitarbeiter der DGfP, der Bertelsmann Stiftung und der AGP und darf ganz besonders Frau Krings und Herrn Seimetz von der DGfP erwähnen, die sich überaus engagiert bei der Durchführung dieser zwei letzten Tage verdient gemacht haben.
8. Sie werden uns fragen, wie es weitergeht. Wir werden 1988 den nächsten Kongreß zur Unternehmenskultur veranstalten und dabei auch Gewerkschafter einladen.
9. Dank sagen möchte ich allen Referenten, allen Teilnehmern und den vielen guten Geistern, die hier geholfen haben. Ich darf Ihnen eine gute Heimreise wünschen, der Kongreß ist geschlossen.

Die Begrüßungs- und Schlußworte des Kongresses sprachen Dr. Harry Wirth und Michael Lezius

Diskussionen zwischen Referenten und Kongreßteilnehmern in den Arbeitskreisen. Hier: Wolfgang Grimm, Ulrich Voswinckel, Professor Winfried Hamel

Pater Professor Hermann Josef Wallraff, Albert Fink, Michael Lezius, Josef Rottmayr, Werner Then

Veranstalter und Referenten stellten sich den Fragen der Presse. Dr. Harry Wirth, Dr. Hans-Dieter Weger, Liz Mohn, Reinhard Mohn, Hans-Peter Stihl, Professor Knut Bleicher, Dr. Uwe Schäkel, Michael Lezius

Unternehmer im Gespräch mit Wissenschaftlern:

Karl-August Hopmann, Dr. Christian Dräger, Professor Gert von Kortzfleisch

Steffen Hackh, Wolfgang vom Hagen, Professor Rolf Wunderer

Dr. Arendt Oetker, Professor Thomas Raiser

Ebenso wie Führungskräfte internationaler Unternehmen (hier: Seinosuke Kuraku, Dr. Mark Wössner) . . .

. . . waren Leiter von Klein- und Mitarbeiterunternehmen vertreten: Dr. med. Konrad Schily, Olga Nawothnig, Karl Kossmann (mit Prof. Dr. Thomas Raiser und Michael Lezius), Norbert Heßbrüggen